성공은 하고 싶은 사람이 하는 것이다

자기가 만족하면 성공한 것이다

성공은 하고 싶은 사람이 하는 것이다

초판 1쇄 발행 | 2021년 1월 25일

지은이 | 최영주
펴낸이 | 김지연
펴낸곳 | 마음세상

주 소 | 경기도 파주시 한빛로 70 515-501

신고번호 | 제406-2011-000024호
신고일자 | 2011년 3월 7일

ISBN | 979-11-5636-442-9 (03190)

원고투고 | maumsesang2@nate.com

* 값 13,200원

* 마음세상은 삶의 감동을 이끌어내는 진솔한 책을 발간하고
있습니다. 참신한 원고가 준비되셨다면 망설이지 마시고 연락
주세요.
이 도서의 국립중앙도서관 출판예정도서목록(CIP)은 서지정
보유통지원시스템 홈페이지(http://seoji.nl.go.kr)와 국가자료
종합목록 구축시스템(http://kolis-net.nl.go.kr)에서 이용하실
수 있습니다. (CIP제어번호 : CIP2020054705)

성공은 하고 싶은 사람이 하는 것이다

최영주 지음

마음세상

머리말

오늘도 아침이 밝았다. 무심결이지만 어제 세운 계획을 되뇌며 하루를 시작한다. 그렇게 시작된 하루가 바삐 지나고 저녁에 텅 빈 사무실에 혼자 남아 창밖을 바라보며 이 생각 저 생각 하다 보면 나는 어느새 과거로 돌아가 있다. 지난 옛일 몇 개가 생각나 그때는 이랬지, 저 때는 저랬었지 하며 입가에 미소를 짓는다. 그렇게 잠시 추억에 잠겨 있다 보니 지난날 초라한 내 모습에 부끄러움을 느낀다.

나는 늘 하는 생각이 있고 연구하는 과제가 있다. 과연 성공이란 무엇인가? 어떻게 하면 성공할 수 있을까? 성공한 사람들은 무엇을 어떻게 했기에 성공했을까? 이것에 관한 고민은 나만이 아니고 만인의 고민이 아닌가 생각한다.

그러던 중 성공이란 무엇인가에 대한 답을 얻었다. 그것은 바로 성공은 자기만족이다. 무슨 일을 했을 때 자기가 만족하면 그 일은 크든 작든 성공한 것이다. 이것이 많으면 많이 성공했고 적으면 적게 성공한 것이다.

내 주위엔 성공한 모습으로 보이는 사람들이 많이 있다. 그러나 그 사람들이 성공했다고 자랑하는 말은 한 번도 들어본 적이 없다. 그럼에도 성공한 기분이 어떠냐고 물어보면 아직 성공하지 못했다고 한다.

그럼 내가 그에 대해 알고 있는 사실과 들은 소문은 잘못된 것인가. 하기야 이름만 대면 다 아는 대기업 회장님도 생전에 성공시대라는 프로그램에 출연해 자신은 아직 성공하지 못했다고 한 말을 들었다. 성공은 자랑하기 위해 하는 것도 아니고 남에게 보여주기 위해 하는 것은 더욱 아니다. 나를 위해 내가 만족하기 위해 하는 것이다.

성공했다는 것은 부자가 되었다는 게 아니다. 물론 부자가 목표였다면 부자로서 성공은 했겠지만, 부자가 된 후에도 자기만족이 없고 행복하지 않다면 성공했다기보다는 돈을 많이 벌었을 뿐이다. 서점에 가면 부자가 되는 방법에 관련한 책이 많이 있고 앞으로도 계속해서 출판되어 쌓여갈 것이다.

또한 그런 책들은 잘 팔린다. 특히나 인생역전이 느껴지는 소설 같은 책들은 순식간에 베스트셀러가 되기도 한다. 왜냐면 그 책을 읽으면 나도 그렇게 될지 모른다는 막연한 희망이 있기 때문이다. 그러나 지금까지 부자가 되지 못한 것은 부자가 되는 방법을 몰라서가 아니다. 세상에 돌아다니는 돈이 적어서 내가 쌓아놓기에 부족해서도 아니다. 인내심이 부족해서 끈기 있게 실천하지 않은 것과 힘들고 어려워 포기했기 때문이다.

부자가 되는 방법은 이미 알려진 것도 아주 많고 세상에 돌아다니는 돈도 많다. 이 중에 한 개만 붙들고 끈기 있게 실천해도 성공할 수 있다. 많은 사람이 당신의 성공을 위해 아낌없이 가르쳐줬고 마음으로 진심으로 응원했다. 이 책 또한 성공의 길잡이가 되기 원하며 한 개라도 공감하며 깨달아 도전하여 실천하기 바란다.

성공을 꿈꾸는가? 진정 그렇다면 생각과 다짐을 넘어 실천과 행동으로 도전해 보자. 이 책을 읽는 모든 사람이 진정한 성공을 통해 좀 더 아름다운 세상을 만들어 가길 희망한다.

성공은 아무나 할 수 있지만 아무나 하려고 하지 않는다. 꿈을 이루어 보자. 성공을 포기하지 말자. 성공은 순서대로 오는 것도 아니고 저절로 되는 것도 아니다. 성공을 향한 열정이 있다면 행운과 주위의 손길이 당신을 도울 것이다. 성공은 되는 것이 아니다. 성공은 하고 싶은 사람이 하는 것이다. 지금 당장 시작하자. 내 인생의 만족과 아름다운 여정을 위해.

제1장
과연 나는 성공하고 싶은 사람인가?

나는 지금까지 무엇을 하며 살아왔나

열심히 하는 것과 잘하는 것

어느 청년이 학교를 졸업하고 부단한 노력 끝에 원하던 회사에 취직했다. 스무 살이 넘어 성인은 되었지만, 사회에 진출해 자기 역할을 시작하는 건 처음이라 긴장 반 설렘 반으로 직장인의 자세를 갖추고 준비하며 출근을 기다렸다.

그리고 회사에 첫 출근 하고 잠시 앉아 있었더니 부장님이 나를 동료에게 소개하고 인사할 시간을 주어 간단히 내 소개를 하고 '잘 부탁드립니다.' 하고 첫인사를 깔끔히 마쳤다.

그리고 같이 근무하게 될 부서 동료와 개별적인 인사를 하고 마지막으로 사장님과 악수하고 눈인사를 하며 강렬한 인상을 주기 위해 한마디 했다. "열심히 하겠습니다." 이 말을 끝으로 사장님의 격려를 받으며 회사생활을 시작했다.

그 청년은 가족과의 대화도 많은 편이고 친구와의 관계도 원만해서 먼저 연락하고 모임을 주선하는 등 활달하고 적극적인 대인 관계를 맺어 왔다. 그런데 회사에 입사해서는 그랬던 모습은 어디로 갔는지 온데간데없고 키도 몸무게도 줄어 이제 막 걸음마를 뗀 아이처럼 초라해 보였다. 활달하고 적극적이던 성격마저 갑자기 소심해진 것 같았다. 그렇지만 어쨌거나 자신의 능력을 보여서 이 회사에 꼭 필요한 사람이 되겠다고 다짐하고 열심히 할 것을 다짐했다. 막내답게 잔심부름도 마다하지 않았고 상사에게 아부 섞인 애교도 부려가며 유능한 사원이 되기 위해 노력했다. 또한 항상 밝은 얼굴로 동료를 대했고 가까워지기 위해 먼저 다가서서 말도 걸고 커피와 밥도 종종 사며 회사생활에 잘 적응하며 성실히 근무했다.

그렇다면 이 신입사원은 열심히 해서 성공하는 직장인이 되었을까? 아무도 모를 일이지만, 열심히 한다는 것만으로는 성공적인 직장생활을 보장할 수 없다. 열심히 한다는 것은 성과 없이 '열심'만 있을 수 있기 때문이다. 능력도 경험도 없이 열심히만 하면, 잘하는지 못하는지도 모르고 열심히만 한다. 두 시간이면 끝날 일을 열 시간이 넘도록 마치지 못해 그저 열심히만 하고 있다면 지금 일은 언제 끝내고 다음 일은 언제 한단 말인가? 그렇다면 어떻게 해야 할까? 열심히 하는 것보다 "잘해야 한다." 일은 열심히 하는 것보다 잘하는 습관을 길러야 한다. 열심히 하는 것과 잘하는 것은 비슷해 보이지만 완전히 다르다.

열심히 하는 것은 과정이고 잘한 것은 결과이기 때문이다. 그렇다고 열심히 하면 안 된다는 것은 아니고 열심히 하되 잘해야 한다는 것이다. 열심히 한 결과가 잘됐으면 좋은 평가를 받고 열심히 했지만, 결과가 나쁘면 나쁜 평가를 받으니 처음부터 다시 하거나 많은 부분을 고쳐야 한다. 그러면 그동안 열심히 한 시간과 노력은 허사가 되고 만다.

나도 얼마 전까지만 해도 열심히 하는 게 최고의 덕목인 줄 알고 열심히 했다. 열심히 해야 하나라도 더 할 수 있고 최선을 다하는 거라고 믿었기 때문이다. 그런데 지식이나 방법 없이 맹목적인 열심만 있다면 원하는 성과가 나오지 않는다는 것을 알았다. 그래서 시작할 때 열심을 다짐하기보다 어떻게 하면 잘할 수 있을지를 먼저 생각한다. '열심히'는 아무나 할 수 있지만 '잘하는 것'은 아무나 할 수 없다. 잘하는 사람은 잘하는 방법을 아는 사람이다. 그런 사람이 열심을 내면 당연히 업무처리 속도가 빠르고 좋은 결과가 나온다.

잘한다는 것은 능력이 뛰어난 사람만이 할 수 있는 특수기능이 아니다. 잘하기 때문에 능력 있는 것이다. 누구라도 무슨 일이든 시작하기에 앞서 조금만 생각하면 잘하는 방법을 알 수 있다. 잘하는 방법을 먼저 생각하고 열심히 하면 시간과 비용을 많이 절약할 수 있고 효율성과 생산성을 높일 수 있다. 잘할 수 있고 잘하면 된다. 잘함으로써 성공으로의 첫걸음을 힘차게 내딛자.

잘한다는 것이란

무슨 일이든 실행하면 어떤 결과가 나온다. 바라는 좋은 결과가 나올 수도 있고 기대에 못 미치는 형편없는 결과가 나올 수도 있다.

무슨 일이든 손만 대면 잘되고 시작만 하면 완벽히 끝나 원하는 결과가 나온다면 좋겠지만 실상은 좋은 결과 하나를 얻기 위해 수많은 노력과 시간을 투자한다.

　그러면서 되는 과정과 안 되는 과정을 알게 되고 결과물을 얻기 위해 많은 수고와 노력이 필요함을 알게 된다. 결국은 이러한 경험이 자신의 노하우가 되고 최고의 지식과 능력으로 남는다. 서울에서 부산으로 출장을 가려고 "가자!" 하고 외쳤더니 순식간에 부산에 도착해 있다면 빨리 업무를 보고 돌아갈 순 있지만, 서울에서 부산까지 가면서 보게 되는 많은 도시와 도로의 풍경들 그리고 휴게소에 들려서 먹는 커피 한 잔의 여유와 즐거움은 못 누린다. 필요한 모든 것이 아무런 수고와 노력 없이 생각만 하면 내 앞에 나타난다면 우리 사회는 일하는 사람은 아무도 없고 그냥 앉아서 놀고먹기만 하면 된다. 그러면 지상 낙원 같은 삶을 살 것 같아도 실상은 가장 빠른 속도로 멸망하기 시작해 불과 몇백 년 안에 인류가 멸망할 것이다. 사람도 먹고살기 위해 열심히 일하고 수고하지만, 산이나 들에 사는 짐승도 한 끼를 해결하기 위해 갖은 고생을 마다하지 않는다. 그들이 사람에게 말하지 않아서 그렇지. 어쩌면 그들이 사람보다 더 힘든 삶을 살지도 모른다. 사람에게 있어서 일이란 귀찮고 불편한 존재가 아니고 꼭 있어야 하고 일을 해야 잘살 수 있다. 잘 산다는 것은 부귀영화가 아니고 건강하고 보람 있는 삶을 말하는 것이다. 사람이 공부하고 배우는 것은 결국은 일하기 위해서이고 더 많이 배우고 더 힘든 공부를 하는 것은 더 큰 일을 하기 위해서다. 그러니 일하기 싫다고 핑계 대거나 일을 원망하면 안 된다. 또한 어차피 해야 할 일이라면 즐겁게 감사하게 해야 한다. 일이 잘 풀리고 좋은 성과가 나오면 일한 보람이 있고 성취감으로 만족을 누릴 수 있기 때문이다. 정년퇴직하면 취미활동을 하는 사람도 있고 새로운 일을 또 시작하는 사람도 있다. 일에서 완전히 손 떼는 사람은 별로 없고 대부분 다른 일을 시작한다. 돈을 벌기 위함이기도 하지만 아직 건강하게 일할 수 있기 때문이다. 이렇듯 일은 사람이 평생을 두고 한다. 그런데 이 일이라는 것을 잘하는 사람이 있고, 잘하지 못하는 사람이 있다. 내 경험에 의하면 처음부터 잘하는 사람이 계속 잘하고 처음부터 별로인 사람은 나중에도 별로였던 것 같다. 일을 잘한다는 것은 자신에게 맡겨진 일을 실수 없이 완벽하게 끝내는 것만이 아니다. 자기 일을 실수 없이 잘한 것은 제 할 일을 잘 완수했을 뿐이다. 그것만 가지고 잘한다는 평가를 받기엔 아직 조금 부족하다. 종합 점수에서 잘한다는 평가를 얻으려면 업무 이외의 것도 잘해야 한다. 그중에 첫째는 솔선수범이다. 누군가 해야 할 일이라면 내가 먼저 하고 생색내지 않아야 한다. 둘째는 주어진 일만 하지 말고 전체를 보고 필요한 일을 알아서 해야 한다. 알아서 하는 것과 적당히 하는 것이 제일 어렵지만, 이 두 가지를 잘하면 잘한다는 평가를 받는다. 예를 들어 오늘 할 일이 재고 파악이면 재고 파악뿐 아니라 그동안 무엇이 잘 나갔고 무엇이 악성 재고인지 파악하고 효율적인 재고관리를 위해서는 어떻게 하면 좋을지 의견을 적어 덧붙여 기록한다. 셋째는 능동적이어야 한다. 일이 주어질 때까지 기다리지 말고 무엇을 하면 좋을지 찾아야 하며 내 업무가 아니어도 관심을 갖고 동료와 협력해야 한다. 넷째는 머리를 잘 써야 한다. 약삭빠르게 눈치 보고 어느 줄에 설지 기웃거리라는 게 아니고 지금의 상황과 앞으로의 상황을 짐작하고 내가 무엇을 해야 도움이 될지 계속 생각하는 것이다. 무슨 일이든 잘하려면 준비가 잘돼있어야 하고 언제 무슨 일이 생겨도 대처할 수 있는 능력이 있어야 한다. 잘한다는 것은 원하는 결과를 얻는 것이다. 잘해서 성공이라는 좋은 결과를 얻자.

상황은 바뀐다

"상황은 바뀐다." 이 말은 내 좌우명이기도 하며 내가 일이 잘 안 풀릴 때 생각하며 용기를 내는 말이다. 한 치 앞을 알 수 없는 게 우리의 인생이다 보니 지금의 상황으로 앞날을 예측할 수밖에 없다. 그러나 지금의 현상은 지금이 그렇다는 것이지 그 일이 어떻게 바뀔지는 아무도 모른다. 지금 잘되고 있는 일이 계속 잘 되어 좋은 결과를 만들 수 있고 잘못되어 나쁜 결과를 만들 수도 있다. 사람의 근심 걱정은 안심하지 못 하는 마음에서 나온다. 만일 누군가 지금 어려운 일을 당하고 있다고 하자. 많은 불만과 속상함이 있을 것이다. 그렇지만 힘들고 어렵고 쓸데없는 비용이 발생해도 참고 인내하며 좋은 날을 바라는 마음으로 이겨나간다. 그러나 아직 생기지 않은 일을 미루어 염려하면 불안과 스트레스에 잠 못 이룬다. 우리는 어렸을 때 부진한 성적 때문에 혹시나 부모님께 꾸중을 들을까 고민했던 적이 한두 번은 있었을 것이다. 성적표를 받아든 순간부터 집에 도착해서 부모님께 보여드릴 때까지 긴장과 불안 속에 떨었던 때 말이다. 그런데 막상 성적표를 확인한 부모님이 별다른 지적 없이 시험 보느라 수고했으니 얼른 씻고 자라고 말하며 아무 일 없이 넘어간다면 얼마나 마음이 놓이고 편하겠는가. 그런데 이런 일로는 부모님께 야단맞아도 별것 없다. 이제부터 열심히 해서 성적을 올리겠다고 하면 그만이니 말이다.

그런데 성인이 되어서도 속단하는 습관을 갖고 있다면 무슨 일이든 그르칠 확률이 높다. 나도 일하다가 잘 안 되는 듯한 느낌이 들어 살펴보면 정말로 일이 지지부진해져 성과가 안 날 때가 있다. 그럴 때면 늘 하던 습관을 조금씩 바꾼다. 늘 다니던 길 대신 다른 길로 가기도 하고 책상 위 사물들의 위치를 살짝 바꿔서 기분전환을 하는 등 평소와 다른 행동을 한다. 그랬다고 뭐가 확 달라지는 것은 아니지만 의외로 분위기 전환에 큰 도움이 된다. 다시 말하면 같은 상황이 반복되는 것을 다른 상황으로 바꾸는 것이다. 사람은 대체 적으로 무슨 일을 시작하기 전에 가족이나 주위 사람들에게 자신의 생각을 말해본다. 그 이유는 다른 사람의 생각은 어떤지 떠보기 위해서다. 그러면 그 일에 대해서 잘 알지 못하거나 전혀 경험이 없는 사람도 찬성보다는 반대 의견을 많이 낸다. 특히나 가족의 반대가 제일 심하다. 들어보면 이유가 타당하고 나를 위해 해주는 진심 어린 조언이다. 그래서 고민하고 망설이다가 자신의 결정을 뒤집고 포기하거나 무기한 연기한다. 그러면 새로운 일을 도전하려던 무겁고 긴장된 마음이 모두 사라지고 편안해진다. 그러나 가족이나 친구의 걱정과 염려는 고맙지만 한 사람의 인생이 펴보지도 못하고 시들 수 있다는 걸 알아야 한다. 모든 일에 완벽한 계획은 없다. 이유는 상황이 바뀌기 때문이다. 오늘 오전에 시작해서 오후에 끝나는 일이라도 하루 동안에 몇 번이고 상황이 바뀌어 안심할 수 없다. 끝날 때까지 긴장하며 일의 시종을 살펴야 한다. 그런데 중장기적인 사업이라면 완벽한 계획은 처음부터 불가능하다. 가족이나 친구가 내게 호의로 말해줬던 모든 내용은 실제로 벌어질 일이 아닌 그 사람의 의견이나 짐작을 사실화시켜 말했을 뿐이다. 물론 그 조언대로 실제로 그 일이 생길 수도 있지만 안 생길 수도 있다. 지레 겁먹고 시작조차 안 하는 것은 패배자의 결정이다. 문제가 생기면 해결해서 해결하는 능력도 길러야 하고 어려움을 이기는 능력도 길러야 한다. 그러면서 강해지고 의연해진다. 지금 상황을 보고 미래를 예측하는 것은 당연한 일이고 그럴

게 해야 하지만, 어느 한 부분을 보고 전체를 판단하여 결과를 예측하는 습관은 자주 범하는 실수다. 현재는 현재일 뿐이고 안 된다고 겁먹을 것도 없고 잘 된다고 자만해서도 안 된다. 상황에 끌려다니며 허둥대지 말고 내 판단과 결정을 상황에 맞게 조정해야 한다. 유연한 생각은 상황을 내 편으로 만드는 중요한 기술이다. 내 마음도 바뀌고 현재 상황도 바뀐다. 상황은 반드시 바뀐다는 것을 기억하고 속단하거나 겁먹지 말고 상황에 당당하게 맞서면 내 계획이 이루어진다.

문제가 문제다

지금까지 최선을 다해 열심히 살았다고 생각했는데 결과는 형편없고 나이만 먹었다. 사회 초년 시절이나 지금이나 달라진 게 없다. 도대체 살아온 세월의 흔적은 무엇인가. 솔직한 나의 모습이다. 좀 더 깊이 생각하면 생각할수록 창피하여 접어두기로 한다. 그런데 과연 나만 이런가 생각해 보면 세상엔 나와 같은 사람이 아주 많다. 나 혼자 못난 것 같아 억울해서 다른 사람을 끌어들이는 게 아니다. 사람은 누구나 크든 작든 소망이 있고, 하고 싶은 일, 이루고 싶은 일이 있다. 그러나 자신이 살고 싶은 대로 꿈을 이루며 사는 사람은 많지 않다. 그 꿈과 목표가 너무 커서가 아니다. 아주 작을 수 있고 손쉽게 이룰 수도 있다. 그럼 에도 원하는 삶을 살지 못하고 하기 싫은 일을 억지로 하며 버티듯이 살아가는 이유는 무엇일까? 나는 이 책을 통해 이 문제에 대해 진지한 고민과 함께 해결책을 찾고자 한다.

먼저는 세상을 바라보는 나의 시선이다. 세상을 어떻게 바라보는지가 인생을 좌우한다.

세상에 문제는 널려있고 그 문제는 모든 사람에게 있다. 한 문제를 해결하면 또 다른 문제가 생기고 인생은 문제의 연속이다. 그런데 안타깝게도 비슷한 문제는 있어도 똑같은 문제는 거의 없다는 것이다. 매번 새로운 문제가 생겨 나를 힘들게 하고 괴롭게 한다.

그렇다면 문제가 없는 세상은 없을까? 문제가 없는 인생을 살순 없을까? 이것이 우리 모두의 소망이자 꿈이 아닌가. 그러나 현실은 지금도 어떤 문제가 있고 그 문제를 해결하기 위해 고군분투한다. 그러다가 그 문제가 해결되면 곧이어 기다렸다는 듯이 새로운 문제가 생긴다. 이쯤 되면 문제를 문제로 인식해서는 안 된다. 살아가는 자연스러운 현상이다. 이렇게 사는 게 인생이라고 생각해야 한다. 고요하고 평안하고 아무 일 없는 인생은 고관대작(高官大爵, 지위가 높고 훌륭한 벼슬)에게도 없다. 누구에게나 문제가 있다는 것 하나만큼은 공평하고 공정한 한 것 같다. 그렇다면 이 문제들은 인생에 필요악인 것인가? 절대 그렇지 않다. 힘들고 어려운 과정이 이어지지만, 문제는 우리에게 꼭 필요한 비타민 같은 영양분이 되며 회초리 같은 길잡이다. 문제를 골칫덩이 불필요한 존재로 보는 것과 이 문제를 해결하면 내게 어떤 유익함이 있을지 생각하며 보는 것은 문제를 해결하는 방법부터 다르다. 무슨 일이든 알고 시작하면 쉽게 할 수 있고, 모르고 시작하면 한없이 어려워 헤매다 지쳐 쓰러질 수 있다. 문제를 대하는 마음가짐이 중요한 이유는 바로 그 문제를 잘 해결해야 목표도 달성하고 꿈도 이룰 수 있기 때문이다. 사람은 누구에게나 자신만의 문제가 있다. 그 문제를 바라보는 시선이 어차피 풀어야 할 단추라고 생각하는 사람이 있는가 하면 누구에게는 내 앞길을 가로막는 장애물이라고 생각한다. 그리고는 문제를 실패의 원인으로 지목한다. 실제로 성공과 실패의 가장 큰 조건은 문제해결 능력이다. 문제해결 능력에서 성공과 실패의 갈림길로 나뉜다. 문제는 끝났다고 더 이상 없는 게 아니다. 문제는 지금까지 있었고 앞으로도 계속 있을 것이다. 문제가 문제는 아니다. 문제를 어떻게 바라보고 해결하느냐가 문제다. 이제 가장 현명하고 지혜롭게 문제를 바라보자. 아무리 어려운 문제라도 포기하지 않고 풀어가면 해결할 수 있다. 문제를 해결하면 해결할 때마다 강해지고 내성이 쌓인다. 남들이 알지 못한 좋은 경험도 쌓을 수 있다. 사람은 육체만 강건해선 안 되고 정신도 강건해야 진정한 강자가 된다. 강해야 좀 더 싸울 수 있고 강해야 이길 수 있다. 사람의 내면을 강하게 훈련시키는 것이 문제다. 아무리 훌륭한 교관이 좋은 교재로 정신교육을 해도 작은 문제 하나 해결한 만큼의 효과가 없다. 내게 있는 문제가 나를 단련시키는 명약이라 생각하면 내 문제는 걸림돌이 아니고 나를 달리게 하는 디딤돌이다. 문제를 피하거나 두려워하지 말고 맞서 해결하자. 문제를 해결할 때마다 성공의 마일리지는 계속 쌓여 간다.

사랑과 행복나눔

사람이 행복할 수 있다면 무슨 일을 얼마만큼 할 수 있을까?

예전에 잠시 알고 지내던 어떤 사람이 자신에게 10억을 준다면 3년간 매일 아침에 오물 지게를 지고 지하상가 처음부터 끝까지 왕복할 수 있다고 말한 적이 있다. 그때 당시에 그분은 나보다 열 살이 많은 마흔여덟 이였고 내 일을 도와주고 있었다. 참 착하고 좋은 분이었는데 경제적으로 어려운 가운데 있다는 걸 뒤늦게 안 뒤에 이 말을 들었다. 항상 말쑥한 옷차림에 깔끔한 외모로 단장했고 사용하는 언어도 점잖았기에 전혀 느끼지 못했다.

그래서 이유를 물었더니 자녀들과 행복하게 살기 위해서란다. 예전에 가끔 듣던 말 중에 너를 위해서라면 하늘에 별도 따다 주겠다는 말이 있었다. 물론 하늘의 별은 딸 수 없으니 전혀 가망 없는 얘기지만 마음이 그렇다는 걸 표현한 것이다. 그런데 이분은 그런 농담조의 말이 아니라 진심으로 하는 말이었다. 물론 이 또한 현실성은 전혀 없고 다만 아버지로서 가족을 위해 무엇이라도 하겠다는 굳은 의지로 이해했다. 그렇다면 나는 과연 그렇게 할 수 있을까 생각해 봤다. 아직 젊어서였는지 굳이 그렇게 해서 돈을 벌어야 하나! 차라리 다른 일 해서 돈 버는 게 났지! 하고 생각했다. 그때는 별다른 답변을 못 해줬지만, 지금이라면 10억으로 행복을 사려 하지 말고 지금 당장 돈 한 푼 없어도 얼마든지 행복한 일들을 만들 수 있으니 크고 거창하게 생각하지 말고 작고 소소한 것부터 누려 보라고 말해 주고 싶다. 나는 가끔 신호대기 할 때 내 앞에서 갓난아이를 안고 횡단보도를 건너고 있는 젊은 엄마를 볼 때가 있다. 그때마다 그 엄마의 품에 안겨 자고 있거나 발을 까불고 있는 아이를 볼 때마다 너무 흐뭇하고 평온함을 느낀다. 그리고는 그 아이를 생각해 본다. 그 아이는 여기가 어딘지 엄마 따라 어디를 가는지는 전혀 알지 못하고 그냥 엄마 품에 안겨 이리저리 다닌다. 그 아이에게는 엄마의 품이 천국일 것이다. 그 외에는 알지도 못하고 알아도 엄마 품에 안길 것이다. 나는 그 아이와 그 아이를 사랑스레 쳐다보는 엄마의 모습이 최고로 행복해 보인다. 행복할 때 최고로 행복을 누려야 한다. 그 아이를 안아서 키우는 시간도 금방 지나고 어느새 아이가 커서 엄마한테 간섭하지 말라고 할 테니 말이다. 그러니 아이를 안은 아이 엄마뿐 아니라 어쩌면 지금 내가 누리고 있는 모든 환경이 최고로 행복한 순간인지도 모른다. 행복은 남의 얘기도 아니고 나와 관계없는 말도 아니다. 남들은 나의 소소한 일상이 행복해 보인다고 말하는데 정작 나는 모르는 경우가 많다. 사람이 일상에 쫓기며 바쁘게 사는 것은 행복을 찾기 위해서가 아니라 돈 벌기 위해서다. 물론 돈 벌어서 더 행복하게 살려고 한다고 해도 틀린 말은 아니지만, 돈이 많은 건 돈이 많은 거지 돈과 행복은 일치하지 않는다. 그러니 지금 행복을 찾으면 얼마든지 많다. 행복하게 일하고 행복하게 돈 벌면 행복의 연속이다. 그리고 돈과 행복이 일치하려면 나눠야 한다. 나 혼자 먹고살기도 힘든데 나눌 게 어디 있냐고 반문할 수 있지만, 아주 조금이라도 나눠야 자신이 힘들게 번 돈을 값있게 썼다는 보람도 있고, 나눈 만큼 자신도 행복해진다. 사랑은 실천해야 하고 행복은 나눠야 한다. 내가 느끼지 못해서 그렇지 지금도 많은 사람이 사랑을 실천하고 행복을 나누고 있다. 성공과 부라는 목적은 같아도 바라보는 시선이 자신인지 우리인지에 따라 살아가는 길과 방향이 많이 다르다. 법이 아무리 엄격해도 범죄를 뿌리 뽑을 수 없고, 아무리 많이 나누고 도와줘도 가난을 없앨 수 없다. 그렇다고 범죄를 방관하고 가난을 모른 척한다면 사랑과 행복은 어디서도 찾아볼 수 없다. 엄마가 아이를 사랑으로 품에 안듯 성공과 부를 꿈꾸는 사람은 가난과 질병으로 신음하는 어려운 이웃을 마음에 품어야 한다. 그러면 목적이 선명해지고 자신부터 더 많은 사랑과 도움을 받아 반드시 성공할 것을 확신한다.

행복한 나그네, 불행한 나그네

내가 잘할 수 있는 것 찾기

학교에서 배우는 교과서에는 다양한 과목이 있다. 국어. 영어. 수학. 사회. 과학 등 다수가 있고. 대학에 들어가면 전공대로 여러 학과가 있다. 우리가 먹는 음식도 다양하고 옷도 다양하고 차도 집도 가지각색 다양하다. 나라와 민족도 다양하고, 사람의 생김새, 성격도 제각각이다.

여러 다양한 것 중에 궁금한 것은 '우리가 먹고살기 위해 일하는 직업의 개수는 과연 얼마나 될까?'이다. 한국 직업 사전 발간 공식자료에 의하면 우리나라에만 1만2천 개의 직업이 있고 전 세계적으로는 2만여 개의 직업이 있다고 한다. 2만 개가 얼마나 많은지 동전으로 비유해 보면 1원짜리 동전 2만 개다. 2만 개가 내 앞에 쌓여 있다고 상상해보라. 아마 입이 안 다물어질 만큼 많은 양에 놀랄 것이다. 아주 많은 양이다. 그런데 그 동전 중에서 맘에 드는 것 몇 개를 고르라고 하면 어차피 가치는 다 똑같으니 망설일 것 없이 바로 앞에 있는 몇 개를 집어 들면 된다. 많은 동전 중에 몇 개를 고르는 건 어려운 일이 아니기 때문이다. 그럼 2만 개가 넘는 직업 중에서 내 직업도 이렇게 손쉽게 고를 수 있을까?

사람이 먹고사는 수단으로 삼는 직업이 이렇게 많고 사람들은 이 중 하나를 자신의 직업으로 삼아 열심히 일하고 있다. 열심히 일하는 모습은 언제 어느 때 봐도 열정 있고 아름답다. 생동감이 넘치고 책임감 있어 보인다. 이런 다양한 직업을 갖고 일하는 사람에게 직업 만족도는 어느 정도일까 궁금하다. 과연 자신이 좋아하는 일, 잘하는 일, 적성에 맞는 일을 하고 있는지 묻고 싶다. 모든 사람이 자신의 적성과 전공에 맞는 일을 하고 살면 좋겠지만 현실은 전공이나 적성과 상관없는 엉뚱한 일을 하는 사람이 많다. 이유는 많겠지만 오랜 취업 준비에 지쳐서 어디든 취업부터 하고 보자는 절박함에 안 맞는 일을 할 수도 있고 아니면 자신의 적성을 찾지 못했거나 적성은 찾았지만, 기회가 없었을 수도 있다. 사람들은 생각한다. 내가 조금씩은 다 잘하는 것 같은데 경쟁에서 압도적으로 이길만한 특별한 기술이나 재주가 없다고 말이다. 그러나 소수를 제외하고 특별히 잘하는 게 없는 건 다 마찬가지다. 아직 없다는 건 앞으로도 계속 없을 수 있고 이제 특별히 잘하는 실력을 쌓을 수도 있다. 만일 모든 사람이 자신만 잘하는 특별한 기술이 하나씩 다 있고 평생 그 일만 해서 먹고 산다면 다 만족하며 살 수 있을까? 그렇지 않을 것이다. 아마도 남들이 가진 특별한 기술이 자신이 가진 특별한 기술보다 낫다고 생각해 그 사람을 부러워하며 불평을 말할 것이다.

특별히 잘하는 무엇 한 가지가 없다고 해서 무능한 것도 아니고 단점도 아니다. 노력 여부에 따라서는 특별히 잘하는 것 여러 개를 만들 수 있기 때문이다. 자신의 재능과 실력을 키우려면 자신이 잘할 수 있는 일을 많이 해 보는 게 좋다. 여러 가지 일을 하다 보면 그 일이 힘들어도 재미있고 결과가 나빠도 다시 하고 싶은 일을 발견하게 된다. 바로 그 일이 자기에게 맞는 일일 가능성이 높다. 그 일은 볼품없는 하찮은 일일 수도 있고 드러나지 않는 감춰진 일일 수도 있다. 그러나 그 분야에서 최고가 되어 전문성을 인정받으면 일은 하찮아도 사람은 높아질 수 있다. 나는 못 한다고 나약한 생각 하지 말고 자신이 잘할 수 있는 일을 계속 찾으면 의외로 자신의 장점을 많이 발견하게 된다. 사람의 능력은 어디가 끝인지 아무도 모른다. 자신을 비하하거나 자책하지 말고 자신의 능력을 찾고 계발하면 된다. 그리고 자신이 하고 싶은 것보다 자신이 잘하는 것이 자신에게 맞는 일임을 알아야 한다. 내가 잘할 수 있는 것을 찾아 자기만족이 있는 성공한 삶을 살고자 하면 방법도 있고 길도 있다. 내 안에 있는 보물을 찾아 세상에 빛을 발해보자. 나로 인하여 찬란하게 빛날 것이다.

잘 될 나무는 떡잎부터 본다

우리나라는 사계절이 뚜렷해서 살기 좋은 나라라고 초등학교 다닐 때 선생님께서 자주 해주셨던 말씀이 아직도 기억에 새록새록 하다. 사실 그때는 우리나라뿐 아니라 전 세계에 있는 모든 나라가 다 사계절이 있는 줄 알았고 우리처럼 밥에 김치, 깍두기를 먹고 사는 줄 알았다. 그래서 선생님께서 수업시간에 가끔 사계절이 뚜렷해서 살기 좋은 나라라고 말씀하시면 무슨 말인지 충분히 이해하지 못했다. 그리고 시간이 한참 흘러 나중에야 사계절의 변화가 얼마나 좋은 건지 알게 되었고 예전에 선생님의 말씀을 이해했다. 우리나라는 그 어느 나라보다 살기 좋은 나라임이 틀림없으니 항상 감사하며 살아야겠다. 사계절 중에 봄이 오면 그제 서야 한해가 시작되는 것 같다. 1월1일이 새해의 첫날인데 여전히 추워서 그런지 날짜로만 새해이고 마음은 아직 새해가 아닌 것 같다. 봄은 봄의 한가운데 있을 때보다 추위가 점점 누그러지면서 봄이 올듯한 싱그런 햇살과 일찍 돋아나는 새싹들이 하나둘씩 보일 때 봄을 느끼기에 더 좋다. 그렇게 이제 봄이 오려나 싶으면 어느새 추위가 물러가 있고 완연한 봄이 되어있다. 봄은 땅속에 있던 식물이 잠을 깨고 새싹을 틔우기도 하고 깊은 겨울잠에 빠져있는 동물도 잠 깨어 밖으로 나온다. 사람도 마음에 생기가 넘치고 새 출발을 다짐하며 각오도 다시 해 보는 계기로 삼는다. 봄엔 만발한 꽃들이 생각나지만, 꽃과 식물이 만발하기 전 처음 모습인 새싹 밭을 쳐다보면 입가에 미소가 저절로 나온다. 며칠 전까지만 해도 얼어있는 맨땅에 흙과 잔돌만이 있었는데 따뜻한 햇살이 비추고 봄비가 몇 번 내리니 갈색의 맨땅에 어느새 초록의 새싹들이 가득 모여 있다. 신기함에 잠시 쳐다보고 있으면 자연의 신비함이 느껴진다. 그리고 너무 예뻐서 쓰다듬고 싶다. 새싹을 보고 있으니 우리 속담에 잘 될 나무는 떡잎부터 본다는 말이 생각난다. 뿌리에서 좋은 영양분을 받은 튼실한 떡잎이 잘 자라 많은 열매를 맺는다는 말이다. 적절한 비유로 만든 선조들의 지혜를 엿볼 수 있다. 그런데 가만히 생각해 보면 봄에 어느 들판 새싹을 보더라도 떡잎이 시든 건 거의 없고, 모두가 똑같아 보이는 싱싱한 싹들로 가득하다. 그 어느 들판에서도 노랗게 시든 새싹을 찾아보기 어렵다. 대부분이 물기 가득 머금은 싱싱

한 싹들로 가득하고 그 싹들이 잘 자라서 예쁜 꽃이 되고 채소가 되고 여러 나무가 된다. 들판뿐 아니라 사람이 가꾸는 채소밭에도 건강한 새싹이 올라와 있다. 그런데 주인이 제대로 관리하지 않아 잡초도 안 뽑고 거름도 안 주고 솎아주지도 않으면 웃자란 잡초에 가려 새싹은 시들고 말라서 건강하게 자라지 못하고 자라다가 죽고 만다.

그러고 보면 사람이나 식물이나 햇빛과 양분이 중요하지만, 사랑과 관심이 더 중요한 것 같다. 모든 식물은 자신의 본질대로 콩 떡잎은 콩이 되고 팥 떡잎은 팥이 되고 옥수수 떡잎은 옥수수가 된다. 자라면서 종이 바뀌는 일 없이 그대로 자라 열매를 맺어 주인에게 내어준다. 그렇기에 잘만 가꾸면 많은 열매를 맺을 수 있고 농부의 계획에 따라 재배하는 작물을 바꿔가며 풍작을 거둘 수 있다.

그러나 사람은 떡잎만 보고 판단해선 안 된다. 자라는 환경이나 교육방법에 따라 성장하면서 얼마든지 바뀔 수 있기 때문이다. 비록 불우한 환경에서 자랐어도 올바른 가치관을 정립하고 열심히 노력하면 전혀 다른 사람이 되어 전혀 다른 인생을 살 수 있다. 식물은 스스로 다른 종으로 변화할 수 없고, 변화하지도 않는다. 그저 본연의 모습으로 자라서 열매 맺는다. 그러나 사람은 자신의 의지대로 전혀 다른 삶을 살 수 있다. 지식을 배우고, 기술을 익히면 무한 성장이 가능하다. 떡잎 때(초라하고 나약할 때)를 생각하지 말라. 지금부터 잘하면 더 좋은 사람이 된다. 반대로 지금 잘된다고 앞으로도 잘될 것이라고 단정 지어도 안 된다. 항상 겸손하게 미래지향적으로 앞날을 준비하면 반드시 성공하는 인생이 된다.

잠재능력을 깨우는 자신감

한 국가 한 사회에서 공동체 생활하는 우리는 서로서로 믿으며 산다.

믿고 산다고 해서 아무런 의심 없이 모든 걸 믿고 맡기는 그런 관계가 아닌 단지 암묵적인 신뢰를 말한다. 그래야 남이 운전하는 대중교통을 편안히 이용할 수 있고, 남이 해주는 음식을 식당에서 맛있게 먹을 수 있고, 아픈 몸을 병원에서 맘 놓고 치료할 수 있다. 그런데 이런 믿음이 바탕에 없다면 모두가 불안감과 신경쇠약에 걸려 만수무강에 큰 지장이 있을 것이다. 누구든 몇 번씩은 다 속고 살지만, 시간이 지나면 조금씩 잊고 감정이 누그러져 완전히 잊지 않더라도 다시 마음을 추슬러 어울리며 살아간다. 그리고 그걸 아는 가족이나 주위 사람은 위로하며 용기를 낼 수 있게 도와준다. 세상엔 나쁜 사람보다 좋은 사람이 확실히 더 많다. 누구를 신뢰한다는 것은 잘하는 것이고, 이미 누구를 신뢰하고 있다면 더 잘하는 것이다. 나 또한 누군가에게 신뢰받아야 하고, 누군가에게 신뢰를 줘야 하기 때문이다. 이렇듯 우리 사회는 서로서로 믿고 의지하며 도우며 살고 있다. 믿고 산다는 것은 건강한 사회 현상이므로 신뢰와 믿음이 떨어질수록 그 사회는 불안하며 피폐하다.

사람과의 관계가 좋은 사람을 보면 외향적인 성격이기도 하지만 대체적으로 다른 사람을 잘 믿거나 잘 믿어준다. 물론 믿었던 사람에게 손해 보는 일도 있지만, 가능성이 적은 일에 크게 개의치 않고 마음을 열고 잘 믿고 맡긴다. 이렇게 호의적인 사람은 인기가 많고 주위에 사람이 많이 모인다. 내게 거리낌 없이 편안히 다가오는 사람을 싫어할 사람은 별로 없고 믿는다는 믿음 안에는 기대와 희망, 인간미가 있기 때문이다. 그리고 믿어야 사람이 좋아진다. 부모는 자녀가 잘 자라서 훌륭한 사람이 될 줄로 믿고, 농부는 봄에 심은 농작물이 잘 자라 가을이 되면 풍성히 수확할 줄로 믿는다. 이런 믿음이 없으면 자녀를 가르칠 수 없고, 농작물을 심을 수 없다. 다가올 미래를 기대하는 것은 믿음이 있기 때문이다. 아무리 의심병 환자라도 믿어야 할 건 믿어야 한다. 그리고 믿고 맡기면 사람도 자연도 보답한다. 특히나 자연은 우리의 믿음을 져버리지 않고 봄에 뿌린 씨앗보다 훨씬 더 많은 농작물을 내어준다. 이렇듯 변함없고 듬직한 자연처럼 사람도 완전히 신뢰할 수 있다면 좋겠지만 사람은 마음의 색이 다양하고 변색 되기 쉬워 완전무결을 기대할 수 없음에 안타깝다. 사회가 맑고 투명하기 위해선 나부터 믿고 심으면 열매를 내주는 자연을 닮은 사람이 되어야 한다. 여기서 잠깐, 혹시 자신은 자신을 믿는다는 것을 생각해 본 적이 있는가? 만일 있다면 얼마나 있는가? 자신은 자신을 믿어야 한다. 자신을 믿는 게 자신감이다. 자신감을 갖는 것은 그 어떤 잠재능력을 발휘하는 것보다 중요하다. 아무리 내 안에 있는 내 자신감이라 해도 이 자신감을 쌓기 위해서는 많은 노력이 필요하다. 한두 번 잘하다가 세 번째 실패하여 큰 손해를 보면 심한 자책과 함께 의기소침해진다. 그러면서 어렵게 쌓은 자신감을 한 번에 날려 버린다. 이런 고비가 사람 모두에게 있다. 이 고비를 어떻게 잘 넘기느냐에 따라 승패가 갈라지므로 진정한 자신감은 어려울 때 발휘해야 한다. 실패로 인한 아픔을 얼마나 빨리 회복하고 다시 도전하느냐가 진정한 자신감이다. 자신감은 자신이 발휘할 수 있는 최고의 잠재능력이다. 자신감이 없는 잠재능력은 소질만 있지 드러낼 수 없다. 드러내도 평범한 수준에 그쳐 최고가 될 수 없다. 자신감은 어느 날 우연히 커지는 게 아니다. 화초를 가꾸듯 자신감도 잘 가꿔야 한다. 힘든 일을 극복하고 어려운 일을 이겨내며 자신감을 점점 크게 가져야 한다. 자신감은 내면의 모습이라 겉으로 표시 나지 않지만, 마음속에 자신감이 가득하면 그 어떤 일도 할 수 있다는 용기가 생긴다. 최고의 잠재능력이 최고의 자신감이다. 자신을 믿는 자신감은 성공의 필수 요건이자 덕목이다. 자신을 믿어야 한다.

나는 행복한 나그네인가, 불행한 나그네인가

오늘, 지금까지 살아온 인생을 돌아보자.

과연 나는 무엇을 하며 살아왔는지, 내게 주어진 시간을 헛되이 쓰지 않기 위해 얼마나 최선을 다하며 살았는지 노년에 덜 후회하기 위해 정말 열심히 살고 있는지 생각해 보자.

세상엔 의외로 목적 없이 목표 없이 바람 따라 구름 따라 사는 사람이 많다. 그 이유는 자라온 환경이나 교육수준, 소심한 성격 등이 있겠지만 이것저것도 아니고 그저 열심히 살다 보면 좋은 일이 있겠지 하며 목표 없이 사는 사람도 많다. 그렇게 목표 없이 바쁘게 사는 것이 목표를 정해놓고 열심히 사는 사람들의 도우미로서 훌륭한 역할을 담당하고 있다는 걸 아는지 모르겠다. 남에게 도우미 역할을 잘해주면 그 사람은 성공하겠지만 나는 무엇인가? 나도 성공해야 하지 않는가! 사람은 모두 성공한 인생을 살고 싶어 한다.

그런데 무슨 성공을 원하는 것일까?

공직자로서의 출세, 사업가로서의 큰 부자, 덕망 있는 학자, 소작이 풍성한 농, 어업인.

성공이라 하면 대부분이 돈을 많이 벌어 부자 되는 것을 생각한다. 그럼 부자가 되면 성공한 것인가? 반대로 부자가 아닌 사람은 실패한 것인가?

서두에서 말했지만 작은 일이라도 성취해서 자기가 만족하다면 그 일은 성공한 것이다.

성공이라는 것이 자신의 일생일대에 딱 한 번 올까 말까 하는 우주 밖에 있는 어떤 행운이 아니다. 성공은 누구나 언제라도 할 수 있다. 단지 그게 작으면 작은 성공, 크면 큰 성공이다. 부자가 되어 돈이 많으면 할 수 있는 게 많은 건 사실이고 현실이다. 돈이 만병통치약은 아니지만, 만병통치약 역할을 충분히 해서 대부분 돈으로 해결할 수 있다. 개인이나 단체, 심지어 국가도 돈 때문에 경제 전쟁을 한다. 부자가 되어야만 성공한 것은 아니지만, 세상 많은 사람은 부자 되길 원한다. 그럼 부자가 되기 위해서는 어떻게 해야 할까?

봉급을 아끼고 절약해서 저축하면 부자가 될까? 아니면 지금처럼 열심히 착하게 살면 시간이 지나 언젠가 자연스럽게 부자가 될까? 그것도 아니면 어느 날 우연히 산 복권이 일등 당첨되어 벼락부자가 될까? 부자가 되는 건 어렵지만 부자가 되기 위한 길로 들어서는 건 더 어렵다. 그리고 그 길을 완주하여 끝내 부자가 되기는 더더욱 어렵다. 부자가 되기 위해서는 부자를 배워야 하는데 가난한 사람은 부자를 배우지 않고 부자를 존경하지 않고 부자 되는 방법을 연구하지 않는다. 오히려 부자를 부정한 방법으로 부자 됐을지 모른다며 비난한다. 물론 부당하게 부자가 된 사람들도 있겠지만 그 또한 힘에 부치는 역경을 이겨냈기에 가능했을 것이다. 무엇이든 마음먹기에 달렸다고 하지만 마음만 먹는다고 다 되지 않는다. 마음먹은 것을 얻기 위해 끊임없는 노력과 인내를 해야 한다. 성공은 그 결과가 만들어낸 산물이며 선물이다. 그런데 인생의 목표는 돈보다 행복을 추구해야 한다. 살아가는 데 있어 돈은 꼭 필요하지만, 너무 돈에만 집착하면 삶의 다른 즐거움을 놓친다. 돈은 더 행복한 삶을 위해 필요한 도구일 뿐이다. 사람은 홀연히 와서 홀연히 가는 방랑자 인생 나그네 인생이다. 하고 싶은 게 아무리 많아도 다 할 수 없으므로 지금 자신의 위치에서 할 수 있는 것부터 하고, 하고 싶은 것을 하기 위해 매일매일 그날의 계획을 세워 계획대로 살아야 한다. 계획이 없으면 축 없는 바퀴처럼 삐뚤빼뚤 굴러간다. 한 번 왔다가는 나그네 인생길을 행복한 나그네가 될 것인가. 불행한 나그네가 될 것인가는 자신의 선택에 달려있다. 행복한 나그네가 되기 위해 인생의 목표를 정하고 가능한 좋은 흔적을 많이 남겨야 한다. 내일 일을 알고 사는 사람은 단 한 명도 없다. 그렇다면 오늘은 뒤 처졌어도 내일은 공평하다. 내게 있는 일상의 작은 행복을 깨닫고 누리면 부와 성공을 이루지 못했어도 행복한 나그네로 살 수 있다.

제2장
긍정적인 생각, 적극적인 행동이 성공을 부른다

목적이 있어야 희망이 생긴다

안된다고 하지 말고, 되는 방법을 찾자

언젠가 유명 방송인이 했던 말이 기억난다.

"하면 된다." 이 말은 끝까지 포기하지 말고 열심히 하면 이룰 수 있다는 승리의 대명사가 된 말이다. 그런데 이 "하면 된다."를 그 방송인은 "되면 한다."로 바꿔 생각한다고 한다. 그 말을 듣는 순간 너무 수동적인 생각 아닌가! 라고 생각했지만 바로 무릎을 치고 말았다.

이 단어를 거꾸로 읽다니, 처음 들어보는 역설법이다. 생각의 전환이라는 게 이렇게 쉽고도 어렵구나! 하고 감탄했다. 어떤 일을 할 때 그 일을 하면 되든, 되면 하든, 중요한 것은 결국은 되게 하면 된다. 하다 보면 되고, 되다 보니 하고 할 수 있다. 상황에 맞게 그때그때 알맞게 적용하면 된다. 꼭 관습대로 한 방법으로 만 할 필요는 없다.

나는 등산이 취미여서 산에 오르는 것을 아주 좋아한다. 산은 내게 도전정신과 인내를 가르쳐주는 최적의 장소라고 여겨 자주 간다. 그것도 높은 산에 오르는 걸 더욱 좋아한다. 게다가 일행 없이 혼자서 자주 다닌다. 일행과 같이 다니고 싶어도 서로 시간 맞추기가 어렵고 혼자서 빨리 오르는 습관이 있다 보니 어느 날부터 자연스레 혼자 가는 게 좋아졌다. 그래서 틈틈이 시간 될 때마다 갑자기 산행을 정해서 다니곤 한다. 산은 아무리 높아도 정상까지의 등산길이 잘 만들어져 있다. 그래도 처음 가보는 산은 그 산을 충분히 알아보고 간다. 어느 주차장에 차를 세우고 어디부터 시작해서 어느 코스를 지나 정상에 올라 몇 개의 봉우리를 오르고 내려올지 미리 계획한다. 또한 점심 먹을 장소와 시간, 등산 소요시간까지 정하고 산을 오른다. 이렇게 계획을 짜서 등산하면 처음 계획에 거의 맞게 실수 없이 성공적인 등산을 할 수 있다. 산을 오르려면 출발점은 동서남북 각기 다를지라도 맨 아래에서 올라가야 하는 것은 똑같다. 경험 많은 전문 등산가도 예외 없이 아래에서 위로 오른다. 산은 움직이지 않고 가만히 서 있지만 힘들고 지치는 고단한 과정을 거쳐야 정상에 오를 수 있다. 등산은 고된 취미활동이라 아무리 숙달해도 오를 때마다 힘들고 어려워서 운동 삼아 오르려 했던 많은 사람이 등산을 포기하고 돌아간다. 인생의 성공도 마찬가지다. 하나의 문제를 해결하면 바로 또 다른 문제가 생겨 그 일과 씨름한다고 앞장에 적어둔 바 있다. 문제는 크든 작든 생긴 순간부터 골치 아프다. 그렇지만 그 문제를 해결하든 그 문제가 해결되든 어쨌든 헤쳐나가며 산다. 이루려는 목표도 크든 작든 해내는 과정은 순탄치 않다. 그러나 인생의 참된 기쁨을 맛보기 위해서는 새로운 목표와 도전이 있어야 한다. 문제를 하나하나 해결하면서 내가 단련되어 가듯이 이루려는 목표도 하나하나 이루다 보면 목표가 점점 커지고 많아진다. 그러면 목표를 이루는 속도도 빨라지고 때로는 아주 쉬울 때도 있다. 자신이 천부적인 재능이 없다고 탓할 이유가 전혀 없다. 타고나는 재능이 있다면 만드는 재능도 있으니 말이다. 우리 역사의 큰 발전을 이룬 훌륭한 위인들은 대부분 자신의 수고와 노력으로 이룬 사람들이다. 양질의 단백질인 육식만을 하는 호랑이보다 풀만 뜯어 먹는 코끼리가 힘이 더 세고 덩치도 더 크다. 만일 코끼리가 육식하고 호랑이가 채식을 하면 그래도 호랑이가 초원의 지배자로 왕 노릇을 할 수 있을까? 자신의 환경과 재능만을 탓하고 아무것도 안 하거나 안 된다고 쉽게 포기하면 풀 먹던 코끼리가 비웃을 것이다. 코끼리는 그 큰 덩치를 초원의 잡초만으로 유지하는데 코끼리 보다 훨씬 우월한 사람이 나약한 생각, 연약한 생각으로 자신을 발전시키지 못한다면 기름지고 비옥한 넓은 옥토를 두고 스스로 어두운 동굴로 들어가는 것과 다름 없다. 안 된다는 생각, 못 한다는 생각, 할 수 없다는 생각은 내 머릿속에서 지워야 한다. 높은 산을 오르는 길이 사방 여러 곳에 있듯이 성공하는 방법도 여러 곳에 많다. 되는 방법은 있고 찾으면 찾을 수 있다. 찾아서 성공하면 된다.

내가 성공해야 할 이유

어느 날 80대 20의 법칙을 알게 된 후 이게 대부분 맞는 것을 보고 놀란 적이 있었다.

80대 20의 법칙은 100년 전 이탈리아 경제학자 파레토에 의해 알려졌다. 원인의 20%가 결과의 80%를 만든다는 것이다. 예를 들면 우리 회사 매출액 80%는 20%의 거래처에서 나온다. 라는 이론인데 개인도 마찬가지로 적용된다. 내가 즐겨보는 영화 80%는 20%의 장르에 있다. 이런 방식으로 통계를 적용해보면 대부분 일치한다.

기업의 규모가 커지고 성장하는 것도 전체 기업의 20%이며 목표를 이루기 위해 노력하는 사람도 전체인구의 20% 정도일 것이다. 그럼 나는 몇 %에 해당하는 사람일까?

누군가 창업하여 양질의 제품을 생산해서 소비자에게 만족을 주고 소비자는 그 기업에 신뢰를 주다 보면 회사는 점점 발전하여 크게 성장한다. 우수한 기업은 좋은 제품을 만들어 전국에 공급하고 고용 창출도 많이 해서 실업난도 줄이고, 세금도 많이 내서 국가 경제발전의 든든한 원동력이 되어야 한다. 그래야 많은 사람이 공동혜택을 누리며 상생할 수 있다, 비슷한 제품을 여러 회사에서 만들면 제품 경쟁력, 가격 경쟁력이 생겨서 제품의 질은 좋아지고 가격은 내려간다. 생산제품이 적어 공급량이 줄어들면 값이 오르고 값이 오르면 서민의 지갑은 쉽게 열리지 않는다. 그러면 빈부격차가 점점 심해져 좋은 차, 좋은 옷, 좋은 음식 등은 일부 부유층 이외에는 일반 서민이 누리며 살기 어려워진다. 그래서 대기업도 있어야 하고, 훌륭한 정치인도 있어야 한다. 훌륭한 사람이 아무리 많이 나와도 20%는 안 넘을 테니 염려하지 않아도 될지 모르겠다.

성공해야 할 이유가 오직 개인의 영달을 위해서라면 그것도 개인의 생각이니 어쩔 수 없지만 성공한 모습으로 이웃에게 나눈다면 존경받은 성공자가 된다. 내가 성공을 꿈꾸며 열심히 일할 때 안심하고 안전하게 일할 수 있었던 것도 알지 못하는 누군가의 도움이 있었기 때문이다. 즉 내가

80%에 있을 때 20%의 누군가가 나를 돕고 있었음을 알아야 한다. 부자가 이웃을 위해 나눈다면 사회는 더 따뜻해지고 서로서로 돕고 사는 도미노 현상이 생겨 인간미 넘치는 좋은 세상이 된다. 그러기 위해 모두가 부자 되어 이웃사랑을 실천하는 존경받는 부자가 넘치는 세상이 되길 간절히 소망해본다. 성공해야 할 이유를 자신만이 아닌 사회 전체의 이익을 위한다면 그 소중한 꿈이 이루어지도록 많은 사람이 도울 것이다.

세상 모든 사람에게는 개인의 특기나 재능이 있다. 그러나 그 특장점을 살려 자신만의 방식으로 성공하는 사람은 드물다. 가장 큰 원인은 자신의 특기가 뭔지 모르거나 없다고 생각하기 때문이다. 자신을 그저 평범하고 무능한 사람으로 여긴다. 다른 사람이 자신을 높이 평가하면 겸손히 고개 숙일 줄 알아야 하지만, 자신이 자신을 평가할 때는 교만도 겸손도 필요 없다. 조금이라도 잘하는 것이 있으면 높이 평가해서 자신을 칭찬하며 자신을 사랑해야 한다. 자신을 사랑하는 사람은 자신을 소중히 여겨 함부로 살지 않는다. 그리고 계속 더 좋은 사람이 되기 위해 노력하고 수양한다.

사람은 대체 적으로 자신이 못하는 것을 크게 생각하고 잘하는 것은 작게 생각하는 경향이 있다. 특히 유교문화권의 우리나라 사람이 그런 경향이 더 강하다. 남들 앞에서야 겸손해야 하겠지만 자신이 자신에게는 후한 점수를 주고 무엇을 잘하는지 정확히 판단할 수 있어야 한다. 사람마다 분명히 잘하는 게 있다. 그것을 발견하고 계발시키기 위해서는 자기 자신을 똑바로 볼 줄 알아야 한다. 성공한 사람은 자기 자신을 잘 파악하고 있으며 잘하는 것은 더 잘하고 못하는 것은 하지 않거나 최대한 보완한다. 자신이 가진 능력은 세상에 없는 독보적인 능력일 수 있다. 자신의 이상에 날개를 달아 훨훨 날아 정상에 우뚝 서자

아름다운 세상을 꿈꾸며

문헌에 의하면 고려 시대 조선 시대에도 사회의 부조리가 심하고 악하고 큰 범죄행위가 발생하면 이를 보고 세상이 말세라고 했다는 기록이 있다. 지금 사람들이 생각하면 그때 과연 무슨 흉악한 범죄가 있었겠으며 타락한 문화가 있었기에 그런 말을 했을까 하고 생각할 것이다. 그러나 그 시대 사람들도 지금의 우리와 세상을 보는 눈은 별반 다르지 않았던 것 같다. 인간 세상은 세상에 단 100명이 살아도 그중에 좋은 사람이 있고 나쁜 사람이 있다. 그러니 수십억 명이 사는 사회에서야 생길 수 있는 각종 범죄는 다 생길 것이다. 그런데 신기한 것은 단 한 번도 보고 배운 적이 없는 일들도 자생하여 생긴다는 것이다. 그런데 안타깝게도 좋은 일보다 나쁜 일들이 더 많이 생기니 우리 가슴을 아프게 한다. 나쁜 일이 많이 생기는 것은 세상에 나쁜 사람이 많이 태어나서가 아니고 우리 사회가 경쟁 사회이기 때문이다. 사람이 나빠지는 것은 정당한 방법으로는 경쟁에서 이길 수 없거나 경쟁하지 않고 손쉽게 이기려 하기 때문이다. 수고하고 땀 흘려 일해야 함에도 일하지 않고 쉬운 방법으로 빨리 부자가 되려 하기 때문이다. 그러다 보니 불법과 편법이 성행하고 폭력이 난무하며 강도, 절도 등의 범죄가 발생한다. 쉽고 편하게 살고자 하는 것은 사람의 본성이므로 세월이 아무리 지나도 변하지 않을 테고 그로 인해 범법자는 항상 있을 것이다. 범죄가 늘어날수록 세상은 더 악해지고 사랑은 식어간다. 그렇게 되면 범죄를 막기 위한 각종 법률과 규제가 점점 강력해지고 사람들의 자유는 줄어든다. 아름다운 세상은 사회가 정의롭고 공평해야 하며 협력하여 선을 이루어야 한다. 서로 믿으며 사랑하는 세상이 아름다운 세상이다.

그런데 아름다운 세상은 저절로 만들어지지 않으며 힘써서 노력해야 만들어진다. 누가 먼저라고 할 것 없이 모두가 절제하며 규범을 지켜야 한다. 쉽고 편하게 살겠다고 양심을 팔고 범법자가 되어 사회를 혼탁하게 하면 아름다운 세상은 요원해지고 만다. 나쁜 사람이 생기지 않게 할 수 없으니 훈계와 지도로 교화시켜 새롭게 하고 공중도덕 실천 등의 캠페인으로 예방하면 사회는 많이 안전해지고 아름다워진다. 아름다운 세상을 꿈꾸는 사람이 많이 성공했으면 좋겠다. 큰 부자도 되고, 훌륭한 정치인도 되고, 사회 각계각층의 지도자가 되어 어린이부터 노인까지 안심하고 살 수 있는 행복한 세상을 만들면 좋겠다. 내가 도움을 받았으면 나 역시 남을 도와주고 가족같이 아끼고 사랑하면 행복은 넘치게 된다. 물이 흐르지 않고 고여 있으면 썩듯이 사랑도 표현하지 않으면 그 누구에게도 전할 수 없다. 우리는 자꾸 베푸는 아름다운 세상을 만들어야 한다. 그렇다면 아름다운 세상은 누가 만들 것인가? 누군가는 하겠지 하고 나 몰라라 하면 그 사람은 아름다운 세상을 꿈꿀 수는 있어도 아름다운 세상을 만드는 데는 아무런 역할을 할 수 없다. 미룰 것 없이 바로 내가 해야 한다고 다짐하고 실천해야 한다. 내가 부자 되어 어려운 이웃을 도와주고 내게 있는 지식과 재능을 이웃과 후손에게 아낌없이 가르치고 나눠야 한다. 속담에 콩 한 쪽이 있어도 반쪽씩 나눠 먹으라는 말이 있듯이 베풀고 나누는 것은 크고 작음에 의미가 없다. 오직 나누는 따뜻한 마음만 있으면 된다. 샘에 물이 차면 물이 흘러넘치고 흘러넘친 물은 흐르고 흘러 한곳에 모여 강줄기가 되듯이 우리 모두 작은 사랑을 실천하면 점점 큰 사랑이 되어 같은 하늘 아래에 사는 우리는 다 같이 사랑이 넘치는 아름다운 세상에서 살게 된다. 아름다운 세상은 아름다운 사람이 만든다. 아름다운 세상을 만들기 위해 성공해야 하며, 성공해야 할 이유가 되어야 한다. 선이 악을 이기고 정의가 불의를 이기는 세상을 만들어야 한다. 땀 흘린 만큼의 대가를 얻고 수고한 만큼의 보람이 있는 세상이 되어야 한다. 아름다운 세상을 만드는 것은 우리의 몫이다. 아름다운 세상을 꿈꾸며 아름다운 세상을 실현해 후손에게 물려주자.

목적과 목표

왜 사는가? 라는 철학적인 질문이 있다. 모두 곰곰이 생각해 보기 바란다. 유년기를 지나 청소년기가 되면 수도 없이 요동치는 마음속 혼란을 진하게 겪는다.

그리고 성인이 되어 사회에 진출해 이렇게 저렇게 살다 보니 어느 순간 내가 세상에서 살고 있음을 알게 된다. 내가 필요한 물건을 살 때는 내가 좋아하는 것을 선택해서 사고, 먹고 싶은 음식도 내가 먹고 싶은 것을 골라서 먹는다. 직업도 취미도 내 취향에 맞게 내가 직접 결정한다. 그렇지만 세상에 태어난 것은 내 의지와 상관없이 나서 살고 있음을 알게 된다.

누가 내게 이런 질문을 한다.

당신은 당신의 삶에 만족하고 있습니까?

만족한다. 만족하지 않다. 둘 중 하나를 쉽게 대답하는 사람은 많지 않을 것이다.

그러면 당신은 당신의 삶에 목적이 있습니까?

대답하기 더 어려울 것이다. 물론 둘 다 곰곰이 생각하고 답변은 하겠지만 준비된 답이 바로 나오지는 않을 것이다. 자신의 삶이 만족하려면 무언가 이룬 게 있어야 하고 이루려면 이룰 목적이 있어야 한다. 그런데 삶의 목적을 분명하게 정한 사람이 많지 않다. 목적이 중요한 건 알지만 목적이 없다. 목적과 비슷한 단어 중에 목표가 있다.

목적 : 이루려고 하는 일이나 방향.

목표 : 활동을 통하여 이루거나 도달하려는 것을 실제적 대상으로 삼음.

즉, 목적을 이루기 위해 정한 대상이 목표인 것이다. 왜 사는가? 라는 질문을 내가 내게 하고 삶의 목표를 정해서 목표를 달성하는 목적 있는 삶을 살아야 한다. 인생 전체를 놓고 큰 목적을 정할 수 있고 기간을 정해서 작은 목적을 정할 수 있다. 이 목적이 정해지면 세부 목표가 정해지고 그러면 삶이 바빠지고 새 희망이 생긴다. 그리고 삶이 즐거워진다. 사람은 물과 음식으로 육체를 건강하게 유지하지만, 희망은 마음과 정신을 건강하게 유지 시킨다. 정신이 건강해야 육체도 건강하다. 뇌가 활발하게 움직이면 아이디어가 많이 떠오르고 하고 싶은 일이 계속 생긴다. 내 삶의 목적이 분명히 정해지면 세상 속에 있는 내 모습이 당당해지고 떳떳해진다. 또한 목적을 하나하나 이룰 때 자랑스러운 내 모습에 감격하며 성공을 느낄 수 있다. 그러면 목적은 어떻게 달성해야 하는가? 군사용어지만 일상생활에 많이 사용하는 단어 중에 전략과 전술이 있다.

전략 : 사회적 활동을 하는 데에 있어서의 방법이나 책략.

전술 : 전투나 작전에서 사용되는 군사적 기술과 방법.

쉽게 풀이하면 전략은 목적을 달성하기 위한 작전이고 그 작전을 수행하는 방법이 전술이다. 목적을 이루기 위해 꼭 필요한 수단과 방법이라고 할 수 있다.

삶의 목표를 정할 때는 내가 과연 할 수 있을까? 라고 생각할 만큼 크게 정해야 한다. 목표가 작으면 쉽게 생각해 게을러지고 미루게 된다. 그리고는 포기한다. 목표가 커야 도전의식이 생기고 마음이 강해지고 인내와 절제, 은근과 끈기가 생긴다. 목표가 크면 클수록 목표를 이루기 힘들고 어렵지만, 그만큼 배포도 자신감도 커진다. 결코, 불가능하지 않고 계속 도전하면 할 수 있다. 아무리 크게 성공한 사람도 단 한 번의 실패 없이 순탄하게 성공한 사람은 없다. 성공의 과정이 힘들고 어려운 건 무엇을 해도 마찬가지다. 이 어려움을 잘 이겨내는 사람만이 성공의 문을 열 수 있고 열고 들어가야 정상에 설 수 있다. 어려움과 시련은 이기면 이길수록 정신이 강해지고 경험이라는 큰 자산을 얻게 된다. 목적이 있는 삶과 목적이 없는 삶은 인생의 빛이 다르게 빛난다. 밝고 환하게 빛나는 목적 있는 삶을 살자.

공부해서 남 주고, 성공해서 남 주자

세상에 많은 법칙

세상에는 많은 원칙과 법칙, 공식이 있다. 과학에서는 만유인력의 법칙. 관성의 법칙 등이 있고, 수학에는 근의 공식, 원의 넓이 공식 등이 있다. 수학, 과학 등의 교과서에만 법칙이 있는 건 아니다. 국가에도 헌법이라는 법칙이 있고 가정에서도 가정마다 법칙 같은 규율이 있다. 법과 원칙이라는 것은 사람의 자유를 속박하고 규제하여 행동을 좁게 만들려고 존재하는 것이 아니다. 사람이 더 사람답게 살기 위해 만든 약속이다. 이런 법과 규제 없이 자유 하게만 산다면 힘센 사람이 많은 것을 소유하고 약자는 강자의 노예로 살게 될 것이다. 법은 자유와 평등 평화를 위해 꼭 필요하다. 그래서 법을 종류별로 문서로 기록하고, 이후에 계속 개정하여 현실과 실정에 맞게 고쳐나간다. 법은 강자나 약자나 부자나 가난한 자나 똑같이 지켜야 하고 적용되어 공평과 공정을 유지하고 모든 사람이 정한 대로 법에 따라 보호받아야 한다. 또한 회사에도 정관이 있어 내부규정에 맞게 기업을 운영한다. 그런데 이러한 법과 원칙이 국가나 기업, 단체에만 있는 것이 아니다.

성공하는 법, 라면 잘 끓이는 법, 다이어트에 성공하는 법, 공부 잘하는 법도 있다. 열거하기에 너무 많은 다양한 법칙이 있다. 그러나 이런 법칙은 문서화 하지도 않고 말하는 사람마다 제각각 다르다. 그러나 살다 보면 멀리 있는 헌법보다 내게 직접적인 현실이 될 성공하는 법, 부자 되는 법, 살 빼는 법에 더 관심이 많고, 그런 것을 더 많이 따르고 있는지도 모른다. 물론 지켜야 하는 강제성도 없고 법칙을 벗어나 자기 맘대로 아무렇게나 해도 아무도 상관하지 않는다. 헌법은 반드시 지켜야 하고 지킨 대로 법의 보호를 받지만, 위에 있는 무슨 무슨 법칙이라고 하는 것은 지켜야 할 의무도 없고 심지어는 모르고 살아도 아무 문제없다. 게다가 위에 있는 법칙을 지켜서 똑같이 해도 반드시 된다는 보장이 없다. 부자 되는 법, 살 빠지는 법을 법칙대로 한다고 다 부자가 되고 다 살이 빠지는 게 아니기 때문이다. 물론 되는 사람도 있지만, 대부분은 좋은 결과를 얻지 못한다. 그 이유는 법칙이 잘못돼서가 아니라 조금 하다가 안 된다고 포기하기 때문이다. 결국은 법칙이 문제가 아니라 자신이 문제인 것이다. 세상의 법은 내가 꼭 지키려고 하지 않아도 성실하고 정직하게만 살면 자연스레 법을 지키며 사는 모범시민이 된다. 그러나 위에 열거한 법칙들은 내가 행동하지 않으면 지키지 않는 것이고 이룰 수도 없다. 부의 법칙을 부자 될 때까지 실천하면 반드시 부자 된다. 법칙을 온전히 지킨 사람이 된 것이다. 살 빼는 법도 마찬가지다. 만일 알려진 부의 법칙이 단 한 개라면 모두가 따라 해서 부자가 되려고 할 것이다. 그런데 너무 많다 보니 자기 입맛에 맞는 몇 개를 해 보다 뜻대로 안 되니 포기한다. 법칙에는 없지만, 위의 법칙을 이루려면 힘들고 어려운 과정을 포기하지 말고 인내해야 한다는 것이 전제조건이다. 그러나 충분히 준비하지 않은 상태에서 성공한 모습과 날씬해진 모습의 좋은 결과만을 생각하고 무작정 따라 하다 보니 중도에 그만두는 것이다. 인내와 극기 없이 마술처럼 될 줄로 착각하는 것이다. 백문(白門)이 불여일견(不如一見), 백견(白見)이 불여일행(不如一行)이다. (백번 묻느니 한번 보는 게 낫고, 백번 보느니 한번 하는 게 낫다). 헌법은 가만히 있으면 지켜지지만, 그 외의 법칙은 행동해야 지키는 것이 된다. 화려하고 멋진 무대에 선 성공한 사람들도 거저 된 것 같아도 나비가 허물을 벗는 고통이 이면에 있었다. 성공한 사람은 성공을 위해 포기하지 않고 자신과 싸움에서 승리한 사람이고 같이 출발한 동료들이 포기하고 쓰러질 때도 이를 악물고 달려온 사람이다. 그러니 당연히 그들은 수고의 대가를 받아야 한다. 그들이 화려하게 보이는 것은 도전하는 사람들에게 주는 신선한 자극이다. 도전하라. 인내하라. 극기하라 성공할 때까지.

베풀면 베풀수록 채워진다

투자의 귀재 워렌 버핏, 마이크로소프트 창업자 빌 게이츠는 세계에서 최고의 투자 전문회사와 소프트웨어 회사를 운영하는 전문 경영인이다. 회사를 창업하여 단시간에 세계 최고의 기업으로 성장시킨 장본이기도 하다. 이들의 경영능력은 기업운영실적으로 증명 된다.

이들에 대해서는 구차하고 장황하게 설명할 필요가 없다. 이들을 모르면 대화가 안 될 수도 있기 때문이다. 이들은 많은 사람에게 성공한 경영인으로 존경받지만, 이들이 더 높이 평가받는 이유가 또 있다. 그들은 지금까지 자선단체에 기부하는 돈이 수조 원이나 되기 때문이다. 물론 워렌 버핏이나 빌 게이츠만 기부활동을 하는 것은 아니고 많은 사람이 음으로 양으로 기부활동을 한다. 그래서 사회는 따뜻한 온정이 식지 않고 유지되고 많은 어려운 이웃이 혜택을 보고 있다. 우리나라에도 기부왕으로 유명한 사람이 많고 그들의 온정과 선행으로 많은 이들에게 본이 되며 감동을 준다. 그들의 이웃사랑에 깊이 감사하며 존경과 찬사를 보낸다. 그러면 이들은 자신의 소중한 돈을 왜 기부하는 것일까?

세제 혜택이나 기업 이미지 향상, 매출 증가 등의 직접적인 효과도 있겠지만 아무래도 베푸는 마음이 있었기에 가능하지 않았나 생각한다. 정부나 기관에서 이들에게 아무리 많은 혜택을 준다고 해도 이들이 거부하거나 소극적인 기부를 한다면 세상에 드러나지 않는다. 이런 기부왕들의 기부 동기나 소감을 들어보면 아주 단순하고 소박하다.

어려운 이웃들과 나누는 삶을 선택했다고 한다. 약간 꾸며진 교과서 같은 대답 같기도 하지만 그것보다는 그들의 진정성이 더 많이 느껴진다. 바로 노블레스 오블리주(noblesse oblige, 사회 고위 지도층 인사에게 요구되는 높은 수준의 도덕적 의무)를 실천하는 삶으로 보인다. 민주주의 국가든, 사회주의 국가든 사회 구조는 지배층과 피지배층이 있고 부자가 있고 가난한 사람이 있고, 능력이 좋은 사람도 있고 그렇지 않은 사람이 있다. 심지어 태어날 때부터 신분이 정해지는 나라도 있다. 많이 가진 사람은 더 많이 갖게 되고, 없는 사람은 아무리 열심히 일해도 신분 상승 없이 어려운 삶을 산다. 가난한 사람 백 명이 십 년 걸려 이룰 부를 부자는 한 달 만에 이룰 수도 있다. 자괴감이 드는 비참한 현실이다. 베푼다는 것은 베풀 게 있다는 것이고 베풀어도 자기 것은 남아 있다는 것이다. 베풀고 남은 것으로 또 자산을 불려 매년 거대한 금액을 계속해서 베푼다. 베풀기를 즐겨 하는 사람은 베풀면 베풀수록 더 많이 들어온다는 것을 알고 있다. 부자가 되려면 아끼고 저축해야 하는데 어째 베풀어야 한단 말인가. 앞뒤가 안 맞는다고 생각할 수 있지만, 부자의 법칙은 이해하기 어려운 부분도 있다. 부자의 말을 들어보면 종잣돈을 만들기 위해 한 푼이라도 모으려고 하루에 열네 시간을 일하고 쪽잠을 자며 라면으로 끼니를 때웠다고 한다. 이렇게 고생해서 번 돈인데 베풀라니 어이없이 들린다. 그러나 부자 되기 위해서는 아끼고 절약해야 하지만 베풀고 나누기도 해야 한다. 물론 소인배처럼 자기 배 만 불려 베풀지 않고 혼자만 부자로 살아도 된다. 그렇지만 나누고 베풀면 나누고 베푼 만큼 반드시 자신에게 돌아온다는 것은 확실하다. 사람 사는 사회는 서로 돕는 사회가 돼야 정감이 있고 인간미가 있다. 그러나 많은 사람은 지금은 베풀 게 없으니 나중에 부자 된 후에 나누겠다고 한다. 물론 타당한 말이지만 크고 많은 것을 나눠야만 베푸는 것이 아니다. 가진 게 적으면 적은 대로 나누고 많으면 많은 대로 나누면 된다. 나누기를 좋아하는 사람은 부자가 아니어도 마음은 이미 부자이고 인색한 사람은 부자여도 사람에게 인심을 못 얻는다. 베푼다는 것은 조건이나 대가를 바래서도 안 되고 무조건인 사랑의 실천이어야 한다. 베풀며 사는 것은 받은 것을 돌려주는 것이므로 남에게 전해주면 돌고 돌아 또 나에게로 돌아온다. 많이 베풀고 많이 받자.

남의 능력으로 내가 산다

어느 중소기업을 운영하는 회장님이 있었다. 그는 개인적인 볼일을 보며 돌아다니다 어쩌다 한번 회사에 와서 결재서류를 살피고 사인을 하는 게 전부였다. 회사는 사장이 운영하고 관리만 하는 정도였다. 그리고 동네 목 좋은 곳에 횟집을 운영하고 있었다. 회사 규모가 아주 큰 것도 아니었고, 횟집 또한 크지 않았다. 그런데 이 회장님은 만사를 자기 뜻대로 하려고 하고 자기 말 한마디면 다 되는 줄 아는 사람이었다. 그럴 만도 한 것이 지역 유지들과의 친분도 있고, 고위층 인사들과의 교류도 있는 데다 폼 잡고 나대는 걸 좋아했다. 이분 얘기는 여기까지만 하고 이분의 결론을 말씀 드리면 그 이후 몇 년이 지나 파산하여 같이 일했던 사람과도 연락을 끊고 지금은 행방을 모른다.

이 사람의 교만한 행동과 안하무인 함을 꼬집고자 말하는 것이 아니다. 세상에는 이 사람보다 더 오만방자하고 악한 사람이 많이 있으니 말이다. 어찌 보면 이 사람은 그중에 양반이라 할 수 있다. 사람은 많이 배우고 출세해서 남보다 높은 위치에서 대접받고 살길 원한다. 또한 사업적으로 크게 성공해서 많은 부를 이뤄 사람과 세상을 호령하며 살기 원한다. 성공하고 출세해야 능력 있는 사람으로 인정받고 세상이 알아주기 때문이다. 그렇다면 과연 성공하고 출세해서 많은 부와 명예를 얻으면 자신이 하고 싶은 것을 마음대로 하며 살 수 있을까? 물론 안되는 게 거의 없을 만큼 많은 부분을 돈으로 해결할 수 있다. 어차피 돈이 최고라고 생각하는 사람은 자신 이외에는 부모도 형제도 등한시하니 말이다. 그렇다면 자신의 힘과 능력으로 부자가 된 사람이 멋진 자동차를 샀다고 하자. 그 자동차는 누가 만들었을까? 국내, 혹은 외국의 자동차 전문회사에서 전문기술자들이 혼신의 힘을 다해 만들었다. 그들의 기술과 능력이 없었다면 아무리 돈이 많아도 자동차 없이 걸어 다녀야 한다. 자녀의 결혼식에 입고 갈 멋진 양복을 양복점에 가서 맞춰 입었다. 만일 양복 만드는 기술자가 없었다면 그는 자기 손으로 천을 꿰어 옷을 만들어 입어야 한다. 어느 날 몸이 너무 안 좋아 병원에 가서 진찰을 받아보니 위염이 있다고 해서 치료받고 나왔다. 자신의 낡고 오래된 집을 리모델링하기 위해 목수, 페인트, 도배. 장판 기술자를 불러 멋지게 새로 꾸몄다. 이 모든 게 자기 능력으로 자기 돈으로 모든 것을 순식간에 해낸 것 같아도 사실은 각 분야의 전문가가 자신이 할 일을 대신해준 것이다. 물론 대가를 받고 해줬지만, 돈만 있다고 모든 게 다 해결되는 건 아니고 사람이 꼭 있어야 한다. 만일 돈만 있고 기술자나 전문가가 없다면 자신이 직접 옷도 만들어 입고, 약초 캐서 달여 먹고, 망치질하고 도배해서 집도 꾸며야 한다. 자신의 능력이 있으면 남의 능력도 있는 것이다. 내가 번 돈으로 사람을 부려 다 했다고 큰소리쳐도 결국은 남의 능력을 자기 돈으로 바꾼 것이다.

이렇게 하나하나 따져 보면 나는 내 능력으로 다른 사람에게 서비스를 제공하고 돈 벌고 다른 사람은 그 사람의 능력으로 나에게 서비스를 제공하고 돈 번 것이다. 그래서 직업에는 귀천이 없다는 말이 있는지 모른다. 모두가 대접받는 보기 좋은 일만 하면 흙 묻히며 농사짓고 청소하고 쓰레기 치우는 일은 누가 하겠는가. 누군가 리더 역할을 하면 누군가는 허드렛일도 해야 한다. 그래야 사회 곳곳에 필요 인력이 자리해서 원활하게 돌아간다.

내가 가진 능력이 많을수록 많이 나눠야 한다. 내가 가진 열 개를 한 개씩 나눠주면 열 사람이 행복하고. 백 개를 나누면 백 명이 행복하게 된다. 세상에 소중하지 않은 사람은 단 한 명도 없다. 그리고 결코 내 능력만으로 살 수 없다. 가만히 생각해 보라. 내가 공부하고 돈 벌고 출세하기 위해 얼마나 많은 남의 능력이 내게 도움이 되었는지……. 감탄할 것이다.

사랑은 받는 것이 아니라면서

농장이나 집에서 가축을 기르는 사람을 보면 주인마다 가축을 대하는 특이점이 한두 개씩 있다. 주로 닭이나 오리, 염소, 소, 돼지 등을 기르고 개도 키운다. 주인 입장에 서는 말이 통하지 않으니 혼자 떠들어야 한다. 그러면 동물은 알아들었다는 듯이 신기하게 주인이 원하는 대로 한다. 한 마리든 두 마리든 수백 마리든 잘 다룬다. 그런데 가만히 보면 사람이 동물을 다루는 이유는 몇 개 안 된다. 그중에서 가장 중요한 것이 밥 줄 때다. 특히나 넓은 들에서 방목하는 주인은 각자의 방법으로 동물을 부른다. 어떤 사람은 호루라기를 불고, 어떤 사람은 종을 치고, 어떤 사람은 소리를 지른다. 방법은 다양하지만, 동물들은 알아듣고 모여든다. 이유는 밥 먹기 위해서다. 그렇게 모여서 밥을 다 먹으면 또 어디론가 사라져 자기들끼리 놀고 싸우고 한다. 동물들은 밥 주고 관리만 잘하면 알아서 잘 크기에 말이 통하지 않아도 사람이 다룰 수 있다. 그러나 사람은 말이 통하고 감정도 있어서 말로 의사를 전달할 수 있고, 감정으로 상대의 심리를 파악할 수 있다. 어린이에게 예의가 바르다고 칭찬해주고, 동료에게 수고했다고 칭찬해주고, 부부가 서로에게 고맙다고 칭찬해주면 엔도르핀이 마구 솟아 기분이 좋아지고 마음이 넓어진다. 혹은 말을 하지 않더라도 감정으로 기분 좋게 할 수 있다. 상대방의 실수를 못 본 척해 준다거나 컨디션이 안 좋아 보이는 후배에게 커피 한잔을 조용히 내민다거나 하듯이 말이다. 사람도 밥을 먹어야 살지만, 사람은 밥만 먹고 사는 존재가 아니다. 생각과 감정이 있어서 위로와 격려가 필요하고, 칭찬도 질책도 필요하다. 누구나 배가 고프면 먹는 것이 본능이라 먹고 배를 채우면 되지만, 감정은 배고픔과 달라서 정해진 본능이 없다. 수시로 변하고 달라진다. 그래서 자신의 감정을 잘 다스리는 사람이 대인 관계가 원만하고 다른 사람에게 좋은 인품으로 평가받는다.

　생각과 마음을 다스린다는 것은 매우 어렵다. 내 마음을 다스리기도 어렵고 남의 마음을 헤아려 맞춰주기도 어렵다. 오래된 친구라도 간혹 티격태격하는 이유도 감정을 다스리기가 어렵기 때문이다. 사람은 주는 것 보다 받는 것을 더 좋아한다. 그것이 용돈이든 선물이든 하찮은 무엇이든 준다고 하면 좋아한다. 가진 것이 없어서가 아니라 받음으로써 기쁨을 누리고, 대접받는다고 생각하기 때문이다. 양심상 받으면 보답해야 한다는 부담이 있어 안 받고 안 주는 사람도 더러 있지만, 욕심이 끝이 없어 창고에 가득 쌓여 있어도 쌓고 또 쌓는다. 그러나 무언가를 주고받는 것은 마음을 주고받는 것이기에 생활에 기쁨이 되고, 마음을 표현하기에 선물처럼 좋은 수단이 없으니 적절히 활용하면 센스있는 사람이 된다. 어떤 할머니가 평생 파지 모아 판 돈을 기부했다는 소식을 들은 적이 있을 것이다. 그 할머니도 형편이 어려워 쪽방에 살고 있으면서 자신을 위해 쓸 돈을 아껴 더 어려운 이웃을 위해 써달라고 내놓은 것이다. 많은 사람이 듣고 마음이 훈

훈해졌으리라 생각한다. 사랑은 받는 기쁨보다 주는 기쁨이 훨씬 더 크고, 주고 나면 아까울 것 같아도 전혀 아깝지 않다. 주었을 때 받은 사람이 좋아하는 모습을 보면 더 주고 싶고, 더 많은 사람에게 주고 싶다. 우리는 받는 사람보다 주는 사람이 되어야 하고 인색함 없이 사랑으로 최대한 많이 주는 사람이 되어야 한다. 남이 아닌 나부터 더 많이 주는 사람이 되자. 주고 나면 없어져도 신기하게 또 생기고 계속 생긴다. 주는 기쁨을 알게 되면 받는 기쁨은 비할 데가 아니다. 자신의 물질과 재능을 남을 위해 사용한다면 참된 사랑을 실천하는 작은 위인이 된다. 자신의 욕심을 조금만 내려놓고 베풀고 나눈다면 사회는 아름다워지고 가난하고 어려운 이웃이 많은 위로를 받는다. 사랑은 주면서 받는 것이고 내가 베푼 사랑만큼 상대방도 내게 베푼다. 사랑은 받는 것이 주는 것이고 주는 것이 받는 것이다.

내가 나에게 묻는다

나는 내 인생의 목표와 꿈은 무엇인가에 대해 오랜 시간 고민했고 오랜 고민 끝에 그것에 대한 결론을 내렸다. 그것은 우리 가문 몇 대조 조상 때부터 내려오던 가난을 끊어내는 거였다. 물론 이것 하나만은 아니지만 가장 먼저 하고 싶었고 가장 절실했다. 그래서 가난을 벗어나려면 어떻게 해야 할지 많은 생각과 고민으로 많은 날을 보내던 중 문득 이런 생각이 들었다. 그렇다면 과연 나는 정말 부자 되고 싶은 사람인가? 정말로 내가 부자가 될 수 있을까? 이 두 개의 기본적인 생각이 내 목표를 정하는 데 큰 역할을 했다. 사람은 누구나 성공을 꿈꾸지만 아무런 동기와 목적이 없다.

그저 성공하면 좋다고 생각하고 남들이 알아주니까 하려 한다. 그러나 이런 생각만으로는 성공할 가능성이 아주 낮다. 성공하고 싶은 의지가 강력해야 하고 그 이유가 명확하고 확고해야 한다. 성공은 하고 싶은 사람이 끝까지 도전해서 성취하는 것이다. 성공에 대한 열정과 열망 없이는 고난과 역경을 이겨낼 힘을 내면에서 끌어 올릴 수 없다. 낙담과 좌절의 시련을 무슨 정신력과 체력으로 이겨낼 수 있단 말인가. 육상 100m 올림픽 금메달리스트는 금메달이 목표인 경기 한번을 위해 매일 수십 킬로미터를 달린다. 달리면서 얼마나 많은 잡념과 싸웠을지 생각해 보자. 달리기를 포기할 생각도 했었을 테고. 성적 부진으로 깊은 슬럼프에 빠져 이 길이 내 길이 아닌가 하는 자책과 회의감에도 시달려 봤을 것이다. 그러나 모든 시련과 힘든 훈련을 이겨내고 끝내 올림픽 금메달리스트가 되었다. 성공을 꿈꾸는 사람도 금메달리스트 못지않은 많은 시련을 이겨내야 한다. 그런데 어느 정도 하다가 중도에 포기하고 이 정도만 해도 성공이야. 하고 다음에 재도전하기로 미루는 일이 빈번하다. 사람은 마흔이 되기 전에 큰 성공을 거두는 사람이 드물고 오십이 되어도 자신의 능력과 소질을 모르는 사람이 많다는 연구 결과가 있다. 당장 오늘 할 일을 오늘 계획하고 자기계발을 하지 않고, 계획 없이 즉흥적으로 살거나 실현 가능성이 거의 없는 헛된 꿈과 계획만 세우기 때문이다. 자신의 생각을 돌아보고 주위 사람에게 질문해야 한다. 내가 별다른 목표 없이 당장 급한 일만 하는 건 아닌지, 남이 시키는 일만 하는 수동적인 사람은 아닌. 성공이나 부자 같은 단어에는 관심이 있는지 확인해야 한다. 내가 원하는 삶이 평범한 삶, 보통의 삶이라면 이런 삶은 대부분 가난한 삶이거나 근근이 살아가는 불안정한 삶이다. 겉보기에는 똑같은 사람 같아 보여도 내면의 힘이 있는 사람과 남에게 의존해 살아가는 사람과의 삶의 질은 천지 차이다. 생각도 사는 방식도 완전히 다르다. 같은 신문을 보고 세상 돌아가는 것을 아는 것으로 그치는 사람이 있고, 세상 돌아가는 걸 깨달아 돈 버는 궁리를 하는 사람이 있다. 이 두 사람은 신문을 대하는 태도와 가치가 근본부터 다르다. 성공은 하고 싶은 사람이 하는 것이지만 하고 싶다고 다 할 수 있는 것은 아니다. 진정 성공을 원한다면 성공을 안 하면 안 된다는 절박한 마음이 있어야 한다. 성공이 해도 되고 안 해도 되는 선택사항이거나 하면 좋지. 하는 소망일뿐이라면 평생 성공은 남 얘기가 된다. 반드시 해야 한다는 간절함과 절실함이 자신의 각오가 되고 변치 않아야 한다. 또한 성공할 이유가 가난을 벗어나기 위함이든 국가 발전을 위함이든 자신에게 날마다 새 힘을 북돋아 줄 동기가 필요하고 지치고 힘들 때 힘이 되는 원천을 만들어야 한다. 그리고 무엇보다 중요한 것은 한번 성공했다고 성공이 영원히 유지되는 게 아니므로 성공한 이후의 계획이 반드시 있어야 한다. 목표를 이룬다는 것은 이룬 다음의 삶을 자기가 원하는 대로 살기 위함이므로 성공한 이후의 계획을 반드시 세워야 한다. 정상에 오르면 올랐을 때 잠깐의 쾌감을 느낀 다음엔 별것 아니라는 생각이 든다. 내가 살고 싶은 삶을 살기 위해서는 더 큰 목표와 계획을 끊임없이 세워야 한다.

제2장
긍정적인 생각,
적극적인 행동이 성공을 부른다

생각은 성공의 시작이며 끝이다

긍정을 부르자

사람은 누구나 한 번뿐인 소중한 인생을 산다. 그래서 한 번뿐인 인생을 가치 있고 보람 있게 살기 위해 많은 사람이 인생이란 무엇인가에 대해 고민하며 성공하는 인생을 살기 위해 자신만의 철학을 만든다. 사람은 자신의 가치와 존재를 인정받기 원하며 그것을 인정받았을 때 기쁨과 만족을 누린다. 그래서 더 큰 꿈을 꾸고 목표를 갖는다. 사람은 속박과 억압으로 자유가 제한되면 그 사람의 능력을 마음껏 발휘할 수 없으므로 자신의 끼와 재능을 발휘하기 위해 마음껏 상상하고 행동해야 한다. 특히나 자유민주주의 국가인 우리나라 사람은 헌법의 테두리만 벗어나지 않으면 자기가 하고 싶은 것을 마음껏 하며 살 수 있다. 그 자유를 누리며 사람답게 살기 위해서는 자신의 소중함을 알고 잘 준비한 계획으로 시간을 효율적으로 활용해야 한다. 사람의 생명은 한 번뿐인 데다 무한한 존재가 아니고 유한한 존재이므로 성공한 삶을 살기 위해서는 준비와 계획은 필수다. 게다가 유년기 소년기 청소년기 장년기 노년기라는 삶의 과정도 있으니 인생의 시기마다 그 시기에 배워야 할 것은 그때 잘 배워야 한다. 한번 시기를 놓치면 인생이 꼬이고, 뒤늦게 깨닫고 처음부터 다시 시작해도 남보다 뒤처지는 것은 당연한 일이다. 심지어 성인이 되어 앞가림할 나이가 되었어도 깨닫지 못하고 방황하며 사는 사람을 보면 안타깝기 그지없다. 물론 계획 없이 살아도 뜻밖의 좋은 일이 생기지만 뜻밖의 좋은 일로 성공하고 부자 된 경우는 거의 없고 있어도 오래 못 간다. 이유는 준비되지 않았기 때문이고 준비가 안 된 상태에서 큰일을 맡으니 자신을 감당할 수 없어 어리숙하게 판단하고 결정한다. 성공하기 위해서는 매일의 계획을 세우고 점검해야 한다. 그렇다면 계획하고 준비하면 계획한 대로 다 이루어질까! 그렇지 않다. 사람이 아무리 형편없이 산다고 해서 한 번도 준비와 계획 없이 산사람은 없을 것이다. 해봤지만 안 되니까 포기하고 될 대로 되라는 식으로 사는 것이다. 물론 그렇게 살면 별다른 욕심이 없어 스트레스받을 일은 많지 않겠지만, 세상은 그 사람에게 맞춰주지 않고 그 사람이 세상에 맞춰 살아야 한다. 즉 능동적인 삶은 없고 수동적인 삶만 있을 뿐이다. 혹시 지금 인생을 포기하듯 수동적인 삶을 살고 있다면 당장 벗어나서 다시 능동적으로 살기 바란다. 그렇게 할 수 있는 방법이 있다. 바로 "긍정의 삶"이다. 지금까지 살면서 많이 들어 본 말이지만 긍정의 삶이 무엇인지 개념을 제대로 이해하고 있는 사람이 의외로 많지 않다. 긍정의 삶은 기분 나쁜 일을 사실은 기분 나쁘지만, 좋게좋게 생각하는 것이 긍정의 삶이 아니다. 그렇게 생각하는 것은 기분이 덜 나쁘게 하는 자기 위로이지 긍정의 생각이 아니다.

긍정 : 어떤 생각이나 사실 따위를 그러하거나 옳다고 인정함.

긍정의 뜻은 "그냥 좋게 생각해"가 아니라 어떤 일이 옳다고 인정한다는 말이다. 내가 공들여 추진한 사업이 경쟁사에 넘어가 쓴맛을 보았을 때 경쟁사가 반칙을 범했다거나 내게 운이 안 따라서 사업권을 놓쳤다고 생각하면 이건 그냥 일반적인 생각이다. 이때 긍정의 생각은 나보다 경쟁사가 우월해서 사업권을 가져간 것이고 나는 아직 실력이 부족해서 경쟁사를 이길 수 없었다는 것을 인정하고 더 열심히 해서 다시 힘을 내야겠다고 생각하는 것이 진정한 긍정의 생각이다. 이것이 자칫 좋게 생각하는 것과 비슷해서 긍정과 혼동하지만, 분명히 긍정과 좋게 생각하는 것과는 엄연한 차이가 있다. 남을 탓하고 변명해도 상황은 달라지지 않는다. 내 일은 내가 책임진다는 생각으로 오직 긍정을 생각하며 일이 잘되도록 긍정으로 자신을 잘 다스려야 한다.

긍정을 습관으로 길들이기

서커스 공연장에서 청중을 압도하는 동물공연이 있다. 호랑이, 곰, 코끼리 등이 출연한다.

불을 싫어하는 동물들이 불이 활활 타오르는 원형 링을 통과하고, 곰이 재주를 넘고 코끼리가 코로 도구를 활용하는 연기를 한다. 동물들의 묘기는 갈수록 발전하여 도대체 어떻게 저렇게 할 수 있지 하고 감탄하게 한다. 동물들은 말이 안 통하니 사육사가 그 동물의 특성을 완전히 파악하여 맞춤형 훈련을 시킨 결과다. 그래도 그렇지 동물은 도저히 할 수 없을 것 같은 고난도 묘기를 성공적으로 완수한다. (불쌍한 동물들)

동물을 훈련시킨 방법은 채찍과 당근을 통하여 사육사의 목소리나 음악 소리를 듣고 시키는 대로 같은 행동을 반복적으로 하게 한다. 그러면 보상이 있으니 순진한 동물은 따라 한다. 동물은 말로 이해시킬 수 없으니 습관이 되도록 만든다. 습관이 공연이 된 것이다.

사람도 어려서부터 알게 모르게 몸에 배어있는 습관이 있다. 늦잠 자는 습관, 약속에 늦는 습관, 양치하는 습관, 지각하는 습관 등 다양하다. 습관은 생겼다가 없어지기도 하고 스스로가 바뀌기도 한다. 이렇게 행동으로 나타나는 습관이 있는가 하면 정신적 습관도 있다. 쉽게 화내는 습관, 잘 우는 습관, 잘 놀라는 습관, 작은 일에 긴장하는 습관 등 다양하다. 습관이 없는 사람은 없지만 좋은 습관을 길들이려 하거나 나쁜 습관을 고치려 하는 사람은 드물다.

습관이 나를 망치는 것도 아니고 남에게 피해를 주는 것도 아니니 알면서도 개성으로 넘기고 만다. 그러나 살아가는 데 있어서 꼭 필요한 습관이 있다. 바로 긍정 습관이다.

긍정의 습관을 갖는 것은 어렵지 않지만 그렇다고 쉽지도 않다. 왜냐면 많은 훈련이 필요하기 때문이다. 크게 성공한 경제인이나 정치인 같은 경우는 태생이 긍정의 습관을 갖고 태어난 것 같다. 이런 사람은 대체 적으로 자기주장이 강하며 타협을 잘 하지 않는다. 그렇지만 포기하지 않는 근성이 강하고 업무성과가 좋으며 목표를 대부분 달성한다.

그러나 이런 사람처럼 타고난 재주가 없다면 어떻게 해야 하나 걱정할 것 없다. 만들면 된다. 사람은 감정이 있으므로 작은 일에 실망하고 작은 일에 감동한다. 또한 사람은 한평생 살면서 몇 개의 일만 하지 않고 수도 없이 많은 어려운 일을 한다. 이런 인생이라는 험난한 여정을 아무런 방패막 없이 부딪히는 대로 산다면 그 누구도 오래 버티지 못하고 쓰러질 것이다. 그래서 생각과 마음을 잘 다스려야 하고, 현실을 현실 그대로 받아들이기보다는 미래지향적이고 긍정적으로 바라봐야 한다. 내가 하면 잘된다. 우리가 하면 성공한다. 이번에는 꼭 이긴다. 이런 다짐은 누구나 하지만, 이것은 구호나 표어에 불과하지 긍정의 힘이 아니다. 내가 하든 우리가 하든 반드시 된다는 보장은 없다. 하는 일이 잘 안 되고 틀어질 때, 예상하지 못했던 외부환경으로 순탄하지 않을 때, 이때 포기하고 남에게 미루면 평생 더 이상의 성장과 발전은 없다. 이럴 때마다 긍정의 생각으로 어떻게 하면 이 어려움을 이겨낼 수 있을지 생각하고 힘든 한계를 넘어서고 고난을 극복해야 더 큰 성공을 이룬다.

"우후죽순(雨後竹筍)"이라는 말은 비가 그치면 대나무 순이 금방 올라 쑥쑥 자란다는 말이다. 여기서 눈여겨볼 것은 대나무의 성장 속도가 아니라 대나무의 마디이다. 속이 텅 빈 채 빨리 자라는 대나무는 마디가 없으면 휘어져서 쓰러진다. 사람의 마음으로 비유하면 긍정의 힘이 없는 사람이다. 사람에게 대나무의 마디와 같은 역할을 할 수 있는 게 긍정의 힘이다. 힘들고 지칠 때 포기하지 말고 잠시 머물러 긍정의 힘으로 더 높이 단단히 뻗을 수 있도록 마음을 다지는 마디를 만들어 보자. 그리고 긍정의 힘을 자신의 몸에 배도록 습관 들이자. 동물이 사육사의 목소리가 들리면 자동으로 재주 부리듯이 우리도 성공하는 인생을 위해 긍정의 힘이 자동으로 나오도록 긍정의 습관을 들이자.

생각이 말이 되고 말이 행동이 된다

서커스 공연을 하는 동물들도 생각은 한다. 그리고 생각한 대로 행동을 한다. 보고 듣고 자고 먹고 움직이고 사람과 사는 방법이 많은 부분 비슷하다.

그러나 한 가지 확실히 다른 것은 동물은 말을 하지 못한다. 동물이 내는 소리는 의사소통보다는 자신의 감정을 표현하거나 동료에게 위협을 알리는 신호 정도다. 그것도 일정한 패턴으로 짖거나 울리는 정도에 불과하다.

그리고 동물은 생각한 것을 바로 행동으로 옮기지만, 사람은 생각한 것을 행동대신 말로만 할 수도 있다. 그러니까 사람은 생각한 것을 말로 표현할 수도 있고, 행동으로 표현할 수도 있다. 말로 표현할지 행동으로 표현할지는 그때그때 자신의 의사에 따라 적절히 하면 되는데 예를 들면 사랑하는 연인에게 예쁜 꽃다발을 준비해 전해주며 행동으로 사랑을 표현할 수 있고, 말로만 사랑한다고 고백할 수도 있다. 또는 꽃다발을 주면서 말로 사랑한다고 고백할 수도 있다. 사람은 행동으로 이어지기 전에 대화가 먼저 오고 간다. 회사에서 추진하는 대형 사업도 관계자들이 먼저 만나 말로 충분히 논의하고 검토한 후 계약하고 실무에 들어간다. 대화 없이 행동 먼저 하는 경우는 스포츠 경기 이외에는 거의 없다. 그러므로 대규모 공사의 사업권을 따오느냐 못 따오느냐는 어떻게 말하느냐에 성패가 달려있기에 말하는 순서, 사용하는 단어, 말하는 태도까지 세심하게 신경 쓴다. 사업권을 따오겠다는 사람이 자신 없는 말투로 맡겨주시면 최선을 다

하겠습니다. 라고 하면 듣는 사람은 그 회사에 갖는 신뢰마저 떨어진다. 우리 속담에 "말 한마디에 천 냥 빚을 갚는다."는 말이 있듯이 말속에 간절함이 있고 힘이 있어야 듣는 사람이 믿어주고 신뢰한다. 말이 풍기는 신뢰와 고급스러움이다. 또 힘과 용기를 내게 하는 말이 있고 좌절하고 힘 빠지게 하는 말이 있다. 나는 우리 엄마가 해주는 밥이 제일 맛있어. 하면 엄마는 신이 나서 더 잘해줄 것이다. 그런데 너는 왜 하는 일마다 그렇게 실수투성이냐? 라고 하면 그가 추진하는 모든 일에 자신감이 떨어져 불안증세를 보일 것이다. 사람이 사람에게 하는 말은 분명 가려서 해야 하고 힘과 용기를 낼 수 있는 말을 해줘야 한다. 아이에게는 아이에게 맞는 격려의 말을 성인에게는 성인에게 맞는 용기와 희망의 말을 해주어야 한다. 말의 중요성은 어려서부터 부모님이나 선생님께 많이 듣고 배우지만 좋은 말만 하며 산다는 건 쉽지 않고 행여 말이 많으면 실수가 생긴다. 그래서 "침묵은 금"이라는 속담이 만들어졌나 보다. 귀가 두 개이니 남의 말을 많이 듣고, 입은 하나이니 말을 적게 하면 충분히 좋은 말만 할 수 있다. 그런데 말이라는 건 대화상대가 있어야만 가능한 게 아니다. 제일 중요하지만, 간과하는 부분인데 바로 자기 자신과 대화할 수 있다. 나와 대화하며 대화의 기법을 늘리고 내가 나에게 지시하고 명령한다. 용기 있게 실천하라고 말한다. 좌절하지 말고 힘내라고 말한다. 실수했어도 괜찮다고 다음부터 잘하면 된다고 말한다. 오늘도 수고했다고 말한다. 내일은 오늘보다 더 나은 삶을 살자고 말한다. 그리고 내가 나에게 대답한다. 그래 나는 할 수 있어. 나는 최고야. 나는 반드시 성공할 수 있어. 나는 최고로 긍정의 사람이 될 거야. 라고 그 누구도 내게 해주지 않는 말을 수시로 내가 내게 한다. 이렇게 내게 말하고 행동으로 실천하자. 사람은 감정과 감성이 있으므로 어떤 말을 들으면 그 말이 마음에 새겨진다. 긍정의 말을 들으면 긍정의 영양분이 되어 나를 성장시키고 부정의 말을 들으면 부정의 영양분이 되어 나를 병들게 하거나 나쁜 사람으로 만든다. 말로서 성공, 확신, 용기, 희망, 할 수 있다는 자신감의 좋은 영양분을 내가 내게 많이 공급 해주자. 그러면 나는 서서히 긍정의 사람이 되고 능력 있는 사람이 된다. 나를 성장시키는 가장 큰 도구는 내게 해주는 긍정과 확신이다.

나는 무슨 색깔의 사람일까

나무와 열매, 과일과 채소, 꽃과 풀등의 종류는 다양하다.

육지 동물과 바다 동물, 날아다니는 새도 종류가 아주 많다. 동물은 동물대로 생김새나 먹는 음식이 다르고 서식 환경이 다르다. 또한 식물은 식물대로 크기나 모양이 다르다. 많은 사람이 좋아하는 꽃들도 생김새와 향이 다양하다. 우리 곁에 늘 있어서 익숙한 존재들이지만 이들을 가만히 살펴보면 궁금한 게 너무 많아 자연스럽게 연구가 되고 신기함을 많이 느낀다. 그리고 보면 우리는 자연 속에 있고, 자연이 베풀어주는 좋은 환경에서 살아간다.

강아지나 고양이, 참새나 비둘기, 매화나 목련 이런 동식물을 보면 생김새만 다른 게 아니라 그 몸의 색깔도 모두 다르다. 사람도 피부색이 다르지만, 동물은 더 다양하게 다르다. 또한 색깔이 변하기도 한다. 병아리 같은 경우 어려서는 샛노란 귀염둥이였다가 자라면서 여러 색으로 바뀌어 갈색 계열이나 흰색으로 몸이 변한다. 과일도 처음에는 녹색 열매로 맺어져 있다가 커지면서 빨강, 노랑, 보라 등으로 색을 바꾼다. 그래서 과일은 색깔만 봐도 다 익었는지를 짐작할 수 있다. 이렇듯 동식물에 조금만 관심을 가지면 미처 알지 못했던 많은 것들을 관찰할 수 있다.

사람도 피부색에 따라 몇 가지 인종으로 나누지만, 피부색만 다를 뿐 사람은 다 똑같은 사람이다. 그렇다면 사람은 피부색 말고 또 어디에 색이 있을까. 바로 마음에 색이 있다.

마음의 색이 흰색이면 흰색으로 보이고 검으면 검게 보인다. 자신이 어려울 때 도움을 받은 사람은 사람이 고마워 보이고 한두 번 속아본 사람은 괜한 친절을 보이는 사람이 사기꾼으로 보인다. 한 번 자기가 겪은 일은 쉽게 지워지지 않아 의심을 품고 경계하기 마련이다.

그러다가 자기마저 사기꾼이 되는 경우가 있고, 받은 은혜에 보은하고자 자선 사업가가 되는 사람도 있다. 이만큼 자신의 마음 색이 무엇이냐에 따라 천차만별의 삶을 살게 된다.

마음 색이 하얀 사람은 하얀색을 유지하려 때 묻히는 걸 싫어하고, 검은 사람은 어차피 검으니 더 검어져도 상관없다고 생각한다. 내 속에 밝은색이 있으면 세상이 밝게 보이고 어두운색이 있으면 어두워 보인다. 사람의 말이나 행동을 보면 그 사람의 마음 색을 알 수 있다. 또한 외모만 봐도 어느 정도 알 수 있다. 나는 "사람이 생긴 대로 논다."라는 말에 많은 부분 공감하고 맞다 고 생각한다. 내가 연구한 바로는 사람은 스물다섯 살 정도까지는 생긴 대로 살고 그 이후는 사는 대로 생겨지는 것 같다. 딱 맞는 논리나 이론은 아니지만 참고할만한 가치가 있다고 생각한다. 사람이 이해심이 많고 너그러우며 거짓 없이 살면 다른 사람에게 거리낄 게 없으니 마음이 평안하여 얼굴이 온화해 보인다. 반면에 자기밖에 모르는 이기주의

자나 독선과 불신, 의심이 가득한 사람은 손해 보지 않으려고 작은 것 하나에도 신경을 곤두세우니 당연히 얼굴이 험해 보일 수밖에 없다. 마음에 있는 게 생각이 되고 생각이 말이 되어 나온다. 그리고 말은 행동을 유발한다. 그럼 내 마음의 색은 무엇이며 내 생각은 얼마나 밝은지 확인해 봐야 한다. 온통 밝은 색으로 가득 채워져 밝고, 명랑한지 아니면 검고 둔탁해서 매사가 심란하고 우울하며 의심이 가득한지 살펴야 한다. 동물이 태어날 때 색과 성장해서 색이 달라지듯이 사람도 마음의 색이 어두우면 밝고 환하게 바꿔야 한다. 계속 더 빛나고 찬란한 색으로 바꿔야 한다. 그래야 어두운색이 안 들어오고 들어와도 묻혀 발하지 못한다. 그런데 마음의 색은 한번 밝게 했다고 항상 밝은색이 유지되지 않는다. 어려움을 느낄 때 다시 어두운색으로 변하려 한다. 이때도 밝은 색을 유지하기 위해 긍정의 힘을 발휘해야 한다. 마음이 밝고 환한 사람이 많이 비추고 멀리 비춘다. 그러면 멀리, 빨리 갈 수 있다. 최고의 긍정이 최고의 밝은 빛이다. 세상이 밝아지도록 긍정으로 내 마음을 환하게 비추자.

모든 일은 긍정으로 이루어진다

말과 글에도 계급이 있다

우리나라 말은 반말과 존댓말이 확실히 구별된다. 친구나 후배 동생 등에게는 반말을 주로 사용하고 부모나 어른, 선배에게는 존댓말을 사용한다.

같은 존댓말이라도 점심 드셨어요? 보다 점심은 잡수셨어요? 가 한층 더 존칭의 의미가 있다. 예전에는 학식이 높거나 연세 있는 어른들이 서로에게 극존칭을 사용했지만, 요즘은 극존칭 사용은 사극에서나 볼 수 있는 것 같다. 존칭은 내가 남을 높이는 것이지만 남을 높여주니 남도 나를 높여준다. 굳이 극존칭을 사용하지 않더라도 의사소통에는 아무 문제없지만, 우리 선조들은 어찌 존칭에 극존칭을 더했을까? 그것은 사대주의 사상 때문이다.

벼슬이 있는 사람을 높여주다 보니 그의 어머니 아버지는 더 높여야겠기에 말 위에 말이 생긴 것이다. 그러다 보니 사용하는 단어만 들어도 상대의 신분을 짐작할 수 있다. 말은 보이지 않는 무형의 소리지만, 말과 글에도 등급이 있고, 귀함과 천함이 있다. 예를 들어 사장이라고 하면 어느 회사에서나 최고로 높은 위치에 있는 사람이다. 과장이라고 하면 중간간부 정도의 역할을 하고, 사원이라고 하면 입사한 지 얼마 안 된 새내기다. 이렇듯, 사장, 과장, 사원이라는 단어에 계급이 있다. 그런데 이게 혼동되어 어느 회사는 신입사원을 부장이라 부르고 중간간부를 사장이라 하지 않는다. 또한 상품 이름에도 계급이 있다. 귀금속을 예로 들면 금, 은, 동 순으로 가격이 정해진다. 당연히 금이 제일 비싸다. 이 또한 어느 나라는 금을 은이라 부르고 은을 동이라 부르지 않는다. 정해진 이름대로 부른다. 그러니 금과 은은 같은 한글이지만 금과 은이라는 귀금속이기 때문에 단어의 값어치가 금이 비싸졌다. 일상생활 중에 사용하는 단어도 같은 이치로 적용된다. "사랑합니다. 고맙습니다. 수고하셨습니다. 존경합니다. 훌륭하십니다."와 같은 말은 등급이 높다. 반면에 그것도 못 하냐, 도대체 잘하는 게 뭐냐. 언제 사람 될래. 같은 말들은 등급이 낮고 비난하는 말과 험담 욕 등은 등급을 매길 수 없는 쓰레기 같은 말이다. 사람은 말로 의사소통을 하므로 말이 굉장히 중요하다. 그래서 말 잘하는 법을 가르쳐주는 책도 많고 강연도 많다. 그만큼 말이 소중하기 때문이다. 사람이 사람을 평가할 때 외모나 옷차림 등을 보고 판단하기도 하지만 그 사람의 말투를 보고 판단하는 경우가 아주 많다. 어쩌면 거의 전부라고 할 수도 있다. 말이 겸손하며 친절한지 사용하는 단어는 지식이 묻어나는지 들으면서 자연스럽게 평가된다. 아무리 좋은 대학교를 졸업하고 사회적으로 성공한 사람이라 하더라도 사용하는 단어나 말투가 천박하고 욕이 섞여 나온다면 기피 하고 만다. 말을 할 때는 처음 본 사람일지라도 최대한 예의를 갖추어 상대를 높여주는 말을 해야 한다. 왜냐면 듣는 사람은 귀로도 듣고 마음으로도 듣기 때문이다. 상대에게 잘했다고 칭찬하면 감사하다고 겸연쩍게 인사하고 돌아서지만, 그 사람 마음에는 기쁨과 자신감이 넘친다. 꾸준한 운동이 육체를 건강하게 한다면 좋은 말은 사람의 정신을 건강하게 만든다. 여름 가뭄이 심해 과수 피해가 많은 농민에게 그렇게 쌀농사를 하지 왜 쓸데없이 과일나무나 기르고 있냐고 핀잔을 주면 걱정해주는 말 같지만, 농민을 두 번 힘들게 하는 말이다. 손님이 없어 시름 중에 있는 사람에게 장사는 아무나 하냐며 면박을 주면 실패의 구렁텅이에 밀어 넣는 꼴이다. 반대로 성공한 사람은 누구라도 어려움을 겪고 이겨냈으니 당신도 좌절하지 말고 이겨내라고 격려해주면 그 말에 용기를 내어 한 번 더 힘을 낸다. 할 수 있다고 마음먹은 사람만이 할 수 있다. 못 한다고 생각하면 못한다. 긍정의 말, 용기를 주는 말, 즐거움과 기쁨을 주는 말, 믿음이 생기는 말 같은 등급이 높은 말을 많이 하고 등급이 높은 사람이 되자. 성공은 최고등급의 말이다.

긍정으로의 변화

지금 내가 사는 집은 4층이다. 걸어서 매일 같이 한두 번씩 계단을 오르락내리락하다 보니 벌써 6년째 반복되는 일이 있다. 그것은 현관문을 열고 나와 첫 번째 계단을 디딜 때 왼발로 밟느냐 오른발로 밟느냐이다. 대체적으로 왼발이 먼저 계단에 닿게 된다. 그런데 가끔 물건을 집에 놓고 나와 다시 급히 들어갔다 나오면 보폭이 꼬여 순간적으로 첫 번째 계단을 어느 발로 밟을까 생각한다. 그러다가 아무 발이면 어떠냐 하고 오른발로도 밟고 내려오지만 내려오면서는 왼발로 먼저 밟을 걸 그랬나 하는 쓸데없는 생각을 잠시 한다. 아무 의미 없는 생각이지만, 매일같이 다니는 계단 밟는 일도 결정에 문제가 있었나 하고 되 내어 본다. 사람이 성인이 되어 독립된 생활을 시작하면 사사로운 결정을 많이 해야 한다. 내가 쓰기에 편한 생필품을 고르는 일부터 장래가 걸린 중차대한 일까지 중요 결정을 시시때때로 해야 한다. 먹고 쓰는 식료품이나 소모품이라면 오늘 산 물건이 마음에 안 들면 다음에는 마음에 드는 걸 사면 되지만 취업이나 결혼 같은 큼직한 일들은 신중에 신중을 거듭해 결정한다. 누구나 어떤 일을 결정할 때 실패하길 바라는 사람은 없고 다 잘되길 바라는 마음으로 결정한다. 특히나 조직의 리더나 회사의 대표 등 최종 결정권자는 어떤 사안을 결정하는 걸 매우 망설인다. 그래서 결정하기에 앞서 많은 사전 조사를 하고 과거의 통계를 참조하며 결정에 문제가 없도록 만반의 준비를 한다. 그럼에도 불안한 건 마찬가지다. 그것은 결정한 일이 결과를 알 수 없는 미래의 일이기에 부담스럽기 때문이다. 그러나 다행히 결정한 일이 잘되면 칭찬과 찬사를 받지만 잘못되면 쏟아지는 비난과 물질적 손해는 돌이킬 수 없게 된다. 아무리 경험 많고 분석능력이 좋은 투자자라도 자신의 판단이 완벽히 옳다고 생각하지는 않는다. 그 이유는 자기 판단은 옳았지만 다른 회사가 잘못해 내가 투자한 회사가 잘못될 수 있기 때문이다. 특히 사회경험이 적은 사람이나 겁이 많은 사람, 결정장애가 있는 사람은 판단하고 결정하는 일이 고통일 수 있다. 혹시라도 잘못되면 어쩌나 하는 불안감과 그로 인한 책임을 내가 혼자 다 져야 한다는 소심함 때문이다.

　결정한다는 것은 새로운 일의 선택이므로 크든 작든 변화가 생긴다. 사람은 익숙한 대로 살기 좋아해서 작은 변화가 생겨도 적응시간이 필요하고 불편함을 느낀다.

　그렇다 보니 새로운 것에 관심은 많지만 쉽게 받아들이기 어렵다. 이런 불편한 마음을 편안하고 안정되게 하기 위해서는 오직 긍정의 마음과 믿음이 있어야 한다.

　새 옷, 새 신발이 좋듯이 새로운 것은 좋은 것이다. 그리고 계속 새로워져야 발전한다. 자신이 결정한 게 잘못되어 비난받을까 두려워하지 말고 긍정과 확신으로 과감한 결정을 해야 한다. 처음부터 잘 되진 않더라도 포기하지 말고 수정과 보완을 거치면 소기의 성과는 충분히 달성한다. 일은 시작하는 처음이 있고 마치는 끝이 있다. 보통은 일의 시작과 끝을 중요시하지만 정작 중요한 것은 시작도 끝도 아닌 중간 과정이다. 이유는 일은 중간 과정이 제일 길고 중간 과정이 어떤가에 따라 결말이 달라지기 때문이다. 축구 경기라면 치열한 미드필드 싸움인 것이다. 전방 공격수에게 바로 패스할 것인지 자신이 차고 나갈 것인지 양 팀이 패스 한번을 하기 위해 머리싸움도 같이 한다. 왜냐하면 미드필드에서 공격수에게 언제 어떻게 공을 주느냐에 따라 공격수가 골로 연결할 수 있느냐 없느냐가 결정되기 때문이다. 이런 긴박한 상황에 미드필더가 어디로 패스할지 공을 세워놓고 결정한다면 순식간에 상대에 뺏기고 만다. 공격수가 골을 넣는 것이 결론이라면 미드필더의 볼 다툼은 중간 과정이고 가장 중요한 과정이다. 그래서 미드필드 선수가 제일 많고 볼 다툼이 심하다. 긍정으로의 변화는 중간 과정을 승리로 이끄는 필수요인이다. 언제나 긍정으로 나를 성장시키자.

부정은 긍정을 항상 위협한다

　정치지도자나 조직의 리더 중에 결단력이 부족한 사람이 많다. 강력한 리더십과 카리스마로 조직을 장악해 멋진 정책을 펴고, 새로운 시장을 개척 해 과감히 투자하는 멋진 모습이 있을 것으로 생각한다. 그러나 결정적일 때 결정을 못 해 일이 늦어지거나 시작조차 못 하는 경우가 있다. 그 이유는 여러 가지가 있지만 가장 큰 이유는 잘못돼서 책임질 일이 부담스럽기 때문이다. 아무리 정치 경험이 풍부하고 행정 경험이 많아도 새로운 일을 결정하는 데 있어 서는 약해질 수밖에 없다. 그래서 남이 하던 것을 이어서 하거나 남이 하다가 실패한 것을 바로 잡아 잘 이끌어 성공하길 원한다. 그래야 남이 못 한걸 내가 했다는 빛이 더 나니까.

　사람이 불안한 것은 부정적인 생각이 있어서다. 혹시 안 되면 어떡하지. 실패하면 어떡하지 하는 미래의 두려움 말이다.

　두려움은 부정이다. 옳은 것을 그르다고 하는 나쁜 생각이다. 사람의 기본 심성인 안정과 조화를 핑계 삼아 변화하지 못하게 하고 미루게 한다. 섣불리 했다가 실패하느니 조금 더 생각해 보고 조금 더 기다려보고를 강요하면 사람은 그 속삭임을 수용한다. 그래 남들은 어떻게 하는지 좀 더 살펴보고 그때 결정하자. 이렇게 생각하고는 속단하지 않은 자신을 현명하게 판단했다며 위로한다. 물론 속단은 위험하고 권유 사항도 아니다. 그러나 확신에 차 있고 추진하기로 마음먹은 일을 좀 더 생각해 보기로 한다면 그것은 두려움에 가득한 부정적인 생각에 내가 말려든 것이다. 좀 더 완벽한 기회와 여건을 기다리다가 경쟁사에 밀릴 수 있고, 또는 실행조차 못 할 수도 있다. 그러는 사이 남은 앞서가고 나는 제자리에 서서 생각만 하다 끝난다. 실패와 손해가 부담돼 결정을 미루기만 하면 긍정의 무기를 내려놓고 부정 앞에 엎드린 것이다. 이렇듯 부정적인 생각이 긍정적인 생각보다 크게 느껴지고 내 생각을 지배한다는 것은 아직 긍정의 능력이 내 속에 온전히 자리 잡지 못하고 있기 때문이다. 어떤 일을 계획하고 실천하는 것은 내가 아는 지식과 능력을 발휘해서 좀 더 나은 삶을 살기 위함이다. 그러므로 내 생각을 긍정으로 결정해야지 부정적인 생각이 가로막아 결정하지 못하게 해서는 안 된다. 부정적인 생각은 나를 위하는 척 위장해 아무 일도 못 하게 만든다. 그 누구도 자신의 계획을 실패 없이 단 한 번에 이룬 사람은 없다. 그것이 가위바위보 같은 몇 초 만에 끝나는 순서를 정하는 일이 아니라면 중, 장기적인 계획이 필요하며 시간이 오래 걸리는 사업일수록 빠른 결정이 필요하다. 부정적인 생각은 항상 나를 돕는 척 겁준다. 반면에 긍정적인 생각은 숨어서 내 의지를 지켜본다. 긍정의 힘은 절대 나서지 않지만 무한한 능력이 있다. 내 안에는 생각과 마음이 있고 그 위에 긍정이 있고, 그리고 맨 위에 부정과 두려움이 있다. (내 생각〈마음〈긍정〈부정, 두려움) 부정과 두려움이 맨 위에 있다 보니 내가 세운 모든 좋은 계획과 긍정적인 생각을 최종 단계에서 부정과 두려움이 가로막는다. 실패의 두려움, 물질의 손해, 주변의 손가락질 등으로 나를 의기소침하게 한다. 그러나 이럴 때일수록 더욱더 긍정의 힘으로 모든 부정적인 생각을 물리쳐야 성공할 수 있다. 부정은 사람에게 겁주고 불안하게 할 뿐 부정적인 생각이 상황을 조절할 능력은 없다. 우리가 긍정의 힘을 기르는 이유는 긍정의 힘이 약하면 부정에 붙들려 평생 연약한 모습으로 살아야 하기 때문이다. 혹시 부정이 나를 장악하고 있다고 생각해 본 적은 없는가. 몰라서 그렇지 대부분이 부정에 붙들려있다. 사람은 자신의 지식과 능력으로 성공할 수 있다고 생각하지만, 그보다 먼저 필요한 것은 부정적인 생각을 이기는 습관이다. 부정적인 생각을 떨쳐내지 못하고 요행을 바라면 두려움이 항상 내 안에 있어 불안하다. 부정적인 생각을 이기고 긍정의 힘으로 자신의 판단과 결정을 밀어붙이면 반드시 성공한다. 긍정의 힘은 긍정에서 나온다.

긍정이 이끄는 성공신화

어느 회사에서 중역 회의가 진행 중이다. 이번에 추진하는 신사업은 회사의 명운이 걸렸다고 할 만큼 많은 투자금이 들어간다. 경쟁사와 거리 두기를 목표로 비밀리에 연구해서 개발한 사업 아이템이다. 공장을 짓고 생산 설비를 갖추고 종업원도 많이 채용해야 한다. 제품이 생산되면 3개월 후에 소비자 반응이 서서히 나타날 것이고 3년이면 손익분기점을 넘어 흑자로 돌아설 것으로 예상한다. 그동안 아무도 예측하지 못한 독창적인 기술이고 특허출원까지 마쳐 유사품이 나오더라도 가격과 품질면에서 단연 앞설 것으로 판단되어 과감한 투자를 결정했다. 이 회사는 창업 이후 계속 완만한 성장으로 어느덧 굴지의 유망중소기업이 되었고, 사장은 최종 결단을 앞둔 시점에 임원 회의를 소집했다.

예상대로 토론은 치열했고 갑론을박이 이어졌다. 어떤 임원이 투자금이 너무 많이 들어가고, 세계 경제 침체가 예상되어 지금 당장 추진하는 것보다는 현재 진행 중인 사업에 좀 더 치중했다가 국제 정세가 안정되는 시점에 좀 더 보완해서 추진하자고 한다. 회사의 명운이 걸린 만큼 좀 더 기술연마를 하고 자본을 확충하자는 것이다. 일리 있는 말에 각자의 의견을 내던 몇 명이 동의하고 나선다. 또 다른 임원은 지금 당장 추진하자고 한다. 신사업을 추진하기 위해 연구개발비만 수십억이 들어갔고, 졸속 판단이 되지 않게 5년이나 치밀한 준비를 했다고 의견을 낸다. 지금 당장 추진하면 많은 자본이 투입되어 회사의 재정 건전성이 일시적으로 악화되지만 예상대로의 소비자 반응만 나오면 바로 회복할 수 있으니 더 이상 미루지 말고 한발 앞서 추진하자고 한다. 이 말도 일리가 있어 몇 명이 동의하여 당장 실행할 것을 주장한다. 이 말을 듣고 있는 사장은 어떤 결정을 내려야 할까? 서로 다른 주장이지만 둘 다 논리가 있고 회사를 위한 충정이다. 당신이라면 이 사업을 당장 추진할 것인가. 아니면 좀 더 상황을 지켜보고 추진할 것인가에 대하여 어떤 결정을 내리겠는가?

이런 상황이라면 추진하는 것이 옳다. 열 명이 모여서 자신들의 확고한 이론과 근거로 다섯 명은 된다고 하고 다섯 명은 안 된다고 하면 해도 되고 안 해도 되는 것 아닌가. 그랬을 때 안 된다고 하는 사람은 빼고 된다고 하는 사람 다섯 명만 있으면 이 사업은 된다. 모든 일은 된다고 하는 사람이 하는 것이지. 상황과 여건을 이유로 계속 미루기만 하다가는 아무것도 못 하거나 독과점의 기회를 놓치고 뒤늦게 뛰어들어 경쟁이 심할 때 같이 하게 된다. 우리는 성공을 꿈꾸는 사람이고 성공하기 위해서는 어떻게 해야 하는지 고민하는 사람이다. 성공하는 방법은 많이 있고 기회도 많다. 그렇지만 어렵다. 정확히 말하면 아주 어렵다. 그러나 누군가는 이 관문을 통과해 성공의 자리에 우뚝 서 있다. 정상에 서 있는 것이다. 긍정의 힘을 발휘해서 안 되면 되게 해야 한다. 긍정의 힘은 성공을 꿈꾸는 모든 일에 적용된다. 사업을 하든 공부를 하든 연구를 하든 좋은 생각, 된다는 생각은 가장 큰 무기이며 희망이다. 그러나 긍정의 생각을 갖는다고 다 긍정의 결과가 나오지는 않는다. 열 번이면 한두 번 내 맘대로 될지 말지 한다. 그러다 보니 아무리 긍정의 생각을 가져도 소용없다고 포기한다. 기대가 크면 실망도 크므로 실망하지 않기 위해 기대도 안 한다. 그러나 아주 중요한 것은 긍정의 기대가 있어야 열 번 중에 한 번이라도 긍정의 결과가 나온다. 그마저 없으면 인생을 행운만 바라보고 살아야 한다. 행운만 바라면 인생의 목표도 계획도 안 세우고 그저 살다 보면 좋은 일이 있겠지 하고 막연히 살아간다. 긍정의 힘을 내 안에 두고 모든 일에 올바른 적용을 위해서는 많은 훈련과 노력이 필요하다. 아무 준비 없이 어느 순간 긍정적으로 생각한다고 하던 일이 긍정적인 결과로 나오지 않는다. 성공을 성취하려면 먼저 긍정의 힘을 가져야 하고 긍정이 쌓이면 확신이 서고 확신에 차면 성공할 수 있다.

감이 익었으면 따서 먹자

마음은 긍정으로, 행동은 적극적으로

사람은 먹고, 자고, 입고, 놀고, 일하고, 공부하고 자신의 소신대로 여러 활동을 하며 산다. 이러한 행동을 하는 이유는 머릿속에 있는 생각이 무의식중에 행동으로 나타나는 것이다. 무의식이라고 해서 정신이 나간 얼빠진 상태를 말하는 것이 아니라 너무나 일상적인 생활이다 보니 계획이 없이도 자동으로 몸이 움직이는 상태를 말한다.

앞장에서는 생각의 중요성에 대해서 말해왔고, 그중에서도 긍정의 생각을 강조했다.

긍정의 생각은 자신이 목표를 달성하는 데 꼭 필요한 자산이며 활용 도구다. 그냥 되는대로 살면 되겠지 하면 자신이 살고 싶은 삶을 살지 못한다. 나도 잘 되고 남도 잘되도록 도우며 서로 만족하며 살아야 한다. 성공하는 삶은 자기만족을 누리며 사는 삶이다.

돈을 많이 벌어 부자가 되는 것만이 성공은 아니다. 그러나 대부분의 사람들은 돈이 많은 부자를 성공한 사람이라고 말한다. 그리고 그들을 높여주고 잘 보이려고 굽신거린다.

돈 많은 부자가 높이 평가받고, 그들에게 굽신거리고 돈 많은 부자가 유명인사가 되고 위대한 사람이라고 평가받는 이유는 돈이 세상을 지배하기 때문이다.

당신은 오늘 하루를 어떤 삶을 살았는지 가만히 되돌아보라. 아마도 하루 중 중요한 시간 대부분을 돈 버는 일에 썼을 것이다. 그렇지 않으면 온종일 공부만 했을 수도 있고, 빈둥거리며 허송세월했을 수도 있다. 그러나 마음은 돈 생각이나 돈 벌 궁리를 했을 것이다.

사람은 돈을 벌어 부자가 되면 유명해질 수 있고 또는 유명해지면 돈을 많이 벌 수 있다. 둘 중에 하나만 잘해도 둘 다 이룰 수 있다. 일단 돈이 많으면 할 수 있는 게 많다.

우선 삶의 질이 달라진다. 좋은 집에서 살고 좋은 차를 타며 고급 음식을 먹을 수 있고 해외여행도 맘만 먹으면 자주 다닐 수 있다. 유망 업종을 창업해서 고용 창출도 할 수 있고 어려운 이웃에게 자선을 베풀 수도 있다. 이러한 모든 과정이 이루어지려면 먼저 자신에게 성공 계획이 있어야 하고 그 생각을 행동으로 옮겨야 실현된다. 그러기 위해서 긍정의 생각을 해야 하며 실행하는 과정에서 발생하는 문제나 어려움도 긍정으로 해결해야 한다. 긍정의 생각은 시작부터 끝까지 변치 않고 품고 있어야 하는 굳은 의지여야 한다. 또한 함께 일하는 사람에게도 긍정의 힘을 불어넣어 반드시 이루어내는 멋진 모습을 보여야 한다.

질병만 전염성이 있어 다른 사람에게 옮기는 게 아니다. 생각도 정신도 전염성이 있다. 심지어는 말도 전염성이 있어서 내가 좋게 말하면 좋아지고 나쁘게 말하면 나빠진다. 또한 다른 사람이 한 멋진 말은 배워서 다른 사람에게 사용한다. 긍정의 전염성은 어떤 조직에서든 긍정으로 확신에 찬 한 사람만 있어도 전체를 긍정으로 이끌 수 있다. 그러나 생각이 아무리 긍정적이고 실현 가능성이 많아도 일은 거저 되지 않는다. 반드시 행동이 따라야 한다. 생각은 마음에서 나오고 행동은 육체를 움직이기 때문에 행동하면서부터는 지치고 힘들어진다. 생각은 돈이 들지 않기 때문에 건물 몇 채를 지었다 부쉈다 몇 번이고 할 수 있지만, 행동은 실수 자체가 비용 발생이다. 그래서 행동할 때부터는 긍정의 생각과 적극적인 행동을 조합시켜야 한다. 치밀하고 완벽한 생각보다는 어떻게 하면 잘할 수 있는지 생각해야 한다. 생각이 반이면 행동도 반이다. 생각 없이 행동하면 일 이 안 되고, 생각만 있고, 행동하지 않으면 아무것도 못 한다. 하기로 결정 했으면 쓸데없는 잡념을 버리고 적극적으로 행동해야 한다. 긍정적인 사고와 적극적인 행동이 성공을 앞당긴다. 대부분의 성공한 사람은 둘 다 갖추었거나 둘 다 활용할 줄 아는 사람이다.

언젠가 하겠다고 하지 마라

나는 지금까지 살면서 많은 사람을 만나진 않았다. 많은 사람이라는 기준이 사람마다 조금씩 다르겠지만 연구자료에 의하면 사람은 태어나서 죽을 때까지 평균 약 2000명~2500명 정도의 사람과 관계를 맺으며 살고,

매일 50명에서 200명 정도의 사람과 더불어 산다고 한다. 그러나 이것은 어디까지나 연구자료일 뿐이고 사람마다 성향과 직업 등이 다르니 만나는 사람의 수는 별달리 중요하지 않다. 또한 연구자료대로 몇 명을 만나고 살아야 잘사는 것도 아니다. 엄밀히 말하면 몇 명을 만나느냐 보다 어떤 사람을 만나느냐가 더 중요하다. 사람은 생김새도 천차만별이지만 사람마다 성격이나 성향도 천차만별이다. 나는 성격이 급한 편이어서 일이 생기면 일을 쌓아두지 않고 바로바로 처리한다. 내가 할 수 있는 일이라면 즉시 하거나 늦어도 며칠 내에 처리한다. 반면에 어떤 사람은 나와 정반대로 일을 쌓았다가 몰아서 한 번에 처리하는 사람도 있다. 그런데 그 일이 당장 시급한 줄 알면서도 미루고 미루는 사람이 있다. 여기서 당장 시급한 일이라는 것은 촌각을 다투는 응급상황을 말하는 게 아니다. 현재는 그런대로 살고 있지만 빠르면 수일, 수개월 후에 닥칠 일을 준비하지 않거나 대책을 세우지 않는 것을 말한다. 주위에서 아무리 다그치고 위기 상황임을 가르쳐줘도 마음으로는 이해해도 행동은 전혀 급하지 않고 느긋하다. 심지어는 위기상황이 코앞에 닥쳐도 느긋하게 있다가 끝내는 위기상황을 맞이하게 된다. 그럼 에도 대비하지 않은 자신에게 엄격한 책임을 묻지 않고 그저 담담히 받아들이고 인생을 후퇴시킨다. 그리고는 아무런 반성도 자책도 없다. 소를 잃고도 외양간 고칠 생각이 없는 것이다.

이런 사람들과 대화를 해 보면 대체 적으로 마음이 착하고 순하다. 인정도 많고 다정다감하다. 그런데 행동이 더디고 위기의식을 못 느낀다. 느끼더라도 별다른 대비를 하지 않는다. 그리고 위기를 겪은 게 이번이 처음이 아니고 위기가 오면 위기를 맞이하고 그대로 적응하며 산다. 문제의 원인을 찾으려 하지도 않고 이 상황을 벗어나려고 노력하지도 않는다. 결국은 가난에 찌든 안타까운 삶을 산다. 나는 이런 사람을 가끔 봤고 태도나 행동을 보고 그런 사람일 것이다. 라고 짐작되는 사람도 많이 봤다. 그런데 안타까운 것은 이런 사람이 얼마 안 될 것 같은데 우리 주위에 아주 많다. 다시 말하면 자신의 실력이나 능력으로 살지 않고 남에게 의지하여 남에게 좋은 평가를 받아 자신의 가치를 높이고자 하는 사람이다. 자신은 아무런 변화가 없어 이전이나 지금이나 달라진 게 없는데 마치 매일매일 성장하고 발전한 사람의 평가를 원하는 것이다. 그나마 젊은 나이이고 눈치라도 빠르면 어느 정도는 버티고 살 수 있지만, 언제까지나 다른 사람이나 사회제도에 의지해서만 살 수는 없다. 사람은 체면과 체통도 지켜야 하지만 나잇값도 해야 한다. 즉 그 나이에는 그 나이에 맞는 삶을 살아야 하고 살아온 세월만큼의 자산도 있어야 하고 인격도 인품도 나잇값을 해야 한다. 사람은 누구나 눈도 못 뜨고 태어나지만 무슨 꿈을 꾸고 무엇을 목표로 사는 가에 따라 누구는 우주여행을 꿈꿀 때 누구는 하늘조차 바라보지 못한다면 둘의 가치관은 하늘과 땅 차이만큼 크다. 마음속에 꿈과 의욕이 있다는 것은 잠재의식이 내게 말하며 나를 깨우는 것이다. 사람은 생존본능으로 생각하지만 좋은 생각만 하지 않고 나쁜 생각도 하고 이런저런 여러 생각을 한다. 그중에 한 생각이 굳어져 결심이 서면 바로 행동으로 옮겨야 한다. 성공할 수 있는 생각이 있는데 행동하지 않는다면 무용지물이다. 사람에게는 평생에 걸쳐 성공할 기회와 가능성이 있다. 생각을 정했으면 미루지 말고 적극적인 행동으로 반드시 뜻을 이뤄야 한다. 미루면 미룬만큼 늦어지는 게 아니고 미룬 만큼 손해 보는 것이다. 생각하고 있으니 언젠가 하겠다 하지 말고 당장 실천하자.

적극성을 가로막는 미루기

결단력이 부족하여 고민만 하다가 기회를 놓치는 사람이 있고, 좀 더 좋은 기회가 있겠지 하고 때만 기다리는 사람이 있다. 그리고 자신 생각과 주관보다는 남의 의견이나 주장에 쉽게 자신의 계획을 바꾸는 이래도 좋고 저래도 좋은 유형의 사람이 있다. 최악의 경우는 판단과 결정 자체를 못 하는 사람도 있다. 이런 사람을 결정장애가 있다고 하거나 우유부단한 사람이라고 말한다. 둘 다 질병은 아니지만 고칠 필요는 있다. 타고난 손재주 발재주가 있어 진로와 직업을 찾는 데 큰 어려움이 없다면 문제 되지 않겠지만 평범한 보통의 사람이라면 빠른 판단과 결정은 자신을 성장시키는 데 큰 도움이 된다. 여행을 가고 싶은데 어디로 가야 할지 고민만 하다가 못 갈 수도 있고 영화를 보고 싶은데 언제 갈지 고민만 하다가 영화가 종영되는 경우도 있다. 판단과 결정은 가급적이면 망설이지 말고 바로 하는 게 좋다. 그래야 일이 진행되고 계획대로 실천하는 데 큰 도움이 된다. 빨리 정하지 못하고 미루는 것은 성격 문제일 수도 있겠지만 그만큼 시간이 많다는 얘기일 수 있다. 내일이든 모레든 어차피 일정이 없으니 미루다 마음 내킬 때 하면 되기 때문이다. 그러다 보니 게으름에 생각은 계속 미뤄지고 일정은 안 잡힌다. 그리고 일정은 항상 비어있지만 하는 일 없이 마음만 바쁘다. 이런 비효율적인 시간 관리를 바꿔야 한다. 일정이 한가해서 오늘 일을 오늘 처리하면 내일은 할 일이 없을 것 같아도 내일은 내일 일이 또 생긴다. 매일 같이 일이 생기지만 미루거나 미루는 습관 때문에 일이 없어 보인 것이다. 정말로 일이 없으면 생산적인 일을 만들어서 해야 한다. 그러면 내 가치가 높아지고 바빠지게 된다.

지금까지는 일을 마치고 집에 와서 쉬다가 씻고 잤다면 이제부터는 한 가지 일을 더 해보자. 독서를 한다거나 관심 있는 분야 공부를 한다거나 운동을 해보자. 이 모두를 다해도 시간이 오래 걸리지 않고 새로운 즐거움이 생겨 하루하루가 즐겁다. 이렇게 한 가지 일을 늘리면 시간이 더 빡빡해져 정신없을 것 같아도 익숙해지면 오히려 시간을 더 쪼개어 한 가지를 더하고 싶어진다. 이런 식으로 매일같이 하는 일을 두세 가지로 늘리거나 요일별로 할 일을 정해두면 생활의 활력이 생기고 삶의 만족도가 높아지고 배우고 익히는 재미로 그동안 몰랐던 신세계를 경험하게 된다. 이런 생활을 계속 실천하려면 당연히 적극적인 행동이 뒷받침되어야 한다. 생각을 행동으로 옮기기가 많이 어렵기 때문이다. 나 또한 책을 읽으려고 책상에 앉아서도 책을 펴기까지 마음잡는 시간이 오래 걸릴 때가 있다. 책을 바로 펴면 되는데 이것저것 만지작거리며 쓸데없는 정리를 하고는 책을 편다. 적극적인 사고, 적극적인 행동은 생각과 몸을 유연하게 한다. 생각이 굳어 있으면 무엇을 해야 할지 모르기 때문에 몸을 움직이고 싶어도 움직일 수 없다. 반면에 누워서 머리로만 삼라만상 우주를 돌아다니고 기업을 운영했다, 연예인이 되었다, 운동선수가 되었다 하는 인생 게임만 하고 있다면 평생을 일장춘몽으로 낭비하고 만다. 옛말에 걸으면 말 타고 싶고, 말 타면 종 부리고 싶다는 말이 있듯이 사람은 앉으면 눕고 싶고 누우면 잠이 온다. 그러다 잠이 들면 그날은 끝이다. 인생을 더 편하게 안락하게 살고 싶다면 더욱더 적극적인 행동을 해야 한다. 소 잃기 전에 외양간을 고치고 봇물이 터지기 전에 제방을 굳건히 쌓아야 한다. 풍성한 가을 들녘을 바라는 농부는 봄부터 부지런히 움직인다. 누가 시키지도 않고 떠

밀지도 않지만 해야 하기에 하는 것이다. 성공을 꿈꾸는 사람은 일상이 부지런하고 적극적이어야 한다. 게으름으로 일상이 한번 깨지면 다시 회복하는 데 시간이 오래 걸리므로 내 인생의 목적 달성을 위해서는 리듬을 깨치지 말고 적극성으로 과감하게 밀어붙여 끝장을 봐야 한다. 그래야 성공이라는 결실을 거둘 수 있다. 적극적인 행동은 자신을 계속 발전시키는 원동력이다.

사소한 일에 집착하지 말라

업무가 시작되면 하루가 어떻게 지나는지 모르게 순식간에 지나간다. 점심을 먹거나 거래처 관계자와 대화 중에도 다음에 처리할 업무 생각에 머릿속은 두세 가지가 동시에 일하고 있다. 그날그날 처리해야 할 일이 많으면 머릿속은 더 복잡해진다. 그러다가 순간 깜박한 일이 있으면 아차 하고 한탄하기도 한다. 메모하는 습관이 좋다는 건 아는데 나는 아직 까지는 종이보다는 머리에 메모하는 편이다. 나름의 이유가 있는데 종이에 메모하면 그렇게 습관이 들어 기억하려 하지 않을까 해서다. 그래서 아주 중요한 사항이거나 내용이 긴 경우에만 메모하고 일상적인 일이라면 기억하려 한다. 가끔 깜박하는 때도 있지만, 아직 까지는 머릿속 메모로 업무처리 하는 데 큰 어려움이 없다. 그래서 기억하는 습관을 오랫동안 유지하려고 수시로 머릿속 내용을 떠올린다. 그런데 머릿속 메모는 기억력 향상에 도움이 되지만 자칫 집착할 수 있는 단점이 있다. 무엇 하나가 머릿속에 계속 떠오르는 것이다.

일상생활 중에 예민한 사람이 있다. 음식을 심히 가리는 사람, 신경이 예민한 사람, 냄새나 청결 상태에 유난히 민감한 사람이 있다. 겉으로 드러나지 않아 구별할 수 없지만, 사람마다 조금씩은 다 있는 것 같다. 나도 날음식은 좋아하지 않으며 동물의 내장종류는 음식으로 쳐다보지도 않는다. 각자의 취향이니 자신의 좋은 대로 먹고 마시면 되지만 가끔은 편견이 들기도 한다. 나는 이게 좋은데 왜 다른 사람은 저것을 좋아하지? 아무리 생각해도 이것보다는 저게 좋은데 왜 같은 돈을 주고 굳이 그것을 고르지! 하고 생각하는 때도 있다. 가족이나 친한 사이라면 따져 묻기도 하지만 남에게는 실례가 되니 혼자만의 생각으로 그친다. 누구나 그렇지 않을까 생각한다. 사람은 사회성이 있어 단독생활을 하지 않고 공동생활을 하며 서로 어울려서 돕고 나누며 산다. 그러다 보니 자연스레 인격이라는 게 형성되고 사회성이 길러진다. 또한 다른 사람의 입장을 고려해 내가 양보해서 다른 사람을 배려하며 산다. 서로가 서로에게 예의를 갖추고 존중하며 살아야 우리 사회는 더 건강해지기 때문이다. 그런데 지나치게 남을 의식해서 사소한 일에 집착하는 사람이 아주 많다. 말 한마디. 행동하나에 밤잠을 설치며 왜 그런 말을 했을까. 왜 그런 행동을 했을까. 고민한다. 교제를 시작한 지 얼마 안 된 연인이라면 좋은 만남을 바라는 마음으로 그날 있었던 일을 몇 번이고 돌아보며 한순간 한순간에 집착하고 생각해 본다. 그러나 그런 게 아니고 회사업무나 일상생활에서 아주 작은 일 하나에 신경을 곤두세우는 것은 사소한 일에 집착하는 것이다. 사소한 일에 집착하는 사람은 유달리 생각이 많고 깊이 생각한다. 그런데 집착은 집중과 다르다. 집중은 한 가지. 일에 몰두하는 것이지만 집착은 아무 일 아닌 것에 혼자 빠져서 고민하는 것이다. 집착하고 있는 일을 깊은숨을 들이마시고 곰곰이 생각해 보면 별것도 아니고 크게 잘못된 일도 아니다. 그냥 퉁 치면 아무것도 아닌 일을 너무 예민하게 의식하고 확대 해석 하니 집착하는 것이다. 사소한 일에 집착하면 생각의 폭이 좁아지고 적극적인 행동을 방해해 일의 진행속도를 늦춘다. 집착한다고 그 누구도 내가 집착할 만큼 신경 써서 자신에게 관심 가져 준다고 생각하지 않는다. 혼자만의 고민이고 쓸데없는 배려가 될 수 있다. 아주 중요하지 않은 일은 조금 소홀하더라도 그냥 넘어가야 한다. 일일이 모든 것을 만족시켜줄 수도 없고 모든 것을 만족시켜 주려다 큰일을 놓칠 수 있다. 비록 자상함과 세심함이 부족해 보이더라도 대의를 위해서는 비판도 비난도 감수해야 한다. 어차피 결과가 좋으면 모든 잡다한 평가는 사라진다. 집착은 스스로 만든 잘못된 습관이고 고질병이다. 이런 집착하는 습관을 고치는 방법도 적극적인 행동이 최고다. 적극성으로 집착을 버리고 높고 멀리 보아야 한다. 절대 사소한 일에 집착하지 마라. 집착은 금물(禁物), 적극성은 금물(金物)이다.

수욕정이풍부지(樹欲靜而風不止)

수욕정이풍부지(樹欲靜而風不止), 자욕양이친부대(子欲養而親不待).
"나무는 가만히 있고자 하나 바람이 나무를 가만두지 않고, 자식이 부모에게 효를 다하고자 하나 부모가 자식을 기다려주지 않는다 "
이 말은 공자가어(孔子家語)에 나오는 유명한 말이다. 공자가 제자들과 함께 길을 가다가 울고 있는 어떤 이의 사연을 듣고 지은 말이다. 현대식으로 풀이하면 "착하게 살고 싶은 나를 세파가 흔들어 고달프게 하고,

성공해서 효도하려 하니 부모님이 세상을 뜨셨다." 는 말이다. 사람에 따라서는 슬프고 안타까운 말이다. 그때 그 시절의 공자는 무슨 생각으로 저 말을 제자들에게 가르쳤을까? 또한 학문했던 제자들은 어떤 의미로 저 말을 받아들였을까.

가만히 있는 나를 누군가는 건드리고, 출세해서 효도하려 마음먹었는데 출세하려는 동안에 부모님은 세상을 등지셨다니 이 어찌 한탄하지 않을 수 있을까.

음력 설날이 지나고 보름이 되면 정월 대보름이라 하여 우리 민족은 예부터 윷놀이나 쥐불놀이를 하며 흥을 돋웠다. 음력 설날이면 양력으로 1월 말에서 2월 중순쯤 되니 예전엔 농한기여서 충분히 놀이를 즐길만했고 여유도 있었다. 정월 대보름 하면 밤하늘에 둥근달이 대명사로 떠 오른다. 이 보름달을 보며 마음으로 소원도 빌어보고 풍성하고 넉넉한 마음을 갖겠다고 다짐도 한다. 그리고 정월 대보름이 지나 정확히 팔 개월 후에 추석이 온다. 추석에도 어김없이 방송에서는 둥근달을 볼 수 있을지가 단골 뉴스로 나온다. 이렇듯 보름 하면 날수로 15일이니 이달도 벌써 15일이 지났구나 하기보다는 뜬금없이 둥근달을 떠올린다. 연관 있는 대치표현이다. 위의 공자님 말씀도 인(仁)과 효(孝)를 가르치려 하신 말씀이지만 살짝 바꾸어 연관 있는 대치표현을 해보면 재미있게 표현할 수 있다. 꿈보다는 해몽이니 아무려면 어떠하겠는가. 나무는 항상 제자리에 가만히 있으며 스스로 움직일 수 없다. 비가 오면 빗물로 먼지를 털어내고 바람불면 흔들린다. 즉, 가만히 있어도 비가 목욕시켜주고, 바람이 춤추게 한다. 흔들리면서 엉켰던 가지가 풀리고 매달린 나뭇잎이 떨어진다. 나무가 사람이라면 누군가 나를 움직이게 한 것이다. 수동적인 자신을 능동적으로 만들어준 것이다. 의도치 않게 어떤 일을 떠맡았을 뿐인데 그 일이 자신의 인생을 바꿔놓을 수 있다. 친구 결혼을 축하해주러 갔다가 배우자를 만나는 격처럼 말이다. 만일 모든 사람이 자신이 계획한 대로만 산다면 좋은 계획을 세우고 이벤트 감각이 좋은 사람만 재미난 인생을 살고 나머지 대부분 사람은 매일 반복되는 평범한 일상에 지루할 것이다. 의도치 않은 일도 생기고 얽히고설키고 해야 사는 재미가 있고 몰랐던 것도 알게 된다. 그러면서 이런저런 인생의 경험이 쌓인다. 이런 이치를 잘 이용하면 자기가 계획했던 것보다 훨씬 더 큰 성과를 거두며 살 수 있다. 가만히 있는 나를 주위 사람이나 환경이 가만히 두지 않는 것은 적극적인 개념을 깨워주는 것이다. 관계가 얽히다 보면 나 또한 다른 사람을 가만히 두지 않는 사람이 된다. 누군가를 건드리게 된다. 이렇게 사람은 서로 자극하며 적극적으로 움직이도록 사는 것이다. 또한 출세해서 효도하려 했으나 부모님이 안 계시면 이보다 안타까운 일이 없다. 평생의 한이 되고 불효했음이 가슴에 남는다. 소설 '구운몽'의 저자 김만중은 조선 후기에 구운몽, 사씨남정기 등의 소설로도 명성이 높았지만, 효자로서도 존망이 높아서 자신도 늙은 아들이면서 홀어머니가 주무시러 들어가면 어머니가 잠들기 전까지 말동무를 해주고 나왔다고 한다. 오늘은 한번 가면 다시 오지 않으니 최대한 많은 일을 해야 한다. 굳이 어느 때에 무슨 일을 할 수 있는 것이 아니다. 바로 지금이 무엇이라도 할 수 있는 때다. 때를 기다리지 말고 바로 지금 당장 지체 말고 적극적으로 하나라도 더 이루자.

제자리에서 먼 산 바라보면 길어 없어 보이지만

일단 시작하자

부지런함은 적극적인 행동의 원천이며 근원이다. 부지런함 없이 적극적인 사고나 적극적인 행동을 할 수 없다. 행동은 생각에서 나오고 생각은 평소에 바라던 바가 뇌의 자극을 통해 무의식적으로 만든다.

즉, 뇌가 활동하여 많은 것을 생각하게 하고 몸을 움직여 일하게 한다. 그런데 그 생각을 생각으로만 끝내거나 행동을 하되 한 달 후에 하겠다고 하면 그 순간 나태함에 지는 것이다. 물론 하던 일이 있어서 일의 연장선에서 한 달 후에 하겠다는 일정이라면 잘하는 일이지만 지금 하는 일이 아무것도 없으면서 그냥 미룬다는 것은 적극성을 버리는 행위다.

내가 군 생활할 때 이런 말이 있었다. "능력 없이 부지런한 소대장은 적군보다 무섭다." 잘하지도 못하면서 쓸데없이 일만 벌이면 나머지 사람이 감당하기 힘들다는 말이다. 분명히 능력 없이 부지런한 사람도 있지만 부지런함 자체가 나쁜 것은 절대 아니다. 우리나라는 3년간의 6.25 전쟁으로 도시 대부분이 파괴되고 황폐해 졌지만, 전쟁이 끝나고 불과 50년 만에 선진국 대열에 올라서는 눈부신 발전을 이뤘다. 이게 가능했던 것은 우리 민족 특유의 부지런함이 한몫했기 때문이다. 부지런함이 잘살아보자는 신념을 적극적인 행동으로 이끈 것이다. 그러니 다른 나라에서 우리나라를 평가할 때 한강의 기적을 이룬 나라라고 하지 않는가. 대기업 임원들의 평균 출근 시간은 6시에서 7시 30분 전후라고 한다. 일반적으로 9시 출근 6시 퇴근이라고 했을 때 아주 일찍 출근한다. 임원들이 맡은 바 업무가 많아 일찍 출근할 수도 있고, 모범을 보여야 하기 때문일 수도 있지만, 중책을 맡은 책임감과 부지런함 때문이다. 그런데 중요한 것은 임원들의 출퇴근 시간이 아니다. 임원들은 과연 어떻게 동료와의 경쟁에서 이기고 임원이 되었을까 이다. 출근만 일찍 하면 임원을 시켜 줄까? 그런 회사는 절대 없다. 무언가 이유가 있다. 얼마 전에 대기업 임원 몇 명의 경력 사항을 기사로 읽은 적이 있다. 그런데 놀라운 것은 내가 생각했던 화려한 경력과 학력이 아니었다. 서울에 있는 명문대 출신도 있었지만 의외로 지방대 출신이 많았다. 그리고 보면 학력이나 출신 지역은 임원이 되기에 충분조건은 아님이 분명했다. 그러나 이들은 임원이 되고자 무언가를 시작했다. 그리고 포기하지 않고 매달려 회사의 중역이 되어 일당백의 역할을 한다. 무엇이든 시작이 중요하다. 시작하지 않으면 아무것도 못 한다. 시작한다는 좋은 흐름을 계속 유지하면 누구에게나 기회가 온다. 이 기회가 왔을 때 반드시 잡아야 하고 이 기회를 잘 활용해야 한다. 어쩌다 뜻하지 않은 좋은 일이 생겼을 때 잠깐 기분 좋은 일로 끝나면 안 되고, 이 행운의 고리를 계속 이어가는 것이 아주 좋은 능력이다. 좋은 흐름이든 나쁜 흐름이든 흐름이 한번 끊기면 새로운 흐름이 생긴다. 이때 끊긴 흐름을 다시 잇는 것은 아주 어려워 최대한 오래 많이 끌고 가야 한다. 잘 나가던 스포츠 선수들이 슬럼프(slump, 심신의 상태 또는 작업이나 사업 따위가 일시적으로 부진한 상태)에 빠지는 이유도 잘하던 흐름이 잠깐 끊겼을 뿐인데 그 흐름을 다시 잇지 못해 자기 실력을 못 찾는 것이다. 아무리 이전의 감각을 되찾으려 해도 잘 안 되고 서서히 성적이 부진해지기 시작하면서 슬럼프에 빠진다. 잘되던 흐름에서 슬럼프라는 새로운 흐름이 시작된 것이다. 좋은 흐름이 끊기지 않게 하려면 늘 긴장 상태를 유지해야 하고 자기 관리를 철저히 해야 한다. 이런 사실을 모르는 선수는 없지만 알고도 빠진다. 잘 나가던 흐름이 끊기면 의기소침해지고 자신감도 떨어진다. 잘 나가던 내가 남을 위로했는데 이젠 내가 위로받는다. 정상을 유지한다는 것, 최고가 된다는 것은 결코, 호락호락하지 않다. 성공 가도를 질주하는 모든 상황에 적극성이 필요하듯이 위기와 슬럼프에 빠졌어도 극복할 수 있는 가장 좋은 방법은 적극적인 행동이다.

시작이 반이다

시작한다는 것은 출발하는 것이고 출발은 멈추어 있던 상태에서 어디론가 움직이는 것이다. 그래서 매일 같이 무언가 시작하고 마친다. 그런데 시작하고 마치는 일이 나를 위한 것인지 남을 위한 것이었는지 생각해 보자. 남이 아닌 내가 주체가 되어 시작하고 출발한 것이 무엇이 있고 얼마나 되는지 말이다. 나는 무엇을 시작하고 어디로 출발할까?

영어 공부를 시작하고, 다이어트를 시작하고, 제주도로 여행을 출발하고 등을 생각해 보자. 이런 것들이 꿈이 되어 마음속에만 있지 않은가? 그렇다면 지금부턴 마음속에만 두지 말고 하나하나 꺼내어 실천해 보자. 내가 주인공이 되어 나를 위해 시작하고 나를 위해 출발하자. 사실 마음만 먹으면 언제라도 할 수 있지만, 마음먹기가 어렵다. 지금 해야 하는 일이 있기도 하지만 대부분은 시간과 돈 때문에 포기한다. 또는 마음은 있으나 그것이 지금은 때가 아니라고 단념하기 때문이다. 이 핑계 저 핑계 다 집어치우고 지금 당장이라도 어쨌든 큰맘 먹고 시작하면 무엇이든 될 텐데 시작이 안 된다. 시작에 관련한 좋은 말이 있다. "시작이 반."이라는 말이다. 나는 이 말이 우리나라 속담인 줄 알았는데 알고 보니 그리스 철학자 아리스토텔레스가 한 말이었다. 당대에는 물론 지금도 최고의 명성을 남기는 사상가이며 철학자가 한 말이라니 얼마나 고심 끝에 지어낸 말일지 되새겨 보았다.

그래서 이 말뜻을 좀 더 깊이 생각해 보니 한마디로 너무나 심오한 말이라 놀라지 않을 수 없었다. 사람의 내면을 깊이 관찰하고 깨달은 철학자의 뜻깊은 말이었음이 실감 났다. 아리스토텔레스도 시작이 얼마나 어려운지 잘 알고 있었고, 시작하지 않으면 아무것도 할 수 없음을 확실히 깨달은 결과라고 생각한다. 사람이 시작하기가 어려운 것은 위에서 언급한 대로 무엇을 해야 할지 목표를 정하지 못해서이고, 다음은 시작한 이후의 두려움 때문이다.

두려움이라는 것은 불안과 부정이므로 걱정과 근심이 항상 따라다닌다. 예를 들어 1년간의 사전 준비를 마치고 뷔페식당을 차리기로 했다고 하자. 그런데 오픈 기간이 다가올수록 마음은 불안해진다. 이유는 장사가 안

돼 문 닫으면 어쩌나 하는 걱정 때문이다.

1년이나 충분히 준비했음에도 기대보다는 두려움이 먼저 든다. 그런데 이 생각을 바꿔 1년이나 준비했으니 손님이 너무 많아 생각했던 것보다 장사가 더 잘 되면 어떡하지 하고 생각해 보자. 아마도 이런 식의 생각으로 기대에 부풀어 우쭐대는 사람은 거의 없을 것이다. 당연히 큰 성공을 바라고 내심 기대는 하지만 기대 보다 실망이 클까 봐 겸손한 마음으로 은근히 기대한다. 잘 되고 안 되고는 준비 기간이 길고 짧은 것에 있지 않다. 잘될 수도 있고 안 될 수도 있다는 운명적인 생각으로 마음을 다스려야 한다. 그리고 잘되도록 최선을 다하면 된다. 어떤 일을 새로이 시작한다는 것은 굉장한 적극적인 행동을 한 것이다. 자신의 판단과 결정에 확신이 없으면 남의 의견에 자신 생각을 쉽게 바꾸거나 포기한다. 그리고 남의 의견에 따라가거나 남에게 의존해 산다. 이런 사람일수록 무엇을 새로이 시작한다는 것은 먼 나라 세금정책처럼 주요 관심 사항이 아니다. 세상엔 이끄는 사람보다 이끌리는 사람이 많고 적극적인 사람보다 소극적인 사람이 많다. 변화와 개혁을 좋아하고 계속 새로운 것을 꿈꾸는 사람이 있는가 하면 현실에 만족하여 굶어 죽지만 않으면 이대로가 좋다는 사람이 있다. 시작이 있으면 끝이 있는데 시작은 알 수 있어도 그 끝이 언제인지는 아무도 모른다. 잘 되는 사람은 잘 되는 이유가 있다. 그것은 공통적으로 그들 모두에게는 적극적인 사고와 행동이 있다. 그렇기에 시작할 수 있었고, 시작했으니 적극적으로 운영한다. 시작하면, 시작하지 않은 사람보다 시작부터 반을 앞선다. 시작이 반이다. 적극적으로 시작하자. 기회와 때는 항상 있지만 잡지 않으면 영원히 내 것이 안 된다.

여기서 먼 산을 바라보면

한국인 40대 이상 중장년층의 취미순위를 조사한 결과 다음과 같은 결과가 나왔다.

1. 등산 2. 음악감상 3. 운동 4. 게임 5. 독서 6. 기타 등등

어느 정도 예상했지만 단연코 등산이 1등을 차지했다. 외국의 사례는 찾아보지 않았지만 비슷할 것으로 생각한다. 우리 민족에게 산이란 기댈 수 있는 언덕 같은 존재다.

단군신화도 태백산에서 시작됐고, 전국의 명산에 전설이 없는 곳이 없다. 또한 북쪽엔 백두산이 남쪽엔 한라산이 자리 잡고 있어 우리 민족을 든든히 지켜준다.

게다가 6.25 전쟁 이후 황폐해진 산림을 사방사업(砂防事業. 산림의 사막화를 막기 위해 나무를 심는 사업)의 성공으로 전국 어디를 가나 녹색으로 울창한 나무들이 자리 잡고 있다. 반면에 북한도 사방사업을 하고 있으나 주민들이 배고픔과 굶주림으로 초근목피(草根木皮)로 연명하는 사람이 많아 번번이 실패하여 민둥산이 많다.

어서 남북이 통일되어 남한의 경제력과 기술이 북한에 전달되어 다 같이 잘 살길 소원한다.

나는 등산이 취미이고 산을 너무 좋아한다. 그래서 집 근처에 있는 산을 사시사철 오른다. 내가 처음으로 등산다운 등산을 한 것은 군 제대 후 친구들과 지리산을 다녀온 것이다.

1박 2일로 산에서 자면서 천왕봉을 올랐던 기억이 난다. 그때는 등산이

나 산에 대한 지식이 전무 해서 어떻게 갔다 왔는지 지금 생각하면 웃음만 난다. 그리고 오르는 동안 너무 힘들었고 정상이 멀게만 느껴져 빨리 오른 후 집에 가고 싶었다. 내 발로 자발적으로 갔지만, 속으로는 다시는 등산하지 않겠다고 다짐했었다. 그랬던 내가 지금은 산사람이 다 되었다. 요즘은 교통편도 좋아지고 등산로도 잘 정비돼 있어서 남녀 누구나 등산하는데 큰 어려움이 없다. 산에 오르는 동안은 힘들지만, 정상에 올라서서 산 아래를 내려다보면 그 기쁨과 감격은 말로 표현할 수 없을 정도다. 멀리에 높은 산이 있다. 한 번도 가보지 않았고, 울창한 산림으로 가득 차 있다.

그 산을 1km 밖에서 바라보면 온통 울창한 나무와 풀로 뒤덮인 밀림처럼 보이고 거대한 바가지가 엎어져 있는 것처럼 보인다. 그리고 생각하길 거대한 산이니 그곳에는 멧돼지와 고라니 같은 산짐승이 많고, 큰 바위와 낭떠러지 등의 위험요소가 많이 있을 것으로 생각한다. 그리고 정상에 가려면 길이 있어야 하는데 길이라고는 흔적조차 보이지 않는다. 그렇지만 500m 앞으로 가보면 희미하게 길이 보인다. 그리고 산 입구에 가보면 등산 코스가 있고 이미 많은 사람이 다녀간 좋은 등산로가 여러 갈래로 나 있음을 알게 된다. 멀리서 바라본 저 산은 정복할 수 없는 험한 산으로 보였는데 가까이 서 본 눈앞에 있는 산은 같은 산이지만 정복할 수 있는 만만한 산으로 보인다. 그리고 산짐승이나 위험요소는 위협이 안 된다. 이유는 무엇일까? 그것은 목표를 정하고 그것을 할 수 있을까? 없을까? 막연하게 생각하느냐 아니면 달성하기 위해 적극적으로 다가서느냐의 차이에 있다. 천 리 길도 한 걸음부터라고 했으니 뚜벅뚜벅 걷다 보면 안갯속에 길이 보이고 목표가 선명해진다. 목표가 크면 클수록 좋다고 해서 크게 세워놓고는 시작도 안 하고 아무래도 안 될 것 같아 목표를 줄이거나 포기한다. 이런 경우가 제자리서 먼 산 바라보는 것과 같은 꼴이다. 도저히 안 되고 불가능할 것 같아도 일단 발을 디디면 실마리가 하나씩 보인다. 길은 있고 방법도 있다. 산을 오르다 보면 가시에 찔리기도 하고 발을 헛디뎌 넘어지기도 한다. 그러나 오르다 보면 중간중간에 쉼터가 있어 쉴 수 있고 좋은 경치가 나를 반겨준다. 산밑에서는 도저히 상상할 수 없는 멋진 모습이다. 그러니 충분히 오를 수 있다. 산이라는 목표가 나를 부르지 않았다. 나 자신이 목표를 산으로 정한 것이다. 인생의 목표를 정한 것부터 앞선 생각이며 적극적인 인생을 사는 것이다. 성공은 적극적인 사람을 좋아한다. 그리고 맞아 주어 성공으로 이끈다.

감이 익었으면 따서 먹자

교육제도는 우리나라를 비롯한 전 세계가 다 갖추고 있다. 사람은 기초지식이 있어야 고급지식을 이해할 수 있고, 창의력을 발휘해서 새로운 것을 계속 만들어 낸다.

학교 교육을 예로 들면 학교에서는 학년 수준에 맞게 잘 짜진 학사일정에 따라 선생님께서 가르쳐 주신다. 누구나 예외 없이 같은 공간, 같은 시간에 같은 공부를 한다.

초등학교에서는 초등교육을 중고등학교에서는 고등교육을 받는다. 초등교육을 중고생이 배우지 않으며 고등교육을 초등생이 배우지 않는다. 사람은 성장하면서 배우는 때가 있기에 성장 속도에 맞게 교육을 받는다. 그리고 고등교육을 마치면 대학에 진학하거나 취업하거나 본인의 선택에 따라 사회에 진출한다. 배움은 평생 해야 할 일이지만 학교에서 배우는 정규 교육은 배우는 때가 있다. 그때를 놓치면 다시 시작하기가 매우 어렵다.

어쩌면 배움의 때가 정해져 있어서 배우기만 하면 되는 때가 제일 좋은 때인지도 모른다. 그때는 정해진 대로 배우고 학습하기만 하면 되니까 말이다. 그때가 지나 사회에 진출해서는 자신을 통제해줄 사람이 거의 없다. 한 사람의 인격체로 받아들여 존중해 주다 보니 간섭하지 않는다. 이제부터는 자신의 인생은 자신이 책임지고 살아야 한다. 물론 부모나 형제 친구 등과 진로를 의논하고 상담도 하지만 최종 결정권자는 자신 스스로다. 사회경험이 전무한 상태에서 현명하고 올바른 결정만을 내린다는 것은 어렵다. 실수가 있고 망설임이 있고, 남이 대신해주길 바라는 마음이 있다. 그러나 결국은 자신이 해야 함을 곧 깨닫는다.

사회에 진출하기 전에 배움의 때가 있었다면 사회에 진출해서는 아무것도 정해진 때가 따로 없다. 취업하고, 결혼하고, 여행가고, 창업하고 등의 모든 계획은 자신이 알아서 결정하면 된다. 자신 스스로 알아서 하면 되는 자유는 있지만, 언제까지 무엇을 해야 한다는 기한이 없다. 또한 세월이 흘러 나이를 먹었다고 새로운 무엇이 거저 되는 것도 없다. 자신 스스로 자신의 삶을 계획하고 실천하려면 부지런함과 절제력이 필요한데 자신이 자신을 잘 다스린다는 게 어렵다. 그리고 지금의 안락과 즐거움을 찾아 오늘 일을 계속 미루는 습관이 생긴다. 이때 하염없이 미루기만 하면 성공하는 인생을 사는 데 큰 지장이 생긴다. 사회에 진출하면서부터는 중장기 계획을 세워야 하고 계획대로 성공하는 인생을 살기 위해 자신을 잘 다스려야 한다. 사람은 감정과 의지가 있으므로 자신의 장래와 미래를 계획하지 않는 사람은 거의 없다. 다만 계획이 계획대로 되지 않으니 실망과 좌절을 맛보고 그러면서 점점 성숙해 간다. 성공하는 삶을 사는 사람은 드러나지 않는 무언가 능력이 있다. 겉보기에는 평범한 사람처럼 보이는데 기업을 크게 운영하고 있거나, 출중한 실력으로 해외에서도 강연 요청을 받거나 하는 사람이 있다. 이들의 피나는 노력을 우리는 본받아야 한다. 성공하는 사람도 실패하는 사람도 똑같이 주어진 시간에 자신의 판단과 결정에 따라 하루하루를 살지만 몇십 년의 세월이 흐른 뒤에는 완전히 다른 인생을 살아간다. 부모의 유산이나 부정한 방법 등의 별다른 노력 없이 부자가 된 사람을 제외한 나머지 사람들은 자신의 노력으로 성공을 꿈꾸며 산다. 성공하는 사람은 기회를 기다리지 않고 기회를 만들고 때를 기다리지 않고 때를 만든다. 마음속 계획을 언젠가 하겠다고 다짐만 하지 않고 바로 실천하거나 실천하기 위해 준비한다. '언젠가'라는 날짜는 달력 어디에도 없다는 걸 알아야 한다. 감이 익었으면 감이 떨어질 때까지 기다리지 말고 따서 먹어야 한다. 감이 언제 떨어질지도 모르고 떨어져도 내 손으로 받는다는 보장도 없다. 모든 일에 적극적이고 능동적으로 나서야 얻을 수 있고 선점할 수 있다. 자신의 계획대로 하나하나 실천하면 된다. 적극적인 사람이 소극적인 사람을 지배한다는 것을 기억하자.

제3장
능력의 한계는 없다
생각의 한계가 있을 뿐

내가 무엇을 바꿀 수 있을까

변화해야 할 이유

사람은 변화하려 하지 않는다.

예전에 어떤 방송 프로그램에서 성형외과 의사가 한 말이 기억난다. 의학기술이 발달해서 사람의 대부분을 바꿀 수 있는데 두 가지를 못 바꾼다고 했다. 첫째는 타고난 성별이고, 둘째는 성격이다. 요즘은 의학기술이 그때보다 더 발달 되어 성별을 바꾸기도 하지만 완전히 바꾸지는 못한다. 그러나 성격은 아무리 뛰어난 의사라도 손댈 수조차 없다. 성격은 오직 자신만이 결정할 수 있는 전유물이다. 성격은 개인의 성향을 나타내는 좋은 수단이므로 성격 좋은 사람을 좋아한다. 그러다 보니 성격으로 인격을 판단하기도 한다. 심지어는 성격과 인격이 같다고 해도 과언이 아니다. 그만큼 개인을 평가하는 데 있어 성격이 차지하는 부분이 아주 크다. 어떤 사람이 학벌이 좋고 재능이 뛰어나도 공동체 생활하기에 적합하지 않은 이기적인 성격을 갖고 있다면 그 사람을 좋게 평가하는 사람은 거의 없을 것이다. 물론 좋은 성격보다 일 잘하는 게 사장님 입장에서는 나은 일이지만 구성원들과의 마찰이 심해서 협동심과 단결력이 떨어지면 전체적으로는 손해일 수 있다. 성격은 자아발달과 연관이 많아서 어려서부터 부모에게 듣는 언어나 가르침이 많은 영향을 끼친다. 부모에게 사랑의 말을 많이 들었는지 꾸중의 말을 많이 들었는지 그리고 가정은 화목한지 등이 성격발달에 큰 영향을 준다. 그리고 자라면서 친구들과의 관계 속에 자신의 말과 행동이 자신의 성격으로 뿌리내린다. 즉 어려서 무의식 속에 자리 잡은 관념이나 개념이 자연스럽게 성격이 되어 몸에 배는 것이다. 흰색 천에 노란색을 물들이면 노랗게 물들듯이 성격도 그렇게 형성된다. 성격은 옳고 그름을 분별하기 이전 유년 시절부터 형성되다 보니 한번 형성된 성격은 바꾸기가 어렵다. 성격은 재능이나 실력이 아니다. 눈에 보이지도 않고 표시도 안 난다. 그리고 성격 자체만으로는 할 수 있는 게 없다. 그러나 성격은 개인에게 큰 자산이다. 좋은 성격을 가진 사람은 다른 사람을 쉽게 움직일 수 있고 남과 잘 어울려서 공동체 생활에 큰 도움이 된다. 이렇듯 좋은 성격이 자신에게 미치는 장점이 많아 중요성이 클 수밖에 없다. 그런데 아쉬운 것은 완벽한 사람이 없듯이 완벽한 성격 또한 없다는 것이다. 그러니 자신을 완벽한 사람, 완벽한 성격의 소유자로 만들 필요는 없다. 완벽이라는 게 정해진 게 아니고 사람마다 주관적인 생각이므로 어떻게 바라보는가에 따라 점수가 다르다. 그래서 완벽보다는 원만한 게 좋다. 사람은 자신을 제일 잘 알기도 하지만 제일 모르기도 한다. 그중에 자신의 성격이 제일 모르는 분야다. 나는 원만하다고 생각했는데 남들은 불편하게 느끼는 걸 자신은 모른다. 자신을 돌아보기 위해선 남을 관찰해야 한다. 남이 하는 모습을 보고 느낀 게 나의 모습이다. 남들은 다 이해하고 넘어가는데 나만 꼬투리를 잡는 건 아닌지. 혹은 인내심이 부족해 화를 잘 내는 건 아닌지 등을 살펴보고 점검해야 한다. 사람이 완벽할 순 없지만, 최대한 완벽 하고자 노력해야 한다. 한 번 형성된 성격으로 아무런 변화 없이 평생을 산다는 것은 옳은 일이 아니다. 그런 사람 대부분은 좋은 평가를 못 받거나 이미 패배자가 되어있다. 변화는 내 삶의 일부가 되어야 하며 언제 어느 때라도 바꿀 수 있어야 한다. 알고도 안 바꾸거나 몰라서 못 바꾸는 건 방법이 틀릴 뿐 변화가 없다는 결과는 똑같다. 사람은 변화하면서 성장한다. 산천초목도 새와 짐승도 변화하면서 성장한다. 변화를 두려워 말고 변화해야 한다. 내가 변화해야 성공할 수 있다. 변화하면 오늘과 다른 내일을 살 수 있다. 최고로 높은 수준으로 나를 변화시키자.

본능이 변화해야 한다

갈라파고스제도의 작은 섬에 거북이 알이 부화하여 하나둘씩 모래를 헤집고 나왔다. 밖으로 나온 새끼 거북은 수백 마리 수천 마리가 동시에 바닷가를 향해 열심히 기어갔다. 그 새끼 거북이를 바다로 인도하는 부모나 다른 성체 거북이는 없었다. 그렇지만 새끼 거북이들은 누구의 인도함이 없어도 바닷속을 향해 기어가고 있었다. 거북이는 알에서 깨어나면 바다로 향한다는 본능이 있기 때문이다. 본능이 배고픈 거북이를 바다로 이끈 것이다. 오직 본능에 이끌려 살고자 아장아장 걸어가는 새끼 거북을 보면 굉장한 신기함과 생명의 위대함이 느껴진다. 물론 거북이뿐 아니라 다른 동물들도 생존본능을 갖고 태어나 종족을 번성하고 생태계를 유지하는 것에 대해 자연 전체에 신비함을 느끼고 만물의 조화라고 생각한다.

동물이 본능을 갖고 태어나는데 만물의 영장인 사람은 두말할 것 없이 생존본능을 많이 갖고 태어난다. 먹고, 자고, 싸고 하는 생존본능은 생략하고, 여기서는 심리적인 본능 몇 가지만 말해본다.

첫째는 자존심이다. 자존심이 없는 사람은 없다. 아이를 키우며 알게 되었는데 불과 세네 살에 불과한 어린이도 자존심이 있다는 걸 알았다. 말도 다 못 배웠을 나이에 자존심이 있다는 것은 자존심이 본능임이 분명하다. 자존심을 다른 말로 체면이라 했을 때 이 체면이 나를 망치는 경우가 많다. 사람들은 각자의 일이 바쁘기에 대중스타가 아닌 이상 어떤 한 사람을 눈여겨 관찰하지 않는다. 그냥 스치듯 지나갈 뿐이다. 그런데 본인만 자신이 세상의 지목을 받고 있다고 생각한다. 그러다 보니 집, 차, 옷 등 생활소품에 편리함보다는 남을 의식해서 사치하는 경우가 많다. 돈이 많아 소비 자체가 크다면 그렇다고 하지만 그렇지 않고 체면 때문이라면 심각한 문제다. 만일 쓸데없는 자존심으로 과소비를 하고 있다면 지금 당장 체면을 버리고 검소한 생활로 바꿔야 한다. 그렇지 않으면 자존심이 평생 가난을 데리고 다닌다.

둘째는 이기주의다. 사람은 남보다 더 많이 갖고 싶고 더 우월해 보이고 싶은 마음이 있어서 자신의 이익을 위해서라면 남이 손해 보거나 해를 당하는 일에 무덤덤할 때가 있다.

무엇이든지 내가 먼저고 남은 뒷전이다. 공평함 없이 욕심만 가득해서 나눔이란 알지 못하고 자신만을 위해 살고 인색하고 욕심만 가득하다면 그가 가진 재물이 바닥나고 가치가 떨어지면 그때는 그를 돌봐 주고 대접해 줄 사람이 아무도 없다. 내가 소중하면 남도 소중하다는 것을 알아야 한다. 함께 사는 공동사회에서 지나친 이기심은 자신에게 해가 됨을 알고 이웃도 돌봐야 한다. 나만 잘사는 사회보다 다 같이 잘 사는 사회가 훨씬 더 아름답다. 일부 후진국을 보면 부와 권력이 일부 특권층에 몰려 있어 빈부격차가 큰 것은 물론 도시와 빈민가를 비교하면 과연 한나라인지 분간하기도 힘들 정도다. 남도 잘살아야 내 삶이 더 만족함을 알고 서로 도우며 베풀고 살아야 한다.

셋째는 게으름이다. 게으름은 편하게 살고 싶은 인간의 본성이기에 누구에게나 있다. 그런데 이 게으름을 이기지 못하고 게으름에 젖어 산다면 그 사람은 성공할 가능성이 거의 없다. 게으름은 사람의 활동을 가로막고 잠재능력을 영원히 잠재운다. 게으름은 사람을 사람답게 살지 못하게 한다. 비록 게으름이 죄가 아니라 벌하지는 않지만 게으른 사람을 표창하지도 않는다. 몸은 계속 움직이고 머리는 생각해야 하는데 만사를 미루기만 하며 아무것도 안 하고 남이 해주기만을 바란다면 당장 바꿔야 할 나쁜 습관이다. 자존심, 이기주의, 게으름은 인간의 본능이지만 본능대로 살면 성공하는 미래는 없다. 본능을 변화하면 더 좋은 일로 본능을 누리며 살 수 있다. 성공을 위하여 무익한 본능을 이기고 근면으로 변화하자.

변화하지 않으면 낙오한다

최근에 정부 기관의 장관이 새로 임명되어 취임 인사하는 걸 들었다.

자신의 각오와 업무 방향을 말하고는 과감한 "변화와 개혁"을 통해 업무 효율을 높이고 거듭나는 주무 부서가 되겠다고 한다. 장관의 인사말이 대부분 잘 짜인 각본대로 읽는 것이라 어느 부서 장관 취임식이라 하더라도 비슷한 말로 평이하게 끝난다. 그런데 대부분의 취임사에 꼭 변화라는 단어가 들어간다. 예를 들어 법무부라면 법무부 직원은 오랫동안 근무해서 법무부 내부 사정을 잘 알겠지만, 새로 취임하는 장관은 임명직이라 법무부 일을 속속들이 잘 알지 못한다. 그런데 무엇을 알기에 변화하겠다는 말인지 의문이 생긴다.

물론 최고책임자는 방향을 정하고 이끄는 사람이라 세세한 실무는 몰라도 수장의 역할을 충분히 수행할 수 있지만, 과연 무슨 변화를 말하는 것일까?

추측하기는 몇 가지가 있겠지만 이러저러한 이유로 바꾸지 못했거나 정체됐던 일을 처리하겠다는 것이라 생각한다. 사람이 바뀌었을 때 그것도 초기에 밀어붙이는 게 가장 효과적이기 때문이다. 당연히 전임자도 하지 못한 일을 사람이 바뀌었다고 쉽게 변화할 수 있는 것은 아니지만 열 개 중에 한 개만이라도 변화하면 그 조직은 달라진다. 조직은 이렇게 조금씩 조금씩 계속 변화해 가며 성장해야 한다.

개인이나 국가나 성장해야 성공할 수 있고 선진국이 될 수 있다. 지금 만족하다고 이대로 머물러 있으면 급변하는 정세 속에 불과 몇 년 안에 뒤떨어진 채 멀리 서 있어야 한다. 사람이 편리한 삶을 위해 자전거를 만들면 더 편리하기 위해 자동차를 만든다. 이렇듯 세상은 계속 발전해서 이제는 무인 자동차 시대가 도래했다. 좀 더 나은 삶을 살기 위해 욕구가 변하다 보니 세상이 변하는 것은 당연하다. 내가 가만히 있으면 나만 빼고 다른 것은 다 변화한다. 이렇다 보니 만족하고 안주할 틈이 없다. 세상의 이치를 잘 아는 사람은 변화할 줄 아는 사람이다. 이런 사람은 대부분 조직의 리더 그룹에 속해 있고 변화를 이끌며 산다.

변화가 변화를 만든다는 것을 알기 때문이다. 국가 경제가 원활히 잘 돌아가기 위해서는 무언가 새로운 것이 계속 만들어져야 하고 새로운 것은 유행이 있으니 시들기 전에 계속 유행을 만들어야 한다. 점점 커지는 소비와 욕구를 감당하기 위해 세상에 없는 생활에 꼭 필요한 무언가를 만들어야 한다. 나라가 선진국일수록 기업이 클수록 세상을 이끌며 유행을 만들어 간다. 그러려면 창조와 모방은 끊임없이 반복돼야 하고 쉴새 없이 변화해서 좋은 제품을 만들어 소비자를 따라오게 해야 한다. 예를 들면 스마트폰이나 무인 자동차 같은 것이다. 이것은 소비자가 원한 게 아니고 소비자는 생각하지도 못한 것을 미래의 제품이라는 타이틀로 만들어내 소비자를 꼼짝 못하게 끌어들인 것이다. 이런 제품은 경쟁이 거의 없고 있어도 차별화가 가능해 독점의 기회를 오랫동안 유지할 수 있다. 앞서가는 변화의 생각이 없다면 불가능한 일이다. 세상 보는 눈이 어둡다면 무엇을 어떻게 변화해야 하는지조차 모르고 이리저리 끌려다니며 살아야 한다. 개인이든 국가든 변화하지 않으면 낙오된다. 세상을 내다 볼 수 있는 변화, 변화된 세상 속에 내가 적응할 수 있는 능력을 키우는 변화가 있어야 한다. 앞으로 누가 무슨 일로 변화를 이끌지 아무도 모른다. 그 속에서 내가 살아남기 위해서는 변화를 따라가야 한다. 변화를 두려워하지 말라. 처음이 어렵지 한번 변화하기 시작하면 그대로 있으라고 해도 못 있는다. 농작물이 봄이 되면 꽃이 피고 여름이면 열매 맺어 가을이면 무르익듯이 사람도 많은 열매를 맺을 만큼 성장할 때까지 계속 변화해야 한다. 그때그때 변화하지 않고 가만히 있다 열매 맺지 못하면 나중에는 뽑히어 버려지고 만다. 변화의 중요성은 변화하면 알게 된다. 계속 변화하여 나를 풍성히 열매 맺는 사람으로 만들자.

변화했어도 되돌아온다

매년 7, 8월이 되면 매미 울음소리가 절정을 이룬다. 매미는 맑고 더운 날씨에 많이 울기 때문에 한여름 땡볕에서는 도시에서도 매미 울음소리를 자주 들을 수 있다.

매미는 2년~7년 정도 땅속에서 애벌레로 있다가 7월이 되면 나무나 풀, 꽃나무 등에 올라가 우화(羽化. 껍질을 벗고 성충이 되는 과정) 한다. 그리고 매미의 모습인 성충이 되어 약 2주 정도 나무 수액을 먹으며 살다가 생을 마친다. 매미가 우는 이유는 짝짓기를 위해 짝을 부르는 행위로 짝짓기가 끝나면 약 30개 정도의 유충을 나무구멍이나 껍질 사이에 낳고 생을 마친다. 매미가 낳은 유충은 나무를 타고 내려가 땅속에서 약 2년~7년 정도의 애벌레 생활을 하다가 지상으로 올라와 매미 성충이 되어 보름 정도의 생을 살고 죽게 되는 과정을 반복한다.

중국 진(晉)나라 시인 육운(陸雲)은 매미를 5덕으로 문(文), 청(淸), 염(廉), 검(儉), 신(信)이라 하여 다음과 같이 비유했다.

문(文)-매미의 긴 입을 선비의 갓끈으로 여겨 학문이 있다고 했고,

청(淸)-먹이는 이슬과 수액으로 맑음이 있다고 했고,

염(廉)-곡식이나 작물에 피해를 주지 않으니 염치가 있다고 했고,

검(儉)-살아갈 둥지도 짓지 않으니 검소하고,

신(信)-여름이 시작될 무렵에 와서 겨울이 오기 전에 간다고 하여 신의가 있다. 고 했다.

중국 진나라는 지금부터 약 2200년 전 나라로 진시황제로 유명하며 15년의 짧은 역사를 끝으로 한(漢)나라로 넘어갔다. 그 옛날에 매미로 5덕을 비유로 들었으니 다른 곤충들이 매미를 부러워해야겠다. 매미의 일생은 유충에서 성충으로 바뀌는 삶을 살지만 한 번 바뀌면 바뀐 채로 살다가 삶을 마친다. 매미의 성장 과정은 변화의 연속이고 변화하지 않으면 매미가 될 수 없다. 한여름에 우리가 보는 매미는 성충 매미로 길어야 보름 정도를 살다가는 시한부 매미다. 매미는 날개가 있어서 잘 날지만 멀리 날지도 않고 주로 이동할 때만 날고 나무에 붙어서 짝짓기를 준비한다. 매미는 그러다가 짝을 만나 짝짓기하면 죽게 된다. 그렇지만 매미는 죽는다는 것을 알면서도 성충이 되길 거부하지 않으며 여름이 지나고 다가오는 추운 겨울을 맞이하려 하지 않는다. 그저 순리대로 살다가 자연으로 돌아간다. 알고 보니 매미의 삶이 이처럼 애처로운지 이전엔 몰랐다.

사람이 학문이나 기술을 배우는 이유도 자신을 좀 더 나은 사람으로 변화하기 위해서다. 그런데 사람은 달라지고 변화했어도 작은 실수나 실패한 번으로 변화 이전의 자신으로 되돌아간다. 심지어는 더 못한 사람이 되기도 한다. 일 층에서 이 층으로 계단을 오르다 보면 중간에 돌아가는 공간이 있다. 이 공간이 없으면 계단 각이 너무 높아 무서워서 고층으로 올라갈 수 없다. 자신이 무엇을 변화해야 할지, 언제 어떻게 변화해야 할지를 살면서 중간중간에 돌아봐야 한다. 계단에 층간 공간이 있듯이 즉각적이거나 직선적이지 않게 차근차근 준비하고 실천해서 변화해야 한다.

쉽게 좌절하고 포기하던 나약함이 절제와 인내의 강인한 모습이 되고, 새로운 일을 시작할 때 두려움이 가득한 모습이 할 수 있다는 자신감으로 가득 차야 한다. 그 결과 어떤 일이든 단 한 번도 끝까지 완수해 본 적이 없던 일을 끝까지 완수했다면 그 사람은 완벽하게 변화하고 있는 것이다. 이렇게 변화하면 자신의 능력이 향상되고 성공하는 습관이 쌓인다. 생각이 변화하고 마음가짐이 변화하면 인상이 서서히 바뀐다. 연약하고 만만해 보이던 인상에서 패기 넘치고 활력 넘치는 사람으로 보인다. 변화하고 새로워져서 한층 성장한 내가 되어 꿈을 현실로 이루는 주인공이 되자.

변화해야 성공한다

성공하고 싶은가? 변화해야 한다. 아무리 뛰어난 재능을 가지고 태어났다 하더라도 그 재능을 발휘해서 성공하려면 변화해야 한다. 그럼 어떻게 해야 변화할 수 있는지 알아보자.

첫째. 인내심을 길러라.

성공적인 변화를 위해서는 인내심이 꼭 필요하다. 인내 없이 무엇을 이룬다는 것은 첫 술에 배 부르려 하는 것과 똑같다. 편하고 익숙한 것에 자신을 길들이다 보니 불편하거나 불필요한 것은 빨리 제거하거나 피해버린다. 그리고 없으면 없는 대로 살고, 하던 일만 계속하려 한다. 대부분의 사람이 비슷하다. 다이어트를 위해 식단을 조절하고 운동하고 규칙적인 생활을 한다. 이것만 잘하면 다이어트는 백 프로 성공한다. 그런데 실패하는 이유는 방법이 틀려서가 아니라 중간에 포기하기 때문이다. 학업 성적이 안 오르는 것도 머리가 나빠서가 아니라 인내심이 부족해 꾸준하게 공부하지 않기 때문이다. 인내심을 기르지 않는 이유는 지금처럼 살아도 큰 불편함이 없거나 더 이상의 욕심이 없어 굳이 변화하려 하지 않기 때문이다. 그러나 지금의 생활이 아무런 변화 없이 평생 이어진다고 생각하면 심각한 오산이다. 인생은 언제 어떻게 변할지 아무도 모른다. 성공적인 변화를 위해 인내심을 길러야 한다.

둘째. 근성을 키워라.

근성의 사전적 의미는 "뿌리가 깊게 박혀 고치기 힘든 성질"이다. 사전적인 뜻은 고집이 센 모습을 나타내지만, 실생활에서는 오기 있고 패기 넘치는 어감으로 많이 사용한다. 근성이 좋은 사람은 실제로 패기 넘치고 활동성이 좋다. 사람은 하던 일이 힘들면 포기하고 싶은 마음이 누구나 있다. 그때마다 이기는 사람은 승리하고 지는 사람은 패배하는 것이다. 나는 오래달리기를 좋아해서 이틀에 한 번씩 6km를 달리는데 뛸 때 마 다 가끔 중단하고 싶은 마음이 생긴다. 수십 년째 달려서 숙달될 만큼 숙달되었어도 중간에 가끔 포기하고 싶은 생각이 든다. 특히나 더운 여름에는 더하다. 그러면 인내심을 기르기 위해 죽어도 달린다는 생각으로 이를 악물고 달린다. 그러면 잠시 후 고비가 지나고 남은 거리는 더 이상 포기하고 싶은 마음 없이 안정을 찾아 완주한다. 나는 걷는 것보다 달리는 게 좋아 마라톤을 선택했지만, 마라톤을 하다 보니 마라톤은 인내심을 기르는데 아주 좋은 운동이다. 달리기를 좋아하기도 하지만 의지를 다지는 데 큰 도움이 된다. 무엇이라도 자신이 좋아하는 취미활동으로 근성을 가지고 악착같이 대들어 보자. 마음가짐이 새로워지면 생각과 마음이 넓어져 힘들고 어렵던 일들도 가볍고 쉬워지고 일도 술술 잘 풀린다. 마음만 고쳐먹어도 반은 성공한 것이다. 그만큼 변화는 어렵고 완전히 변하기는 더 어렵다. 그러나 변화해야 한다.

셋째. 목표를 세워라.

목표가 없으면 인내와 근성이 필요 없고 변화할 필요도 없다. 그저 되는 대로 살면 된다. 어차피 아무런 계획이 없어도 내일이면 내일 일이 생긴다. 이런 삶이 스트레스 없이 가장 편하게 사는 것 같지만 그 속에 내 삶은 없고 노 젓는 주인 없이 정처 없이 떠다니는 돛단배 같은 인생을 살아야 한다. 그래서 목표는 꼭 있어야 하며 목표를 세울 때는 하나가 아닌 적어도 다섯 개 이상 세부적으로 세우는 게 좋다. 목표가 많으면 목표를 달성하기 위해 부지런해지고 시간 활용을 잘하기 때문이다. 목표를 정하면 스스로 변화를 원한다. 목표달성을 위해 변화하다 보면 자신감이 생겨 내게 없던 능력이 마구마구 생기고 하고 싶은 일도 계속 늘어난다. 목표가 분명한 사람은 말투나 행동만 봐도 열정이 느껴진다. 매사가 성실하며 긍정적이다. 내가 노력하면 노력한 대가는 반드시 온다. 사실은 노력한 것보다 대가가 훨씬 더 크다. 나를 성공자로 만들기 위해 목표를 정하고 변화된 인생을 살자.

변화는 축복이다

변화해야 할 것

새해가 되면 정부 기관이나 기업 및 단체 등에서 시무식을 한다. 어제 하던 일을 오늘 이어서 하는 것이지만 어제는 작년이고 오늘 새해이니 새로운 각오를 다지기 위해 요식행위지만 대부분 신년모임을 한다. 신년이 아니어도 수시로 모여서 각오를 다지지만, 신년모임은 아무래도 마음속 다짐이 새롭고 크다 보니 많은 사람이 신년계획을 거창하게 세운다.

신년사를 들어보면 우리 모두 새롭게 변화된 마음으로 활기차게 임하여 올해는 더 발전하는 회사가 되어 세계 일류기업으로 성장합시다. 보통 이런 말들이 들어가고 이런 말은 어느 회사에서나 단골 인사다. 드라마나 영화에서도 많이 보고 듣고 했던 말이라 새로운 사람이 말하지만 새롭지 않다. 그저 다른 사람이 하는 똑같은 말로 들린다.

새로운 마음과 각오로 새해를 빛내자는 말이 왜 새롭지 않을까? 이유는 늘 듣던 말이고 나 자신도 늘 마음속에 있는 말이기 때문이다. 그럼, 우리는 왜 신년사에서 새로움과 변화를 강조하는 말을 반복적으로 들어야 하며 시대가 바뀌어도 그 말은 변하지 않는지 생각해 봐야 한다. 새로워진다는 것은 기존의 틀에서 벗어나 모양이 달라지는 것을 의미한다. 변화와 개혁은 자주 듣는 흔한 말이지만 이 말이 중요한 건 사실이다. 그럼 왜 변해야 하고 새로워져야 하는가? 이 질문의 답은 상황에 따라 개인에 따라 가지각색이라 한마디로 정의할 수 없지만, 돌고 돌아 결국엔 사람은 변화해야 성공할 수 있기 때문이다.

내가 확신하건대 사람은 변화하지 않으면 성공할 수 없다. 반대로 변화하지 않으면 실패한다.

변화하지 않으면 안 되는 이유와 변화해야 하는 이유를 생략한 채 인사말처럼 변화를 말하면 듣는 사람은 귓등으로 듣는다. 사람은 성별과 외모 성향을 갖고 태어난다. 가르쳐 주지 않았는데 재능이 있고, 먹어보지 않았는데 좋아하는 음식이 있다. 한 부모의 자녀라도 자녀마다 제각각 기질이 다르다. 그런데 타고난 기질이 좋으면 좋은 대로만 살고 나쁘면 나쁜 대로만 살아야 하는가? 그렇지 않다. 배우고 변화하기에 따라 전혀 다른 사람으로 살 수 있다. 그것을 사람은 본능적으로 안다. 알지만 이런저런 이유로 그렇게 못할 뿐이다. 사람은 변화의 본능이 있어 변화를 말하지만 무엇을 어떻게 변화해야 하는지 스스로 깨닫기 어렵다. 혹은 깨달았다 하더라도 변화하기 어려워 자신의 단점을 알면서도 버리지 못하고 달고 산다. 사람은 천부적인 재능을 갖고 태어나는 사람도 있지만, 대부분은 그저 이것저것 조금씩 다 할 줄 아는 평범한 사람으로 태어난다. 그래서 자신의 특기를 계발하지 못하거나 진로를 빨리 정하지 못한 사람은 이것저것 해봐도 도대체 내가 뭘 잘하는지 몰라 갈피를 못 잡는다. 조사에 의하면 죽을 때까지 자신의 진로를 찾지 못한 채 세상을 떠나는 사람도 많다고 한다. 변화는 개인에게 있어서 항상 좋은 기회를 제공한다. 성격이 모나면 둥글게 변화하고 지나치게 내성적이면 유머와 위트를 배워 활달한 성격으로 조금씩 바꿔가면 된다. 나는 원래 이런 사람이야 하고 자신 그대로의 모습으로만 살아가면 조금도 발전이 없다. 단언컨대 확실하게 없다. 성격도, 돈 씀씀이도, 마음씨도, 말투도, 행동도 변화해야 한다. 변화한다는 것은 달라지는 게 아니고 성장하는 것이다. 자신을 돌아볼 줄 모르는 사람은 변화하지 못한다. 자신은 예나 지금이나 열심히 하는데 왜 나는 일이 안 풀릴까 한탄하면 세상이 웃을 일이다. 세상에는 나만 사는 게 아니고 여러 사람이 살고 있으며 그 세상이 내게 맞추지 않는다. 세상이 나를 위해 변화하지 않는다. 내가 세상에 맞게 변화해야 한다. 변화해야 할 이유다. 변화는 공부이며 성장이며 성공이다. 변화해야 성공한다.

변화하지 말아야 할 것

변화는 태어나서 사회생활을 시작하고 인생을 마칠 때까지 할 수 있으면 계속해야 한다.

변화는 내 인생을 여러 모습으로 살게 하는 연극과 같다. 나의 부족함을 채워주고 모르던 것을 알게 하고 어제보다 나은 오늘을 살게 한다. 그러기에 항상 자신을 살피며 점검하여 좋은 모습으로 변화해야 한다. 변화는 선택이 아니고 필수라고 인식하고 계속 변화해야 변화하는 세상을 배우고 따라갈 수 있다.

우리 주위에는 변화해서 성공한 사람이 많이 있다. 대표적으로 한 사람을 예로 든다. 2002년 월드컵을 이끈 명장 히딩크는 네덜란드 실업팀의 미드필드였고, 그가 선수 생활할 때는 실력이 월등히 뛰어난 편이 아닌 평범한 선수여서 세계적인 선수로 활약하지 못했다. 선수 생활을 은퇴한 그는 자신의 소속팀이었던 에인트호번에서 보조코치로 지도자 생활을 시작했고, 히딩크는 지도자로 변신한 후 완전히 성공한 인생을 살았다. 일례로 자국팀 네덜란드를 98년 프랑스월드컵 4강에 올려놓았다. 그런 이유 등으로 우리나라에서 그를 초청하여 감독으로 세웠고 마찬가지로 우리나라를 2002년 월드컵에서 4강으로 이끌었다. 그 당시에는 우리나라 최고의 영웅이었고 우리 국민에게 할 수 있다는 희망과 용기를 심어주었다. 히딩크는 축구 무명인 한국을 일약 스타로 만들어준 대표적인 명장이 되었다. 그런데 만일 히딩크가 지도자로 변화하지 않고 축구계를 떠나 새로운 일을 했다면 오늘의 명성을 얻으며 살 수 있었을까? 히딩크는 적정한 시점에 성공적인 변화를 했다. 사람이 적정한 시점에 성공적인 변화를 하면 전혀 새로운 삶을 살 수 있지만 반대로 나쁘게 변화하면 후회하는 인생을 살아야 한다. 간혹 계속 변화를 시도하는 사람에게 줏대 없이 산다는 말을 하는 사람이 있다. 물론 그렇게 보일 수도 있고 실제로 그런 사람도 있다. 올바르게 변화하는 사람 대부분은 심지가 굳고 성품이 좋다. 성품이 좋다 보니 남을 먼저 생각하고 배려하며 좋은 말과 행동을 계속 배우며 자신을 변화한다. 그리고 변화하되 나쁜 쪽으로는 절대 변하지 않는다. 부정과 비리, 배신과 눈속임, 사기와 뇌물 등에는 관심도 없다. 오히려 더 철저하게 자신을 정직한 사람, 신뢰할 수 있는 사람으로 만든다. 살다 보면 이런 말을 종종 들을 때가 있다. 저 사람이 예전에는 안 그랬는데 어느 날 갑자기 변했어. 성격이 이상해져서 지금은 비유 맞추기도 힘들어. 과연 이 사람이 변한 건지 아니면 원래 까다로운 사람인데 착한 척을 하며 산 건지는 좀 더 두고 봐야 알겠지만 이런 사람은 변화한 게 아니고 원래 성품이 그런 사람일 가능성이 매우 높다. 사람은 더 좋게 변화하길 원하기도 하지만, 변하지 않는 듬직한 사람을 좋아하기도 한다. 10년 전이나 지금이나 한결같이 믿을 수 있는 사람, 마음 편한 사람, 믿고 맡길 수 있는 사람 이런 사람을 좋아한다. 이런 사람은 어딜 가나 귀하게 대접받는다. 변화한다는 것은 변덕 부리는 게 아니다. 시시각각 다른 행동을 하면 주위 사람들은 그 사람을 신뢰하지 않는다. 항상 정직하며 성실하고 정의로운 사람이 되어야 한다. 올바른 사람이 나쁜 사람이 된다는 것은 변화한 게 아니고 타락한 것이다. 사람이 의연한 모습으로 세파에 흔들리지 않고 꿋꿋하게 산다는 것은 아주 힘든 일이다. 때로는 세상과 적당한 타협을 하지 않으면 고지식한 사람으로 낙인찍히기도 한다. 그랬을 때 다가올 손해를 다 감수하며 옳게만 산다는 것은 대단한 사람이다. 세상과 타협할 일이 적은 세상이 깨끗한 세상이고 우리가 만들어 가야 할 세상이다. 그래서 옳게 변화해야 하며 옳은 게 나쁘게 변화하면 안 된다. 절대 변하지 말아야 할 것은 선한 마음과 옳은 의지와 신념이다. 내가 변하면 남도 변하고 남도 변하면 세상이 변한다. 성공한 인생을 위해서는 성공하는 모습으로 변화해야 한다. 성공하는 모습으로 변화하면 더 좋은 모습으로 계속 변화된다.

모든 변화에는 진통이 따른다

가만히 있으면 중간이나 간다는 말이 있다. 이 말은 잘 알지도 못하면서 아는 척했다가 사실이 아님이 밝혀지면 핀잔을 줄 때 나무라는 말 비슷하게 사용한다. 그런데 이런 말은 듣는 사람이 계속 들으니 아이러니(irony,

모순, 부조화)하다. 잘 알지 못하면서 아는 척하는 것도 좋지 않지만 내 생각을 말해야 할 때 잘못된 답을 할까 망설이는 경우도 좋지 않다. 우리나라는 예로부터 점잖음 중요한 미덕으로 여겨왔기에 서양사람들 같은 자유분방함이 부족한 건 사실이다. 자신의 소신대로 말하고 행동하는 일이 나쁜 게 아닌데 조금만 말이 많아도 주책없는 사람 취급을 당한다.

나서서 주장한 사람의 말이 틀렸다면 당연히 잠자코 있던 사람은 중간은 간다. 실제로 실력이 중간이어서가 아니고 그 사람의 진짜 실력을 모르니 그냥 중간으로 쳐주는 것이다.

그러면 어쨌든 가만히 있어서 중간이 되었다 해도 중간이 좋은 것인가? 가만히 있는 게 잘한 것인가? 몰라서 아무 소리 못 했다면 할 수 없지만, 괜히 말해서 틀렸다고 창피당하면 어떡하지! 라는 마음으로 아무 소리 안 하고 있었다면 이 사람은 평생을 중간도 못 가는 삶을 살아야 한다. 자신의 소신을 말하고 주장하는 것은 정답만 골라 말하는 것이 아니다. 토론이나 회의는 정답 없는 논쟁이다. 말하는 사람만 계속 말하면 더 이상의 좋은 아이디어가 안 나온다. 누군가의 소신 발언이 정답이 될 수 있다. 말은 주워 담을 수 없지만 걸러 들으면 되기 때문에 험담이나 비난 같은 나쁜 말이 아니라면 자신의 생각과 주장을 소신 있게 말해야 한다. 리더를 정할 때는 대부분 말을 잘하거나 말이 많은 사람으로 정해진다. 그들이 실력이 있어서 나서고 경험이 많으니 옳다고 주장한다고 생각하기 때문이다. 자신의 일은 자신이 결정해야 하는데 결정하지 못하는 사람이 많다. 특히나 진로를 정할 때가 가장 심하다. 앞서 밝힌 대로 사람에 따라서는 평생 자신의 진로를 찾지 못해 이것저것 시키는 일만 하다가 인생을 마치는 사람이 있다. 사람은 몰랐던 지식을 알게 되면 생각이 바뀌고 생각이 바뀌면 계속 새로운 지식을 찾는다. 배우고 공부하는 것은 자신의 지위를 높이는 좋은 방법이다. 이것이 변화되는 과정이다. 변화하면 새로운 세상이 열리고 새로운 기회가 온다. 또한 새로운 사람을 만난다. 변화된다는 것은 어느 날, 어느 때 한순간에 바뀌는 게 아니다. 우연한 기회에 무언가를 보고 듣는 순간 변화해야겠다고 마음먹는다. 살다 보면 분명 이런 순간을 자신이 느끼게 되는데 변화의 기회로 삼지 않고 그냥 지나치는 경우가 대부분이다. 세상은 공평하므로 누구에게나 변화할 기회가 온다. 변화할 수 있는 능력은 특별한 능력이므로 변화해야 할 때 변화하지 않으면 아무리 신시대가 와도 구시대 사람으로 살아야 한다. 아무리 변화하라고 설득해도 꼼짝도 안 하면서 자신에게는 성공의 기회가 안 온다고 한탄한다. 변화는 아무나 할 수 있지만, 누구나 다 하는 게 아니기 때문이다. 변화해서 성공하는 사람이 옆에 있어도 그 사람이니까 되는 거지. 아무나 되나 하고 변화하지 못하는 자신을 위로한다. 이런 생각이 머릿속에 굳어져 변화하지 못하게 철옹성을 쌓는다. 이런 어리석은 생각에서 빨리 벗어나야 한다. 세상의 주인은 나라고 생각해야 한다.

쌀이 밥이 되려면 뜨거운 밥솥에서 30분을 끓어야 맛있는 밥이 된다. 나비도 껍질을 벗고 날개를 펴는 진통의 과정을 벗어야 예쁘고 화려한 날갯짓을 할 수 있다. 나비에겐 껍질을 벗고 나오는 이때가 가장 힘들고 위험한 상태다. 날개를 펴는 나비주위에 천적이 널려있어 언제 나비를 잡아먹을지 모르기 때문이다. 모든 변화에는 진통이 따른다. 변화의 진통을 두려워하지 말고 변화된 새로운 모습에 도전해야 한다. 번영과 행복, 부는 공동 소유다. 내 몫도 있다. 변화하여 새로운 나를 만들면 크고 넓은 세상이 보인다.

늙어가는가. 익어가는가

익는다는 것은 음식이나 과일이나 최고로 맛있게 된 상태를 말한다. 이 상태를 조금만 더 지나면 음식은 타서 못 먹고 과일은 썩어서 버려야 한다. 그래서 오래도록 보관했다가 먹는 방법을 알고자 해서였는지 썩지 않게 보관해서 익혀 먹는 발효라는 것을 알게 되었다. 물론 선조들이 우연한 기회에 발견했겠지만 위대한 발견이다.

발효(醱酵)는 효모나 세균 따위의 미생물이 가지고 있는 효소의 작용을 말하며 주로 식품에서 많이 작용한다. 발효식품은 오랜 역사를 갖고 있고 초기의 발효식품은 술이 대표적이다. 초기 인류가 저장해 두고 먹으려고 했던 과일이나 나무 열매가 자연 발효되어 고인 물이 술이 되지 않았나 추측한다. 발효 음식은 음식에서 작용하는 미생물의 조합이 서로 잘 맞아 미생물의 효소 작용에 따라 인간에게 유익하면 발효되어 먹을 수 있고 유해하면 부패 되어 버려야 한다. 우리가 자주 해 먹는 매실도 설탕과 매실의 비율이 잘 맞아야 한다. 설탕을 너무 적게 넣으면 발효가 너무 빨라 매실이 썩을 수 있고, 반대로 설탕을 너무 많이 넣으면 발효가 더디고 설탕이 녹지 않고 남을 수 있다. 익는 과정과 썩는 과정은 비슷하지만, 정도의 차이에 따라서 성공이냐 실패냐로 나뉜다. 이렇듯 눈에 보이지 않는 미생물이 발효냐 부패냐를 나누는 결정적인 역할을 한다. 사람의 변화 과정도 과일이 발효되는 과정과 별반 다르지 않다. 사람이 태어나서 첫 번째로 변화되는 시기는 십 대 초반의 사춘기 시절이다. 이때는 남녀 구별 없이 누구나 신체와 정신이 변화되는 과정을 겪는다. 이때는 마음과 달리 밖으로 드러나는 말과 행동은 거칠고 신경질적이며 심하면 폭력적이기도 하다. 그러다 이 사춘기 과정이 잘 지나면 한층 성숙한 어른스러운 모습이 된다. 그리고 또 한 번의 변화 시기는 사춘기가 지나 성인이 되어 취업을 앞둔 시점에서 진로를 정하기 위해 변화를 생각하고 이후에는 인생의 무게가 느껴질 때마다 수시로 변화를 꿈꾼다. 변화는 마음먹었다고 손바닥 뒤집듯이 바꿀 수 있는 게 아니다. 또한 나를 바꾸면 다른 것도 다 바꿔야 하는 일이 생길 수 있어서 사회생활을 시작하면서부터는 가족이나 동료를 의식하지 않을 수 없다. 그러다 보니 변화가 필요하지만 망설이다 변화하지 못 하는 일이 자주 생긴다. 과일이나 산야초를 작은 미생물이 발효시킨다면 사람은 생각이 발효시킨다. 사람의 생각이 한순간 삐뚤어지면 자신을 부패한 인간으로 변화시키고 한번 부패하면 도려내서 새롭게 하기가 무척 어렵다. 끝내는 고치지 못해 인생을 망치는 사람도 많다. 생각은 항상 건강하게 깨어 있어야 한다. 산모가 태교하듯이 좋은 것만 보고, 좋은 것만 듣고, 좋은 것만 말하는 습관을 갖고, 항상 좋은 생각, 긍정적인 생각을 해야 한다. 산과 들도 계절마다 자신을 변화시켜 자신의 역할을 감당한다. 자연도 변화하며 새로운 모습을 보여주듯이 우리도 변화하여 새로운 모습을 보여야 한다.

이제 마지막 기회다

지금까지 변화해야 할 이유와 중요성에 대해서 길게 설명했다. 이제 마지막으로 간곡히 호소한다.

변화하십시오. 변화하지 않으면 성공하지 못합니다. 더 좋은 인생을 살 수 없습니다. 자신의 잠재능력을 깨워야 합니다. 변화하지 않으면 지금의 실력과 능력만으로 살아야 합니다. 그게 충분히 만족하고 이미 성공했더라도 변화하십시오. 변화하면 더 큰 성공을 거둘 수 있습니다. 성공하는 법을 찾고 있다면 그중에 제일은 변화입니다. 성공하고 싶으면 내가 성공하는 사람으로 변화해야 합니다. 성공이 나를 저절로 변화시키지 않습니다. 배우가 자기 배역을 전혀 다른 사람인 것처럼 연기하듯이 나도 내가 꿈꾸는 모습으로 변화해야 합니다. 성공을 위해 많은 책을 읽고 도전해도 변화하지 않으면 시간 낭비, 돈 낭비에 그치지 않습니다. 머릿속에 지식만 쌓이고 이론과 논리만 늘어 시간이 지나면 웬만한 강의와 어지간한 책들은 눈에도 안 들어옵니다. 자신은 아무것도 못 하면서 어느새 글쓴이의 평론가가 되어버립니다. 부자와 성공한 사람도 변화했기에 가능한 것이었습니다. 그들의 강연과 책을 볼 때 그들은 무슨 아이템으로 성공했을까? 얼마의 자본으로 시작했을까? 어디서 시작했을까? 이런 것들에 초점을 두고 정신을 집중합니다. 그러나 사업 아이템이나 자본 등은 성패의 결정적인 요인이 아닙니다. 지금 당장 짜장면집을 차려도 성공할 수 있고, 피자집을 차려도 성공할 수 있습니다. 마땅한 아이템이 없으면 만들어서 하면 됩니다. 너무 많다고, 이미 누군가 하고 있다고 안 되는 건 절대 아닙니다. 어떻게 하느냐가 중요합니다. 꼭 변화하십시오. 변화하면 무엇을 해도 성공할 수 있습니다.

가정마다 냉장고가 없는 집이 없다. 모두 다 사용하고 있는데 왜 계속 만드는지 생각해 보자. 더 좋은 냉장고를 만들면 소비자들이 구매하기 때문이다. TV도 세탁기도 마찬가지다.

우리가 배워 할 것은 무엇이 아니고 어떻게 이며 성공한 사람의 세상을 보는 눈이다. 그들이 어떤 마음과 자세로 임했는지를 배워야 한다. 그리고 성공한 사람들이 변화한 이유와 동기를 배워야 한다. 그리고 나도 변화하면 그때부터는 변화하는 삶을 사는 것이다. 그것도 성공하는 변화로 말이다. 그들이 성공한 아이템은 세상에 흔하고 널린 것들이다. 그리고 그들 또한 나와 같은 평범한 사람이다. 특별한 재주와 능력은 없다. 평범한 일상 중에 우연한 아이디어가 떠올랐을 때 무시하지 않고 받아들여 실천한 게 대박 난 것이다.

나는 사람이 바뀌기 어려운 걸 잘 알고 있다. 아무리 설득하고 변화를 강조해도 안 바뀐다. 자신의 단점을 잘 알기에 바꿔야 한다고 말하면서도 바꾸지 못한다. 아니, 바꾸지 않는다. 나는 심리학이 전공이 아니라 왜 그런지 모르겠지만 심리학적 해석이 있다 하더라고 그것이 정답은 아니라고 생각한다. 연구 결과를 무시해서가 아니라 사람의 심리를 한두 줄로 단정할 수 없고 수시로 변하기 때문이다. 그래서 사람의 심리를 정확히 판단하기 어렵다. 기분에 따라 상황에 따라 잠깐 변한 것은 변화가 아니라 임시방편 처세술에 불과하다. 산에 대충 심어놓은 나무도 잘 크는 나무는 알아서 잘 큰다. 사람도 성공하고 싶은 사람은 알아서 변화해서 성공한다. 가르쳐 주기 전에 이미 배울 준비되어있다. 준비되어있는 사람이 기회를 만나면 결과는 좋을 수밖에 없다. 변화를 받아들이는 사람은 생각이 열려있고 생각이 열려있으면 다양성을 인정하고 다름과 틀림을 구별한다. 반대로 생각의 폭이 좁으면 변화를 두려워하고 자기 보호 본능이 강해 남을 잘 안 믿는다. 그리고 경험하지 않았거나, 익숙하지 않은 일은 피하려 한다. 사람의 마음은 우주보다 넓다. 넓은 마음을 넓게 쓰기 바란다. 변화하면 성공하고 성공한 사람은 변화한 사람이다. 부디 변화하길 바란다.

그동안 무엇이 문제였나

생각의 기술

생각이 취미인 사람이 있는가? 아니면 생각이 특기인 사람이 있는가?

생각이 취미나 특기인 사람은 없다. 그렇지만 생각하지 않고 사는 사람은 없다. 취미생활은 여가에 주로 하고 특기는 장기 자랑 때나 가끔 보여준다. 그러나 생각은 살아있는 동안에 계속한다. 사람은 생각을 많이 하지만 그중에서도 가장 많이 하는 때는 고민이 있을 때다.

고민이 생기면 실마리가 보이거나 해결될 때까지 꼬리에 꼬리를 물고 생각이 이어진다.

게다가 부정적인 생각이 더 많이 들어와 불안해지고 초조해진다. 온종일 일이 손에 안 잡히게 고민하고 밤잠을 설쳐가며 고민해봐도 생각의 끝은 아무런 결론도 못 내고 가슴앓이로 끝난다. 이 피곤한 생각 때문에 정신병, 위장병, 심장병에 걸리기도 한다. 그렇다고 생각을 안 할 수도 없고 어찌해야 한단 말인가! 고민만 더해진다. 그러나 해결책은 아주 간단하다.

생각은 깊게 할수록 답을 못 구한다. 많이 할수록 결론을 못 내린다. 생각은 간단명료하게 해야 한다. 고민거리나 해결하기 어려운 문제일수록 생각을 짧게 해야 한다. 아예 문제에서 손을 떼라는 것이 아니다. 해결할 때까지 신경을 쓰고 방법을 찾아야 하지만 지나치게 깊은 생각은 금물이다. 연구원이나 범죄를 수사하는 수사기관이 아니면 짧게 자주 하는 것이 좋다. 이유는 해결책이 깊이 숨겨져 있지 않고 바로 내 주위 어딘가에 있기 때문이다. 그렇다면 어떻게 해야 해결책을 찾을 수 있을까? 일단 문제를 생각하고 답이 안 나오면 잠깐 다른 일을 하다 다시 생각해 보자. 그러면 문제해결에 큰 도움이 된다. 정신적 스트레스도 덜 받고 문제해결 능력도 키워진다. 생각의 전환. 이것이 생각의 기술이다.

일상적으로 하는 일도 방법이나 기술이 적용되면 훨씬 빠르고 간편하게 할 수 있다.

손과 발로 배우는 것 만이 기술이 아니다. 생각도 기술이 필요하다. 생각을 잘하는 기술. 생각은 언제 무엇이든 할 수 있지만 다 똑같이 생각하지 않는다. 벚꽃을 보고 봄을 생각할 수 있고, 열매를 생각할 수 있고, 기차여행을 생각할 수 있다. 어떻게 생각하는지에 따라 다양한 표현을 할 수 있다. 벚꽃을 보고 추억과 낭만을 생각하지 않고 벚꽃잎 쓰레기와 여행지에서의 바가지 상술을 생각해도 틀린 생각은 아니 지만 앞, 뒤의 생각은 즐거움이냐 괴로움이냐의 차이만큼 크다. 같은 말을 들어도 누구는 박수와 환호로 호응하는 사람이 있는가 하면 누구는 매사가 부정적이어서 반목으로 말을 끊어 놓는다. 생각이 긍정적이면 가능성이 계속 열리지만 반대로 부정적이면 열린 문이 계속 닫히기만 한다. 염려와 걱정이 신중함으로 작용해야지 부정적으로 작용하면 아무것도 할 수 없다. 땅이 꺼질까 걷지도 말아야 하고 사고 날까 운전도 하지 말아야 한다. 생각하는 방법은 누가 집중적으로 가르쳐주지 않는다. 자신이 스스로 익혀야 할 좋은 기술이다. 전문기술은 저절로 몸에 익혀지지 않고, 배우고 훈련해야 한다. 천부적인 재능이 있는 사람은 좀 더 빨리 배우겠지만 안 배우고 전문가가 될 순 없다. 배워서 하는 게 기술이나 학문이라면 생각은 배우지 않고 저절로 한다. 그러다 보니 깊이 생각하지 않고 생각나는 대로 생각한다. 생각 없이 기술이나 학문을 배웠는지 생각해 보자. 무엇을 생각하고 어떻게 생각하는지에 따라 자신의 인생은 순식간에 바뀐다. 대전에 살다가 서울로 이사 가면 내일부터는 서울 사람이 된다. 서울로 이사할 생각으로 삶의 터전이 대전에서 서울로 바뀐 것이다. 부자가 될 생각을 하면 부자가 되고, 강도가 될 생각을 하면 강도가 된다. 생각이 사람을 만든다. 생각이 세상을 바꾼다. 항상 긍정적인 생각, 진취적인 생각, 좋은 생각을 하는 것이 꼭 배워야 할 생각의 기술이다.

생각 장애인

우리는 신체장애, 정신장애, 성격장애에 대해서는 많이 들어 봤다. 그러나 "생각장애"는 못 들어 봤을 것이다. 의학계에 정식으로 보고된 논문이나 연구 결과가 있는지 모르겠지만 정신질환 같은 생각장애가 있는 사람이 아주 많다. 생각장애란 근거 없이 자기방식으로 집착해 결론 내어 단정 짓거나 판단하는 것을 말한다. 생각장애는 누구나 조금씩은 다 갖고 있다. 어떤 문제가 답이 분명하면 맞다 틀리다 둘 중의 하나지 맞을 수도 있고 틀릴 수도 있는 것은 없다. 상황에 맞게 옳고 그름을 판단하면 된다. 나도 예전엔 생각장애 중증 환자였다. 이 병은 약도 없고, 고쳐줄 의사도 없다. 굳이 치료하자면 정신과를 가야 하는데 질병인지 인식조차 없어서 갈 수도 없었다. 생각장애 중증 환자였던 내가 이병을 고친 것은 다름 아닌 바로 ˮ생각ˮ이었다. 내가 이 병을 앓은 것은 대충 15년이었고 고칠 수 있다거나 고쳐야 하는지도 모르고 남들도 다 그렇게 고민하며 사는 줄 알았다. 특히나 쓸데없는 해결본능이 발동하면 안절부절못해 그 일에만 매달려 신경이 곤두서곤 했다. 그러다가 이 일이 해결되면 다시는 이런 일이 안 생기겠지 하는 마음으로 문제를 해결했다. 그러나 문제는 계속 생겼고 문제가 생길 때마다 문제를 해결하고자 조급해하는 건 마찬가지였다. 그런데 이상한 것은 문제를 해결하고 이겨내도 내성이 쌓이거나 면역력이 생기지 않았다. 문제가 생길 때마다 어려운 건 마찬가지였으며 그럴 때마다 내가 인생 경험이 부족해서 나만 문제를 힘들게 해결하며 사는구나. 라고 생각했다. 그런데 그러던 어느 날 우연히 발상의 전환으로 이 병을 완전히 고쳤다. 고치게 된 계기는 아주 간단했다. 어느 날 너무 힘들어서 그 일을 포기해버렸다. 될 대로 되라는 식이었다. 집착할 필요도 고민할 이유도 없어졌다. 그리고 얼마 후 문제는 어느 순간 해결되었다. 이때 아주 큰 깨달음을 얻었다.

"그렇구나! 고민할 필요가 없구나."

고민한다고 꼬였던 문제가 풀리고 답이 나오는 게 아니라는 것을 깨달았다.

고민은 하면 할수록 마음은 아프고 괴로움은 더해간다.

사람은 고민이 생기면 거기에 집착해 생각이 굳어져 새로운 발상이 떠오르지 않는다.

문제는 대부분 내가 해결하지만, 남이 해주는 경우도 많으니 남의 도움도 구해야 한다. 그렇다고 문제를 남에게 떠넘기면 안 되지만 혼자서 해결하겠다고 끙끙 앓는 것도 좋지 않다.

생각장애를 극복하기 위한 방법은 다음과 같다.

첫째, 고민은 짧게 할 것.

둘째, 어떻게 하면 될지 해결방법만을 생각할 것,

셋째, 부정적인 생각을 버릴 것.

위 세 가지 방법에 자신만의 방법을 더해서 가볍게 생각하는 습관을 기르고 수시로 점검해보자. 혹시나 또 집착하고 있는 건 아닌지, 깊이 빠져있지는 않은지 점검하자. 단순화하면 모든 문제를 쉽게 해결할 수 있다. 이메일로 대용량 파일을 보낼 때 용량을 줄이기 위해 압축하듯이 모든 생각을 압축해서 하라. 생각장애를 병으로 생각하는 사람은 없지만 생각장애로 갈피를 못 잡는 사람은 리더도 오너도 되기 어렵다. 자라면서 형성된 성격은 바꾸기 어렵지만, 생각은 성격이 어떠하든 상관없이 바꿀 수 있다. 성격과 생각은 비슷하나 완전히 다르다. 그러나 매우 비슷하다. 공짜를 좋아하는 것은 성격이고, 천 원을 받을지 안 받을지는 생각이며, 아무리 친한 친구라도 천원인데 받을까 말까를 고민하는 것은 생각장애다. 자아가 형성되면 성격도 생각도 소신이 생긴다. 그런데 자아가 온전하지 않으면 소신이 없고, 원칙이 없으면 생각장애에 걸린다. 생각장애를 극복하고 소신 있는 사람이 되자.

인생지사 새옹지마

꿈보다 해몽(解夢)이라는 말이 있다. 이 말은 누구의 꿈을 해석해주는 것인데 악몽이라 할지라도 해석하기에 따라서는 좋은 일이 생길 수 있다는 말이다.

나는 하룻밤에 보통 두세 개 정도의 꿈을 꾸는 것 같다. 그것도 너무 생생해서 마지막에 꾼 꿈은 일어나서도 한동안 기억난다. 그러나 꿈이 현실과 연결되는 경우는 한 번도 없었고, 가끔은 악몽도 꾸지만 불안하지도 않다. 그저 꿈일 뿐으로 가볍게 여긴다. 다른 사람은 꿈이 현실이 되는 사람도 가끔 있다고 하지만 나는 그런 적이 한 번도 없었다. 꿈보다 해몽은 만사를 좋게 생각하라는 선조들의 지혜 있는 말이 아닌가 생각한다.

같은 일이라도 생각하기에 따라서는 웃고 넘어갈 수도 있고, 화를 내며 지적할 수도 있다.

실수로 깨트린 밥그릇을 보고 국그릇과 짝이 안 맞으니 그렇지 않아도 낡은 그릇이라 바꿀 생각이었는데 이번 기회에 바꾸자고 하면 실수로 인해 미루던 그릇 바꿀 일이 결정되는 순간이다. 실수를 탓하고 깨진 밥그릇을 아깝다고만 생각하면 밥그릇도 잃고 새로 살 기회도 잃는다. 생각하기에 따라 상황이 좋아질 수도 있고, 나빠질 수도 있다는 말이다. 생각과 관련된 예화나 동화중에 많이 들어 봤지만, 의미를 잘 모르는 고전 하나를 소개해 본다. 인생지사 새옹지마(人生之事 塞翁之馬)다.

옛날 중국의 변방에 노인이 살고 있었다. 그에게는 말 한 마리가 있었는데 어느 날, 그 말이 이웃한 오랑캐 땅으로 달아나 버렸다. 귀한 말이 오랑캐 땅으로 달아난 걸 안 동네 사람들이 노인을 위로하자 노인은 "혹시 무슨 복이 될지 누가 알 일이요?" 하고 대답했다. 그리고 몇 달이 지나자 달아났던 말이 오랑캐의 다른 말을 데리고 돌아왔다. 동네 사람들이 반가움에 이를 축하하자 이번엔 "그것이 무슨 화가 될지 누가 알 일이요?" 하고 대답했다. 그 노인 집에는 아들이 한 명 있었는데 달아났던 말이 돌아오자 말타기를 좋아하던 노인의 아들이 그 말을 타고 달리다가 떨어져 다리가 부러졌다. 깜짝 놀란 동네 사람들이 노인을 위로하자 "이것이 혹시 무슨 복이 될지 누가 알 일이요?"라고 했다. 그리고 얼마 후, 오랑캐들이 요새에 쳐들어오자 장정들은 활을 들고 전쟁에 나갔고 전쟁으로 변방 사람이 많이 죽었는데, 노인의 아들은 다리를 쓸 수 없는 까닭에 전쟁에 나가지 않아 부자 모두가 화를 피할 수 있었다. 는 얘기로 사실을 조금 과장해서 예화로 만들었다.

이 예화는 회남자(淮南子) 인생훈(人生訓)에 나오며, 이때부터 변방에 사는 노인의 말이란 뜻에서 '새옹지마(塞翁之馬)'가 유래되었다.

《사자성어는 글의 생략이 많아 지은이의 뜻을 알지 못하면 해석에 많은 어려움이 있다.》

노인이 마치 앞날을 내다보듯 말해서 산속의 신령한 도인처럼 느껴지는 이야기다. 이 이야기의 주인공은 노인이고 조연은 말이며 아들은 극 중 인물이다. 이 이야기를 읽으며 노인은 몇 살까지 살다 죽었을까? 달아났던 말은 왜 오랑캐 말을 데려왔을까? 아들은 장가를 갔을까?

이런 아이 같은 생각을 하는 사람은 없을 것이다. 이 이야기 속 교훈은 주인공인 노인의 말에 있다. 좋다고 좋아할 것만이 아니고 나쁘다고 나빠할 것만이 아니라는 것이다. 찌그러진 양재기도 언젠가는 개 밥그릇으로 요긴하게 쓰일 때가 있듯이 지금 닥친 상황이 끝내 최종 결론이 될 거라고 단정하는 것은 미숙한 생각이다. 복이 화가 되고 화가 복이 되는 변화는 예측할 수 없다. 반전 있는 드라마처럼 세상일을 누가 배배 꼬는 것 같다. 그러나 아무리 꼬여도 풀 수 있다. 또는 굳이 풀지 않아도 알아서 풀린다. 그래도 안 풀리면 꼬인 대로 두는 게 맞는다고 생각하면 된다. 그 상태로 시간이 지나 굳어지면 그런대로 조화가 맞는다. 내 생각 대로하면 잘될 것 같아도 내생각이 완전히 틀릴 수도 있다. 기다려보면 안다.

생각은 과정이지 결론이 아니다

세상일을 일일이 알 수 없어도 세상일 변화가 한여름 장마철처럼 맑다가 갑자기 소나기 오듯 하지 않는다. 경험 많은 변방의 노인은 세상일이 바뀐다는 것을 잘 알고 있었다. 그러기에 자만하지 않았고 슬퍼하지 않았다. 인생지사 새옹지마다. 좋은 일도 나쁜 일도 생각하기에 따라서는 다 복이 될 수 있다. 생각은 엘리베이터와 같다. 어디서 몇 명이 타든 목적지까지 데려다주듯이 생각도 어떤 일이 생기면 생각이 시작되고 어떻게 결론 지을지를 뇌에 계속 전달해준다. 생각은 결론을 내기 위한 과정이지 최종 결론이 아니다. 주위 사람에게 어떤 부탁을 받으면 생각해 보고 마음에 결정이 서면 연락하겠다고 대답한다. 바로 결정할 수 있어도 대부분은 생각하는 과정을 거친다. 부탁받은 일이 자신에게 유리하거나 득이 되는 일이라면 한두 가지만 확인하고 별다른 문제가 없으면 바로 결정을 내리지만, 금전적인 부탁이나 자신의 계획이 변경되는 일이라면 거절의 의미도 포함되어 있어 일부러 시간을 끌기도 한다. 생각은 사람만 하는 게 아니고 동물도 한다. 그러나 사람이 동물과 다른 점은 사람은 이성적인 판단이 가능하지만, 동물은 이성적인 판단을 할 수 없다는 것이다. 동물도 가끔 이성적인 판단을 하는 듯한 행동을 하지만, 그것은 이성적이라기보다 생존 본능에 의한 자연스러운 행동이다. 그러나 사람은 자신의 이익 여부를 떠나 남을 위한 희생과 배려의 생각을 한다. 만일 그렇지 않고 자신만을 생각한다면 우리 사회는 정상적인 사회가 될 수 없고 이해와 양보가 없다 보니 폭력과 전쟁만이 난무할 것이다. 사람은 무슨 일이든 생각하고 고민한 후에 결정하지만, 가끔은 과거의 경험을 바탕으로 "느낌"대로의 결정을 하기도 한다. 느낌이나 촉은 사람마다 살면서 겪은 경험이나 배운 지식에 기반하고 누구에게나 다 있다. 과거에 겪었던 비슷한 일이 자신이나 주위 사람에게 생기면 자연스럽게 느낌이나 촉이 발동한다. 그래서 정확한 근거나 데이터 없이 그날의 기분이나 순간적인 감정으로 그럴 것이라고 결론을 내린다. 다행히 느낌대로 결론이 맞았다면 잘된 일이지만 그렇지 않다면 일만 그르친다. 그래서 자신의 감이나 촉을 너무 의지하면 실수가 생기므로 주의해야 한다.

범인을 검거하는 수사관들도 실마리가 안 잡히거나 명확한 단서가 없으면 그동안의 수사 경험을 활용해 감으로 용의자를 지목하거나 단서를 확보하기도 하지만 감이나 촉을 신봉하여 증거를 무시한 수사를 하지는 않는다. 생각은 생각대로 최선의 결론을 내기 위해 해야 하고 감이나 촉은 어쩌다 한번 다른 증거를 찾기 위한 힌트라고 생각해 분별해서 판단해야 한다. 그리고 감이나 촉은 생각의 과정이 아니고 즉흥적인 순간의 기분이다. 당연히 생각하고 내리는 결론보다 정확성이 떨어질 수밖에 없다. 생각은 찍기가 아니다. 정답을 전혀 모르는 상태에서 왠지 3번일 것 같다고 3번으로 고르는 것과는 완전히 다르기 때문이다. 생각은 좋은 결론을 내기 위한 중요한 과정이므로 여러 방면으로 다양하게 생각해야 한다. 그래서 경험이 많은 사람이나 열린 마음으로 다양한 생각을 하는 사람과는 대화에 막힘이 없고 답답함이나 선입견이 느껴지지 않는다. 당연히 대화의 결론이 좋게 끝난다. 그러나 편견과 관례 대로만을 고집하는 사람과의 대화는 주고받는 대화가 아닌 주로 듣는 것으로 끝난다. 답은 정해져 있고 이 일을 왜 하는지 이유만 설명 듣는 기분이다. 그런 사람들은 자기 말대로만 하면 모든 일이 실패 없이 끝난다고 생각한다. 그러니 다른 방법도 필요 없고 다른 사람의 의견도 들을 이유가 없는 것이다. 그렇다고 이런 방법이 항상 틀리는 건 아니지만 이런 방법은 아이들을 데리고 소풍 가거나 동물원에 놀러 갈 때 인솔자가 하는 행동이다. 생각은 결론을 내기 위한 과정이므로 좋은 결론에 이르려면 좋은 생각을 해야 한다.

과거는 지난 일이다

사람이 생각한다는 것은 본능이고 정상적인 두뇌 활동이다. 그래서 온종일 많은 생각을 하며 살아가지만 하고 싶은 생각을 하는 것은 불과 몇 개 안 된다. 공부할 때나 업무를 보면서도 집중력이 잠깐 흐트러지면 어느새 잡생각이 나를 지배하고 있다. 심지어는 대화 중에도 잡념으로 상대방의 말을 못 알아듣는 때도 있다.

생각은 항상 하지만 내가 하고 싶은 생각보다는 쓸데없는 잡생각을 더 많이 하게 된다. 내가 하던 생각이 어느새 곁길로 빠져있고 전혀 상관없는 잡생각이 내 머릿속에 왔다 갔다 한다. 그중에서도 나를 괴롭히는 것은 지난날 창피한 모습이다. 나도 문득 과거의 창피한 일이 생각나 온몸이 뒤틀리는 듯한 경험을 종종 하곤 한다. 그게 실수였든 무식해서 망신을 당한 일이든 가끔 과거의 일이 생각난다. 내가 지난날을 한 점 부끄럼 없이 정도로만 살아온 건 아니지만 분명 잘한 일도 있을 텐데 잘한 일은 거의 생각 안 나고 부끄럽고 창피한 일만 생각난다. 그럴 때마다 쥐구멍에라도 숨고 싶고 그 일이 밝혀져 지금의 내 이미지에 타격을 입을까 감추고 싶었던 적도 있었다. 그러나 비록 과거의 일이지만 내 실수고 내가 잘못 한 일이 맞다. 부끄러운 일이라고 부정하고 싶지는 않으니 말이다.

사람은 실수할 수 있고, 몰라서 잘 못 할 수도 있다. 실수는 숙련하면 줄일 수 있고, 잘못은 고치면 바꿀 수 있다. 아무리 세상이 바뀌고 사람이 바뀌어도 실수와 잘못은 없어지지 않으니 주의하면 된다. 하물며 지나간 내 인생 과거의 일을 부끄러움으로 의기소침해서 미래마저 망쳐 버린다면 그것은 미래에 부끄러워할 일을 오늘 되풀이하는 것이다. 과거는 지울 수 없고 잊을 수 없는 개인사임이 틀림없다. 그러나 과거의 나로 미래의 나를 발목 잡아서는 안 된다. 과거는 미래의 거울이므로 잘못을 반성하고 성숙한 모습으로 미래지향적인 삶을 살아야 한다. 나는 지금까지 무엇을 하며 살아왔는지 돌아보자. 그리고 타인에게도 물어보자. 지금 자신의 삶에 만족하고 그 이상 바랄 게 없다고 말하는 사람이 과연 몇 명이나 있는지 말이다. 자신이 원하는 바를 다 채우고 남부러울 게 없이 산다는 것은 지나친 욕심일지 모른다. 부와 권력이 있고 재능마저 뛰어나 화려하게 보이는 사람도 남모를 아픔과 고통이 있다. 어떤 사람은 집안 배경이 좋아 출발부터 좋은 사람이 있고, 어떤 사람은 빈손으로 시작하는 사람이 있다. 객관적인 상황으로는 불공평하지만 그렇다고 불공평하다고 원망만 하고 있으면 나는 끝없이 추락해야 한다. 분명히 내게도 남들이 부러워하는 장점이 있으니 내가 무엇을 잘하는지 살펴봐야 한다. 힘센 사람이 약한 사람을 이기는 건 당연하지만, 약한 사람이 힘센 사람을 이기려면 천고의 노력이 필요하다. 노력의 과정은 힘들고 어렵지만 잘 견뎌 이겨내면 노력의 결과는 상상을 초월하여 내게 보답한다. 노력이라는 것은 자신이 한 것보다 훨씬 더 많은 보상을 하기 때문이다. 그리고 성공을 이루기 위해 노력하는 과정 중에 많은 것을 배운다. 그중에서도 인내를 가장 많이 배운다. 그 이유는 모든 결과 전에는 쓰디쓴 인내가 있고 인내의 길은 신호등 없는 평탄한 고속도로가 아니기 때문이다. 인내의 길은 신호도 있고, 좌회전, 우회전, 후진도 있다. 그리고 너무 멀다. 그렇기에 인내의 길에서 많은 사람이 돌아선다. 그러나 인내의 길에서 돌아서면 시간이 흐른 후에 인내하지 못한 자신을 자책하며 후회하는 과거의 일을 또 만든다. 이렇게 자책과 반성으로 후회하는 인생을 만들면 만들수록 후퇴하는 인생을 살아야 한다. 아무리 미래만 바라보고 과거를 잊으려 해도 과거의 일은 생각난다. 과거보다는 현재가 중요하고 현재는 미래를 결정한다. 오늘은 내일의 어제이므로 어제보다 나은 오늘을 살아야 한다. 아무리 잘 살아도 미래에 있는 나는 과거를 후회한다. 미래에 덜 후회하기 위해 오늘 최선을 다해 살아야 한다. 오늘의 삶이 내일이다.

작든 크든 똑같다

생각을 키워라 1

현재 세계에서 가장 높은 빌딩은 두바이에 있는 부르즈 할리파로 높이는 828m다. 그러나 2021년에 완공을 눈앞에 둔 사우디아라비아의 수도 제다에 세워지고 있는 제다타워의 높이가 무려 1,000m이니 곧 왕좌를 뺏기게 될 것이다. 건물 높이가 1,000m 즉, 1km는 오래달리기를 좋아하는 내가 러닝머신 위에서 시속 12km로 5분을 달려야 뛸 수 있는 거리다. 생각 해보라. 얼마나 높은 건물인지. 축구 경기에서 선수가 뛰는 축구장 길이가 105m이니 축구장 열 개를 이어야 건물 하나 높이가 된다. 그렇다면 우리나라에서 가장 높은 건물은 무엇일까? 그것은 서울 잠실에 있는 제2 롯데월드타워로 123층에 높이는 555m다.

그렇다면 높은 빌딩이 있으면 넓은 빌딩도 있을까 해서 조사를 했는데 아쉽게도 넓은 빌딩에 대한 자료는 확인되지 않는다. 동네에 있는 고층 아파트가 보통 15층이라고 했을 때 아파트 높이는 50m 정도다. 2021년에 완공될 사우디아라비아의 제다타워는 보통 아파트의 20배나 더 높다. 15층 아파트 아래에서 위를 쳐다보면 어질어질한데 1,000m나 되는 건물을 밑에서 쳐다보면 과연 몇 층까지 볼 수 있을지 궁금하다. 그렇다면 왜 사람은 넓은 것보다는 높은 것을 선호할까? 그것은 나라와 민족을 떠나 사람에게만 있는 수직적 관념 때문이다. 넓은 것은 평평하고 다수를 나타내며 내려다보지만, 높은 것은 아래에서 올려 봐야 하고 솟구치며 소수를 나타낸다. 그러다 보니 높이 쌓아서 남들보다 우월해지고 싶은 인간의 본성을 탑이나 건물로 나타내는 것이다. 고대시대에도 바벨탑을 쌓는 일이 있었고, 한없이 높아지려 하는 교만한 마음이 있었기에 하나님의 진노로 무너져 내린 사건이 있었다.

그때가 지금부터 대략 4,400년 전이니 아무리 높이 쌓았어도 1,000m는 안 됐겠지만 무너져 없어졌으니 그 높이가 얼마인지 알 수 없다. 이렇듯 그 옛날부터 인간은 넓음 보다는 높음을 추구했음을 알 수 있고, 또한 앞으로 얼마나 더 높은 건물이 세워질지 지켜봐야 할 일이다. 제다타워 높이를 사람과 비교하면 사람 평균 키의 58배나 된다. 그러니 제다타워 꼭대기에서 아래를 내려다보면 사람이 개미만큼 보일 것이다. 그런데 건물 높이에 비하면 개미 정도의 크기밖에 안 되는 사람이 어떻게 자기 몸의 58배나 되는 높은 건물을 지을 수 있단 말인가. 사람의 능력이란 어디까지가 한계인지 궁금하다. 건물을 지으려면 건축자재만 필요한 게 아니라 각종 기계 장비가 필요한데 기계 장비 또한 상상을 초월하는 최신 장비가 아주 많다. 인간의 능력에 다시 한번 감탄할 수밖에 없다. 사람이 건물을 짓거나 장비를 만들려면 지식이나 기술이 있어야 하는데 그 지식이나 기술을 갖게 하는 것이 바로 생각이다. 높은 건물을 지어야겠다는 생각. 최첨단 장비를 만들어야겠다는 생각. 바로 이 생각이 없었다면 높은 건물이든 낮은 건물이든 존재할 수 없다. 능력의 한계는 없다. 생각의 한계가 있을 뿐이다. 그러니 생각한 대로 상상한 대로 연구와 노력 끝에 결과를 만들어낸다. 지금도 세상은 생각하는 사람들의 결실에 따라 끊임없이 변하고 발전하고 있다. 세상이 생각을 바꾸는 게 아니고 생각이 세상을 바꾼다. 생각한 결과에 따라 건물만 높이 올라가는 게 아니라 사회 전반이 급속도로 발전한다. 이 모든 것은 사람이 하는 일인데 그렇다고 현장에서 직접 공사한 사람이 했다고 하지 않는다. 그 일을 기획한 사람이 했다고 한다. 생각이 크지 않은 사람은 절대 큰일을 할 수 없고 한평생을 오밀조밀 소소하게만 살아야 한다. 자신의 삶은 소박하고 검소하게 살더라도 생각은 키워서 큰 꿈과 목표를 가져야 한다. 생각이 큰 사람이 많아야 개인도 국가도 발전한다. 생각이 크면 일과 사업도 크게 하고 많이 할 수 있다. 모든 일은 생각부터 시작하므로 큰 성공을 바란다면 생각을 크게 해야 한다.

생각을 키워라 2

돈을 잘 버는 부자는 돈이 돌게 하거나 돈이 어디로 도는지 안다. 즉, 돈 가까이에 있는 것이다. "서당 개 삼 년이면 풍월을 읊는다."는 속담이 있듯이 부자와 삼 년만 같이 다니면 부자의 반만큼은 부자 된다. 능력에 따라서는 그 부자를 넘어설 수도 있다.

그런데 자신을 너무 과소평가한다. 사람이 모든 일을 다 잘할 수 없지만 한두 가지는 잘하는 게 있다. 그것이 자기의 능력인데 그마저도 자기 것으로 계발하지 못하고 흙 속의 진주처럼 파묻혀 있다. 진주는 흙 속에 있는 것이 아니다. 조개 속에 있다.

내가 2002년 안면도 꽃 박람회 때 가족여행을 간 적이 있었다. 꽃피는 계절에 좋은 날씨여서 사람이 인산인해를 이뤄서 그야말로 사람 반 꽃 반이었다. 어쨌든 사람 구경 꽃 구경을 실컷 하고 저녁에 펜션에 들어가 허기진 배를 채우고자 삼겹살에 조개구이를 해 먹었다.

그렇게 즐거운 시간을 보내며 먹는 중에 내가 집어 든 조개를 먹는 순간 딱 하면서 뭉툭한 게 씹혀서 깜짝 놀랐다. 나는 평소에 이가 약해서 잘 썩고 깨지기에 이 관리를 철저히 하고 있었지만, 삼겹살에 있는 오도독뼈를 모르고 씹어 이가 또 깨진 줄 알았다. 그래서 조심히 뱉어 보았더니 이가 아니고 조갯살 속에 있던 진주였다. 진주가 조개에서 나는 건 알았지만 조개 속의 진주를 직접 보는 건 처음이었다. 처음엔 믿기지 않아 여러 번 살펴보고 만져 봤는데 진주가 맞았다. 다만 아쉽게도 그 조개가 어려서인지 진주 색깔이 은색의 반짝이는 보석이 아니고 아직 영글고 있는 녹색으로 3mm 정도의 익어가는 진주였다. 그때는 이가 깨진 게 아니라는 안도감이 진주를 발견한 기쁨보다 더 컸다. 그리고 시간이 조금 지나 진주를 발견한 신기함에 뒤늦게 뜻밖의 행운에 펄쩍 뛰었다. 그래서 나중에 그때 그 진주 사건을 지인들에게 말하면 믿지 않거나 호기심이 덜 할까 봐 아직도 가보처럼 간직하고 있다. 여기서 조개와 진주로 큰 비유를 얻어보자. 조개는 바로 자신이고 진주는 잠재능력이며 자신이 할 수 있는 생각이다. 진주는 조개의 알이 아니다. 조개가 인고의 세월을 보내며 만든 보물이다.

(진주는 조개의 몸속에 이물질이 들어오면 몸을 방어하기 위해 맑은 물질을 분비해서 이물질을 감싸는데 이 층이 두꺼워 지면서 진주가 되며 진주가 되는 기간은 약 2~4년 정도다) 그릇이 커야 많이 담을 수 있듯이 생각이 커야 큰일을 할 수 있다. 큰일이라고 해서 세종대왕이나 이순신 장군처럼 큰 업적을 남기라는 게 아니다. 자신의 가두리 생각에서 벗어나는 것부터가 큰일을 하는 것이다. 발상의 전환, 생각의 전환은 마음만 먹으면 아무 때 나 할 수 있을 것 같아도 평생 못하는 사람이 아주 많다. 마음먹기가 힘들고 생각을 바꾸는 것도 힘든데 자신 생각을 현실로 이루는 것은 더 힘들다. 조개가 인공진주가 아닌 자연상태에서 천연진주를 만들어내는 확률은 만개 중에 한 개다. 만개의 조개 중에 한 개의 조개에서 진주가 만들어지며 그 진주가 상품 가치를 인정받을 만큼 예쁜 진주가 될 확률은 더욱 낮아진다. 게다가 진주를 만들다 죽는 조개도 많고 이물질이 들어오면 방어도 못 하고 죽는 조개도 많다. 사람도 성공을 꿈꾸지만, 성공 확률은 조개가 진주를 만드는 것보다 더 낮다.

진주는 보물이 되어 가만히 있어도 오래도록 가치를 인정받지만, 사람이 이뤄 놓은 일은 가만히 있으면 대부분 도태한다. 계속 더 크게 더 새롭게 무언가를 해야 한다. 한시라도 꿈틀거리지 않으면 순간의 방심이 성공을 옛날얘기로 만들 수 있고 경쟁에서 밀려나 잊힌다. 생각을 어떻게 하는지는 그 사람 자유지만 생각을 복되게 해야 한다. 생각을 복되게 하면 당연히 복된 일이 생기고 하는 일이 원만하게 잘 된다. 그리고 판단과 결정은 빠르게 하고 결정한 일은 심사숙고해서 진행해야 한다. 어떤 생각을 하고, 어떤 판단을 하는지에 따라 전혀 다른 인생을 산다. 생각을 키우면 자신감도 커지고 목표도 커진다. 큰일은 큰 생각을 가져야 할 수 있다.

비로소야 깨닫는 것들

현재 우리나라 자동차 등록 대수는 약 2천만대로 두 명당 한 명이 자동차를 소유하고 있는 셈이다. 경제가 발전하면서 자동차 산업도 급속도로 발전하여 지금은 각 가정에 승용차가 없는 집이 거의 없고 가정 필수품이 된 지 이미 오래다.

게다가 우리나라는 자동차 제조 강국으로 세계에 명성을 높이고 있다. 자동차는 생활의 편리함과 물류의 혁신을 가져다주었다. 초기의 자동차는 단순히 빠르고 안전한 이동이 목적이었는데 이제는 또 다른 생활공간이 되어 집안에서 누릴 수 있는 안락함을 차에서도 누릴 수 있게 만든다. 그래서 단순한 이동수단이 아닌 전자제품 수준으로 성능과 기능이 다양해졌고 편리성이 아주 좋아졌다. 그리고 보면 요즘 시대에 사는 우리는 복받은 세대임이 틀림없다.

그러나 아무리 최고급 승용차를 갖고 있어도 운전을 못 한다면 그 자동차는 무용지물이 되고 운전을 하더라도 서툴러서 인근 거리만 왕래하면 그것도 자동차를 충분히 활용하지 못하는 것이다. 자동차의 가치를 충분히 활용하려면 능숙한 운전 솜씨가 필요하다. 그러면 자동차로 인해 얻는 이익과 삶의 만족도는 한층 더 올라간다. 자동차를 잘 다루려면 운전을 잘해야 하고 길을 잘 찾아야 한다. 운전을 아무리 잘해도 길눈이 어두우면 돌아가는 일이 자주 발생하고 시간과 비용을 낭비하는 이중고를 겪는다. 운전실력도 발전하는 단계가 있으니 배운 대로 침착하게 주행하다 보면 실력이 점점 늘어서 운전이 익숙해지고 자신감이 생긴다. 그리고는 나도 열심히 하면 된다는 것을 깨닫는다. 그러면 운전이 재미있고 장거리 운전이라 할지라도 두려움이 없어진다. 그리고 완전한 운전 솜씨를 갖추게 되면 처음에 면허를 따서 운전했던 초보운전 시절을 생각한다. 사고 날까 두려워 긴장하며 운전대 꼭 붙잡고 경직되게 운전했던 모습 말이다. 무엇이든 처음이 어렵지 깨닫고 나면 쉬워진다는 말을 자주 듣는다. 깨달음은 모르는 것을 알았다는 것이다. 모르는 것을 알기 위해서는 배우고 익혀야 한다. 기술도 지식도 깨치기 위해서는 배움의 과정이 필요하다. 간혹 빨리 깨달아 숙달하는 사람이 있고 더디 깨달아 늦는 사람이 있다. 그러나 빠르고 늦고는 별다른 의미가 없다. 결국은 깨달았는지, 못 깨달았는지가 중요하니까 말이다. 그런데 이런 깨달음을 방해하는 요소가 몇 가지 있다. 그 중에서도 대표적인 것이 고정관념, 관례, 전통이다. 깨닫는다는 것은 빈자리에 무엇을 채우는 게 아니고 잘못 알고 있는 것을 올바르게 아는 것이고 더 깊이 아는 것이다. 사물의 이치와 순리를 알고 통찰력 높은 지식이 한층 높아지는 것을 말한다.

간혹 깨달음을 얻기 위해 산으로 간다, 해외로 간다 하는 사람들도 있지만, 그 사람들이 깨닫고자 하는 것과 성공하기 위해 노력하는 깨달음과는 완전히 다르고 별개다.

철학적 깨달음도 중요하지만 여기서는 성공하는 깨달음을 말하고 있으므로 깨달음의 방향과 길이 다르다. 사람의 성장은 깨달음에서 온다. 인간관계도 가족관계도 부부관계도 사업도 깨달음이 많을수록 관계가 원만하고 마음이 넓어지고 여유가 생겨 성공 가능성이 높아진다. "모난 돌이 정 맞는다." (튀어나온 돌을 다듬기 위해 망치질한다는 말) 는 속담대로 자신이나 남의 단점을 쳐내려고만 하면 결국엔 남는 게 아무것도 없다. 그러나 튀어나온 돌 사이를 흙으로 메워주고 다듬으면 뾰족함이 사라지고 평평해진다. 잘라서 줄이는 것보다 붙여서 넓이는 게 훨씬 더 나을 때가 있다. 깨달음은 지식을 얻는 것과 자기반성이다. 깨달을수록 자신의 모습이 보이는데 자랑거리보다는 부족한 모습이 더 많이 보인다. 굶어봐야 한 조각 빵의 소중함을 알고, 목이 말라봐야 한 모금 물의 소중함을 알듯이 만물을 소중히 여기고 겸손한 자세로 살아야 한다. 한 번 가면 다시 오지 않는 오늘이다. 비로소 깨달아야 알 수 있는 길이 성공의 길이고 그 길의 운전대는 내가 잡고 있다. 모범 운전자가 되자.

오늘 할 생각을 내일로 미루지 마라

오늘보다 나은 내일을 살기 위해서는 오늘 무언가를 계획하고 내일을 기다려야 한다.

한강 물이 하염없이 흐르듯 오늘 하루를 하염없이 산다면 평생을 살아도 성공하는 인생은 없다. 누구에게나 한 번의 삶은 소중하다. 삶은 연습할 시간, 훈련할 시간이 따로 없고, 연습과 실전을 동시에 하면서 산다. 인생은 한번 지나면 그것으로 끝이니 생각과 다짐, 계획이 반드시 있어야 멋진 인생을 살 수 있다. 삶이 이처럼 중요한데 지식은 가르쳐도 인생은 가르치지 않는다. 심지어는 부모나 가족도 인생을 가르치기보다 공부 잘하는 법 돈 잘 버는 법을 가르친다. 물론 공부 잘하고 돈 잘 벌면, 그렇지 않은 사람보다 더 잘 살 수는 있지만, 출세와 부귀영화가 성공 인생의 척도(尺度. 측정하거나 평가하는 기준)는 아니다. 부와 명예가 있어도 불행한 사람이 있고 허름한 집에 살아도 행복한 사람이 있다. 사람마다 성공의 기준이 다르고 만족도가 달라서 차이는 있겠지만 분명한 건 자신이 만족하는 삶을 살아야 성공하는 삶을 사는 것이다. 사람은 저마다 성향이 달라서 한 사물을 놓고도 생각이 다 다르다. 그러다 보니 자연스럽게 편이 갈라지고 뜻이 맞는 사람끼리 모이는 것도 어쩌면 당연한 결과다.

학문에는 교과서가 있지만, 인생에는 교과서가 없다. 인생 교과서는 누가 만들 수도 없고 만들지도 않는다. 세상에 나와 있는 좋은 책들이 교과서 역할을 하지만 그대로 똑같이 살려 하는 사람은 없고 그 지식을 참조하고 배우되 자기방식을 더해서 사는 정도다. 그리고는 세상이 험난하고 천태만상이다 보니 교훈과 가르침을 남기고 싶은 마음에 자신만의 교과서를 또 하나 만든다. 성인이 되면 자기 일은 스스로 결정해야 한다. 그래서 주위 사람에게 묻기도 하고 혼자 알아보기도 한다. 다행히 자신이 하고 싶은 일을 누군가 하고 있다면 손쉽게 물어보고 배울 수 있지만 새로 개척하는 생소한 일이라면 혼자 열심히 한 후에 하늘에 운명을 맡겨야 한다. 그러나 배우고 하든 못 배우고 하든 그 사람은 그 사람이고 나는 나므로 그와 내가 같은 일을 한다고 같은 결과가 나오지 않는다. 당연히 잘하는 사람이 빨리 자리 잡고 못 하는 사람은 뒤 처진다. 세상일이 마음먹은 대로 다 잘되는 것은 아니지만 마음조차 안 먹으면 아무것도 안 된다. 그러기에 잘되면 잘되는 대로의 마음가짐이 필요하고 안 되면 안 되는 대로의 마음가짐이 필요하다. 성공으로의 지름길 중 하나는 두말할 것 없이 부지런함이다. 부지런하지 않으면 성공이 달라붙지 않는다. 열심히 하고 쉴 때는 쉬더라도 일은 부지런하게 해야 한다. 부지런하기 위해서는 항상 머릿속에 메모하는 습관과 계획이 있어야 한다. 계획은 일정을 말하기도 하지만 목적과 목표를 말하기도 한다. 목적과 목표를 이루기 위해 계획을 세우는 것이니 분리할 수 없다. 계획 속에는 어떤 상황이 생겨도 의연하게 대처할 수 있는 마음속 다짐이 있어야 한다. 자신의 계획을 세상에 반영해야지 세상일이 내 계획이 되면 안 된다. 내 인생은 내가 주도해야 하고 치밀한 계획과 실천하는 부지런함이 꼭 필요하다. 그래야 복잡한 세상 속에 꿋꿋하게 자신의 계획을 실천할 수 있다. 아무런 계획 없이 내일은 어떻게 되겠지 하면 어떻게 되는 건 맞지만 내 의도와는 상관없이 된다. 그렇게 되면 되는대로 살아야 하는 안타까운 현실을 맞이해야 한다.

내가 바로 서면 세상이 나를 중심으로 돌아간다. 그런데 돌아가는 세상 속에 나를 맡기면 언제 멈춰야 할지 갈피를 못 잡고 돌기만 한다. 배우는 것은 부끄러운 게 아니고 모르는 게 부끄러운 것이다. 내일은 내일의 태양이 뜨지만 수천 년 전부터 뜨던 해가 또 뜨는 것이다. 그러나 내 인생의 오늘은 오늘로 끝이고 내일은 내일이 끝이다. 사람은 태양처럼 수천 년을 변함없이 존재하지 않는다. 오늘보다 나은 내일을 위해 오늘을 성공하자.

생각 성공하기

성공을 바라고 꿈꾸고 목표하는 사람이 얼마나 많은가. 성공은 모두의 소망이자 바람이다. 그러나 소망을 이루기 위해 실천하는 사람은 많지 않다. 실천하는 사람도 성공을 이루는 사람은 그중 일부에 불과하다. 그것은 성공이 어렵다기보다 인내가 어렵기 때문으로 여기서 많은 사람이 다음에 도전한다고 다짐하고 포기한다. 성공을 이루기 위해서는 생각부터 성공해야 한다. 생각이 성공하면 실제 행동도 성공한다. 반대로 생각이 실패하면 행동도 실패하고 불만과 불평이 입에 붙어 다닌다. 이런 행동은 불행을 불러들이는 일이고 자신이 자신을 저주하는 것이다. 좋은 생각이 좋은 사람을 만든다.

세계적인 성공학 연구자 나폴레옹 힐이 쓴 책 중에 다음과 같은 제목의 책이 있다. "생각하라 그러면 부자가 되리라". "행동하라 부자가 되리라".

생각에 관한 명언은 수도 없이 많지만, 그것을 자신 것으로 받아들여 창과 방패로 실천의 도구로 사용하는 사람이 과연 몇 명이나 될지 궁금하다. 그저 훌륭한 사람이 좋은 말 하셨네. 정도로 머리로만 이해하고 넘어가지 않을까 생각한다. 세상의 좋은 말은 양약과 같다. 먹는 약은 입에 쓰지만 좋은 말은 듣고 보는 것이기에 쓰지도 않다. 마음으로 먹고 머리로 이해하고 몸으로 실천하면 원하는 바를 이룰 수 있고, 미리 먹으면 실패와 좌절을 예방할 수도 있다. 또한 먹고 효과를 보면 그 사람만의 새로운 방식으로 남에게 가르치는 새로운 처방을 할 수도 있다. 게다가 전염성도 있어서 계속 전파하면 선한 영향력이 한없이 퍼져나간다.

생각 없이 사는 사람은 없지만, 누구나 생각이 다 똑같은 것은 아니다. 좋은 땅을 보고 누구는 거기에 전원주택들 짓고 노년에 편히 쉬면 좋겠다. 고 생각하고. 누구는 과실수를 심어 농사를 지으면 부농을 이루겠다. 고 생각하고, 또 누구는 그 땅을 개발해서 지역과 연관된 테마파크를 만들면 관광단지로 큰 성공을 거둘 수 있겠다고 생각한다.

잠시, 자신이 해오던 지금의 생각을 내려놓고, 만일 내가 저 땅을 보았다면 어떻게 생각할 것인지 상상력과 혜안으로 지휘해 보자. 한 번도 생각해 본 적이 없고 처음 듣는 말이지만 게임 하듯 생각해 보는 것이다. 같은 땅이지만 활용하기에 따라 콩이나 옥수수를 심으면 소작농이 되고, 전원주택을 지으면 주거공간이 되고, 관광단지나 유원지로 만들면 지자체의 명소가 된다. 이렇게 보는 사람마다 생각 차이가 있는 것은 사람은 자신이 가진 것만큼 생각하기 때문이다. 돈이 없으니 농사 밖에 못 짓고, 늙었으니 사업은 틀렸고, 돈은 있어도 투자했다가 실패하면 나만 손해다. 등 이유가 다양하다. 물론 각자의 형편과 사정에 따라서는 일리 있고 맞는 말이다. 그렇게 생각하는 사람들 수준에서는. 그러면 적게 가진 사람은 평생 작은 생각만 해야 한다. 생각은 자신이 성장했을 때 어떻게 할 것인지 크게 생각해야 한다. 지금은 저 땅을 임대해서 소작농도 못하더라도 꼭 성공해서 저런 땅에 테마파크 지을 생각을 해야 한다. 가수가 무대에 오를 때마다 긴장하듯 무슨 일을 새로 시작하려면 긴장과 두려움이 든다. 앞날을 알 수 없으니 당연하다. 어차피 성공도 실패도 알 수 없는 미래라면 성공만 생각하면 된다. 성공으로의 발걸음이 극심한 추위와 눈사태를 이겨내고 에베레스트산을 오르는 것보다는 쉽지 않겠는가. 성공과 실패는 누구도 단정하지 못한다. 성공할 수도 있고, 실패할 수도 있다. 열 번 실패하고 한번 성공하면 열 번의 실패를 다 보상받을 수 있다.

부와 명예보다 개인의 만족과 행복이 훨씬 더 소중하니 가진 게 없고 부족해도 만족하면 그대로 살면 된다. 그러나 가난에서 벗어나고 경제적 자유를 누리기 원한다면 지금의 생각을 바꿔야 한다. 안정과 안주에서 도전과 모험으로 말이다. 생각은 아무리 많이 해도 공짜다. 작든 크든 똑같다. 성공하는 생각을 하자. 성공할 수 있다.

제4장
나는 이미 성공한 적이 많았다
그러나 몰랐다

작은 깨달음과 자신감부터

나는 이미 성공한 적이 있다

오랜만에 반가운 친구를 만났을 때 얼굴색이 좋아 보이거나 표정이 밝으면 성공했나 보다. 신수가 훤해 보인다. 라고 안부를 주고받는다. 오랜 친구가 성공했다면 좋은 일이고 아니면 또 무슨 상관이겠는가. 좋은 친구가 있고 만나서 이야기하는 것만으로 즐거운 일 아닌가.

좋은 친구가 있고, 가족이 있고, 편히 쉴 집이 있다면 생각만 해도 안정이 된다.

여기에 이동수단인 자동차도 있고, 가끔 여행도 다니고, 좋은 직장이나 사업장이 있어서 경제적 어려움도 없다면 그 이상 부러울 게 없다. 딱 여기까지만 놓고 지난날을 생각해 보자.

우리나라를 기준으로 이런 사람들은 우리 주위에 많이 있고, 어쩌면 나도 이런 사람이다. 요즘 '소확행'이라는 단어를 가끔 듣는다. 소확행은 소소하지만 확실한 행복의 줄임 말이다. 빨리 빨리를 좋아하는 우리 민족에게 말을 줄이는 것은 어쩌면 당연한 일인지도 모른다.

행복이나 성공은 소소한 게 없다. 다 크고 위대하다. 그렇게 생각하지 않거나. 그렇게 생각하지 못해서 그렇지 소소함이 누군가에게는 평생에 한 번의 바람일 수 있다.

얼마 전에 무창포 해수욕장으로 가족여행을 다녀왔다. 아이들은 아이들대로 해변에서 놀고, 나는 나대로 이리저리 왔다 갔다 하면서 놀던 중 해수욕장 관리사무소에 공중화장실이 있어서 다녀왔다. 그리고는 잠시 더 놀다가 다시 화장실을 가던 중에 관리사무소 앞에서 어떤 중년의 남자가 휠체어를 타고 앉아 있는 모습을 보았다. 그런데 이 남자는 조금 전에 화장실에 갈 때도 있었던 사람이었는데 그때부터 지금까지 그 자리에 앉아서 바다를 바라보고 있던 것이었다. 아까 처음 봤을 때도 휠체어를 타고 있었고, 답답하니까 산책하러 나온 줄 알았다. 그런데 두 번째 보면서는 내 생각이 완전히 바뀌었다. 그 남자의 표정은 무뚝뚝했지만 어두움은 없었고 약간 밝은 표정이었다. 나는 걷다가 그와 잠깐 눈이 마주쳤고 그는 다시 바다를 바라보았다. 그리고 나는 걸어가며 그 남자의 마음을 읽었다. 그때 그 남자는 나도 걸을 수 있다면 눈앞에 펼쳐져 있는 모래사장을 걸으며 사색도 해보고 호미로 바지락도 캐고 할 텐데 그러지 못하고 이렇게 처량하게 앉아서 남이 하는 것만 쳐다보고 있구나. 나도 저 해변을 거닐 때가 있었고 바다에 들어가 수영하던 때가 있었는데 하며 추억을 생각했을 것 같았다. 그때는 장마철 중에 맑은 날이어서 사람이 많지 않아 한 사람 한 사람이 다 눈에 띄어서 옛 생각이 더 아련하지 않았을까 생각했다. 그

중년의 남자는 사고가 아닌 질병으로 몸이 불편한 듯 보였다. 만일 그 남자가 질병을 완전히 이겨내고 다시 걸을 수 있다면 얼마나 대단한 성공을 이뤘다고 생각할까. 내가 걷는 것은 누군가에게는 대단한 성공이다. 걷는 사람을 보고 성공했다고 말하는 사람이 있는가. 우리는 보고 듣고 말하고 먹고 자고 하는 데 있어서 불편함이 없고 그게 일상이라면 기본적으로 성공한 삶을 사는 것이다. 그 이상은 사람에게만 있는 욕심이다. 새나 짐승들도 집이 있지만 초라하게 만들고 잠시 있다가 어디론가 떠난다. 지금까지 내가 살아온 삶은 성공한 삶의 연속이었다. 내가 태어나서 누워만 있다 뒤집기를 하고 기다가 걸음마를 한다면 얼마나 큰 성공을 거둔 것인가. 내 부모나 가족이 그걸 지켜보고 감격과 환희에 젖어 박수와 환호로 기뻐하셨을 거다. 운동회 때 달리기 1등을 해본 적이 있는가. 줄넘기 100개, 턱걸이 5개, 공놀이를 재밌게 했던 적이 있는가. 이 모두가 성공한 것이다. 자전거를 배웠고, 인라인을 탈 줄 알며 컴퓨터 자판을 외웠다면 성공한 것이다. '소확성'이라고 말하고 싶다. 소소하지만 확실한 성공. 지금까지 내가 성공한 것은 셀 수 없을 만큼 많다. 나도 성공 경험이 많은 사람이니 나를 칭찬하자.

성공 발견하기

나도 할 수 있고, 이미 많은 것을 해냈다. 깨닫지 못했고, 나 스스로 인정하지 않았을 뿐이다. 내 부모님은 내가 소변을 가리는 것만으로도 장하다고 다 컸다고 행복해하셨다.

헛웃음이 나오지만 만일 못했다면 어찌 될뻔했나 생각해 보라. 초등학교를 거쳐 고등학교까지 고등교육을 마쳤다면 대단한 성공이다. 절대로 나를 과소평가해서는 안 된다. 내가 느끼지 못해서 그렇지 과정 하나하나마다 많은 노력과 인내가 필요했다.

남들이 다 하는 걸 나도 했을 뿐이라고 생각하니 성공이라고 생각하지 않는 것이다. 나도 남도 다 성공한 것이다. 이것을 깨닫는다면 깨달았다는 것만으로도 굉장한 성공을 거둔 것이다. 앞으로 더 큰 성공은 내가 어떻게 하느냐에 달려있다. 지금까지 해 온대로 잘하면 된다. 더 큰 일라고 더 크지 않다. 저수지가 크면 물이 많이 고이고 작으면 적게 고인다. 나 혼자 다 하는 게 아니고 다 할 수도 없다. 이웃과 같이하며 서로 도우면 같이 성공할 수 있다.

나는 어렸을 때 자전거를 아주 힘들고 어렵게 배웠다. 시골 마을의 주요 이동수단이었던 자전거는 나의 선망의 대상이었다. 다행히 우리 집에도 아버지가 가끔 타시던 성인용 자전거가 있었다. 열 살 무렵에 학교를 마치고 집에 돌아오면 그 자전거를 가지고 나와 동네 길에서 배우는 게 일이었다. 동네 형들이 잡아주고 지도해 줬지만, 너무 어린 나이에 크고 높은 자전거를 탄다는 게 처음부터 무리였다. 자전거 안장에 올라가면 발이 페달에 닿지 않아 구를 수도 없었고 어린 나이에 자전거가 꽤나 무거웠다. 그렇지만 배우고자 하는 욕심에 포기하지 않았다. 그렇게 어렵게 어렵게 배웠지만 얼마 가지 못해 균형을 잃고 넘어지는 게 대부분 이였다. 한번은 내가 다니던 초등학교에서 타고 내려오다가 내리막길에 속도를 줄이지 못하고 문방구 출입문을 들이받은 적도 있었다. 그때 큰 부상은 없었지만, 엄청 아팠고 놀랐던 기억이 있다. 그리고 좀 더 성장하면서 자전거 타는 게 익숙해져서 초등학교 고학년 때는 아주 능숙하게 잘 타고 다녔다. 자전거를 너무 어렵게 배운 나는 자전거를 타면서도 너무 신이 났고 내가 생각해도 내가 자랑스러웠다. 그리고 동네 사람들이 내가 자전거 타는 것을 보고 칭찬해주길 바라는 마음으로 일부러 어른들이 있는 곳을 지나다니기도 했다.

그때 자전거를 배워야겠다는 도전정신은 나중에 성인이 되어 운전을 배워야겠다는 생각보다 열 배는 컸던 것 같다. 세월이 많이 흐른 지금 다시 그때를 생각해도 자전거를 타고 달리고 있는 내 모습이 너무 자랑스러웠고 해냈다는 성취감이 최고였다. 그때는 어려서 성공이라는 단어를 잘 쓰지 않았지만 굉장한 성공이었다.

그리고 한참이 지나 서른 즈음에 성공에 관심을 두었고 그제야 나는 왜 여태껏 성공하지 못했을까를 많이 고민했다. 지금 말하는 성공은 부자가 되어 경제적 자유를 누리는 것이다. 좋은 대학교를 못 나와서 그런가, 인맥이 없어서 그런가, 운이 안 따라서 그런가 등 별의별 생각을 다 하다가 끝내는 나의 무능함으로 결론을 내렸다. 이후로도 고민할 때마다 같은 결론이었다. 그러다 보니 "그럼 나는 왜 무능한가. 유능해질 수는 없는가." 에 생각이 이르렀다. 이 생각이 나를 확 바꾼 나의 위대하고 성공적인 깨우침이었다. 이 생각을 못 했다면 지금까지도 신세 한탄만 하며 아등바등 살고 있을지도 모른다. 그래서 그렇다면 어떻게 해야 유능해질 수 있을까 고민하다 독서를 시작했다. (독서에 관해서는 뒷장에 말하기로 한다) 우리는 각자의 성공 경험이 있다. 자신의 과거를 돌아보면 내가 이렇게 성공한 일이 많았구나. 하고 놀랄 것이다. 큰 성공은 작은 성공이 쌓인 것이다. 천만 원을 한 번에 벌려면 어렵지만 백만 원씩 열 번을 벌면 천만 원이 된다.

성공하는 생각을 발견하자.

성공 얕잡아 보기

　많은 사람이 성공, 성공하지만 실제로 성공을 위해 준비하고 실천하는 사람은 많지 않다. 성공이 스스로 내게 와 주길 바라거나 특별한 누군가만 할 수 있다고 생각한다.

　성공은 멀리 있거나 높이 있지 않다. 바로 내 곁에 있다. 성공은 뜬구름이 아니며 비 온 뒤 잠깐 나타났다가 사라지는 무지개가 아니다. 목표를 정하고 계획을 세워 열심히 노력한 끝에 목표달성 하면 성공했다고 할 수 있다. 그게 크든 작든 별다른 의미 없다.

　한 달에 책을 두 권씩 읽기로 해서 실천하고 있다면 성공한 것이다. 한 달에 2㎏의 체중감량을 목표로 식단조절 해서 체중을 감량했다면 성공한 것이다. 금연, 금주한 것도 대단한 성공이다. 이런 것들이 소소해 보이고 돈벌이의 수단이 아니라고 하찮게 여겨서 그렇지 결코 아무나 할 수 있는 게 아니다. 이제부터는 자신의 계획과 목표를 수첩에 적거나 마음에 새겨보자. 그리고 이룰 때마다 자신을 칭찬하는 거다. 그러면 점점 자랑스러운 내 모습을 느끼고 생각이 커지기 시작한다. 예전엔 꿈도 꾸지 못 한 일이 우습게 여겨지고 만만하게 보인다.

　어떤 결과를 하나하나 분석하고 점수를 매기는 것과 그냥 지나치는 것과는 인생의 가치가 달라진다. 달리기 연습을 할 때 시간을 재면서 훈련하는 것과 감으로 훈련하는 것과 어떤 게 더 효율적인 훈련 방법인지 생각해 보라. 1초가 엄청나게 큰 차이임을 감안할 때 체계적인 관리와 훈련은 필수다. 체육특기생인 운동선수도 자신의 실력이 전국에서 중간순위밖에 안 되는 걸 알면서도 시합에 출전하여 공식 기록을 받는다. 그리고 꾸준한 연습을 통해 실력을 향상한다. 그 선수가 1년 전보다 성적이 향상됐다면 성공한 것이다. 그 어떤 운동선수도 일등 기록이 나올 때까지 연습만 하다가 일등 기록이 되면 대회에 출전하는 사람은 없다. 공부도 사업도 인생도 마찬가지다. 자신이 자신을 관리하면서 실력과 능력을 키우면 된다. 어떤 사람은 자신의 자질이 충분함에도 계속 아직은 때가 아니라고 한다. 그래서 타당한 이유와 성적을 토대로 한 단계 더 나갈 것을 권유해도 고개를 젓는다. 또 어떤 사람은 아직 시간과 훈련이 더 필요한데 한발 앞서가려는 사람이 있다. 둘 다 조금씩은 문제지만 성공할 가능성은 두 번째 사람이 더 높다. 무턱대고 일을 벌이는 것도 안 되지만 너무 조심성이 많아 더 좋은 기회가 오기만을 기다리고 있어서도 안 된다. 앞에서도 말했듯이 상황은 바뀐다. 지금. 이 상황이 한 달 후나 일 년 후에도 같을 것이라는 전제는 크나큰 오산이다. 결혼 적령기를 놓친 노처녀. 노총각에게 설문 조사를 한 결과 반드시 결혼할 생각이라면 상대방이 40%만 마음에 들면 결혼을 전제로 교제하라는 조사 결과가 있다. 많은 사람이 이상형이 내 앞에 나타나기를 기다리지만, 이상형을 기다리다 결혼 자체가 어려울 수 있다. 이상형을 만나면 행운이고 축복이겠지만 적당히 맘에 들면 이상형으로 만들 수도 있지 않을까 생각한다. 나보다 세상을 더 많이 살아온 할머니 할아버지, 부모도 세상일을 모른다고 한다. 자신이 세상의 주인공이라고 생각하고 사는 건 좋지만, 실제로 주인공이 아니라는 것은 꼭 명심해야 한다. 나와 남이 어울려 공동체 생활을 하려면 누군가는 주연이 되고 누군가는 조연, 단역이 되어야 한다. 세상은 내 것이 아니므로 내 맘과 내 뜻대로 안 된다. 그러나 세상은 돌고 돌기 때문에 어느 시점에는 나에게도 기회가 온다. 기회가 왔을 때 그 기회를 잡느냐 못 잡느냐는 자신의 몫이고 능력이다. 기회가 왔을 때 잡으면 자신의 계획과 목표를 빨리 이루거나 더 많이 이룰 수 있고 다음에 오는 기회를 또 잡을 수 있다. 그러면서 점점 성공하는 인생이 된다. 그러나 준비하지 않으면 기회가 와도 잡지 못할뿐더러 기회인지조차 모른다. 기회가 올 때마다 매번 되풀이되다 보니 부와 성공은 가는 사람에게만 계속 가게 된다. 성공을 내 것이라 생각하고 포기하지 않으면 반드시 성공한다.

성공의 날개를 펴자

사회 구조 형태는 부유층 중산층 일반 서민의 삼각형 구조가 제일 안정적이라고 한다. 중산층과 일반 서민이 대부분이고 부유층은 소수에 불과한 형태 말이다. 이런 사회 구조는 인위적으로 조정하기 전에 자연스럽게 만들어진다. 지배자가 있고 중간 지배자가 있고 피지배자가 다수가 되어 계층 아닌 계층이 형성된다. 자본주의 국가 체제가 대부분 이런 현상이 생기며 너나 나나 차별 없이 평등하게 잘 살자고 하는 구조파괴가 공산주의 체제인데 이미 여러 나라에서 실패를 경험한 바 있다. 자본주의 사회에서는 개인의 능력과 역량대로 살아가는 자유가 있으므로 능력이 많은 사람이 많은 것을 소유할 수 있고, 그렇지 못하면 적게 가지고 살아야 한다. 그렇지만 언제라도 노력 여하에 따라 부유하게 살 수 있으니 당당히 경쟁에서 이기면 된다. 경쟁 사회라고 해서 승자와 패자만이 있는 것은 아니니 승자라고 독선을 부릴 것도 없고 패자라고 좌절할 이유도 없다. 언제라도 심기일전하여 도전하면 도전한 결과에 따라 충분히 성공하는 삶을 살 수 있다. 자연스럽게 형성된 삼각형 계층 중에 어디에 속할지는 다른 사람이 정하는 게 아니고 자신이 정하는 것이다. 얼마든지 계층이동이 가능하기 때문이다. 나나 이웃이나 누구라도 열심히 일하고 소기의 성과를 거두면 거둔 만큼 잘살 수 있다. 나는 쉽게 할 수 있는 일을 다른 사람은 도저히 불가능한 일이 있다. 내가 해야 한다면, 미루지 말고 당연히 내가 해야 한다. 나도 발전하고 공익적 가치도 발전한다. 작은 목표를 세워 하나하나 달성해 보자. 그리고 다음 문구를 적어놓거나 외워서 매일같이 되새겨 보자.

"성공은 쉽다. 내 곁에 있다. 매일 같이 성공하는 삶을 살고 있다".

오늘부터 이 문구를 의식적으로 생각하며 성공과 확신을 항상 머릿속에 심어놓자. 마음속에 심어진 의식과 확신은 자력이 있어서 사방에서 끌어당긴다. 여유 시간에 먼 산 보며 그냥 앉아서 이 생각 저 생각 하는 사람과 작정하고 두 눈을 감고 명상하는 사람과는 생각의 결과와 마음의 확신이 완전히 다르게 나타난다. 무슨 일이든 하고자 할 때 뇌 기능이 활성화되어 신체 각 기관에 깨어 있으라고 명령한다. 명령을 받은 세포들은 자동으로 반응을 보여 몸으로 움직이게 한다. 뜻밖에 횡재하면 콧노래가 절로 나오듯이 뇌가 감정 표현을 행동으로 하게 한다. 이 원리를 이용해 성공으로의 행동 반응을 하게 해야 한다. 자신도 알지 못했던 잠재능력이 마구마구 발휘된다. 정신이 깨어 있으면 생각이 항상 열려있고 사람이나 사물을 보는 시야가 달라진다. 평범하고 아무렇지 않게 보였던 것들이 다 의미 있어 보이고 그것을 평가하게 된다. 안 보이던 게 보이기 시작한다. 자신감과 확신은 믿음에서 온다. 믿음이 없으면 무슨 일이든 자신이 혼자 다 해야 한다. 가을이 되어 수확한 농작물이 시장에 나오면 먹을거리가 풍성해진다. 돈만 주면 자기가 필요한 것은 무엇이든 구할 수 있다. 그러나 이 농산물이 나오게 된 과정에 대해서 진지하게 생각해 본 적이 있는가? 어렸을 때 교과서에서 농산물의 성장 과정에 대해 배운 이후론 거의 생각하지 않았을 것이다. 농작물을 얻으려면 이른 봄부터 씨를 뿌리고 솎아주고 골라내고 거름주기를 계속해야 한다. 가을에 풍작으로 보상해 줄 것을 믿고, 수확하기 전에 먼저 씨를 뿌리며 가꾸는 것이다. 많이 뿌리면 많이 거두고, 적게 뿌리면 적게 거두는 경제 원리가 그대로 적용된다. 내 인생의 성공을 위해 많은 씨를 뿌리고 가꿔야 한다. 부유함을 얻기 위해, 좋은 취미를 얻기 위해, 다양한 지식을 얻기 위해, 두터운 인간관계를 얻기 위해, 재치와 유머를 얻기 위해, 좋은 인성을 얻기 위해 많이 뿌려야 한다. 무엇을 얻고 싶은가? 얻고 싶은 것을 뿌리면 된다. 생각에 날개를 달고 훨훨 날아보자. 창공에 떠오르면 바람이 도와줘 힘들이지 않고 날 수 있다. 많은 사람이 나를 도울 것이다. 힘차게 날아보자.

허난설헌(許蘭雪軒)

유교가 우리나라에 전래 된 연대는 뚜렷하지 않아 시대를 정확히 고증할 수 없지만, 공자(B.C551-479)가 죽고 나서 얼마 후 들어온 것으로 추정되며 삼국시대에도 이미 유교가 일반화되었다는 추측자료가 많이 있다. 그러다가 조선 시대에 들어 유교의 전성기를 맞았다. 유교는 남존여비

(男尊女卑. 남자를 여자보다 귀하게 여김), 인, 예, 전통을 강조하는 사상이 깊었다. 조선 시대에 명성과 덕망이 높은 훌륭한 선조가 많이 있지만, 오늘은 한과 설움의 대명사 '허난설헌'을 기억해 보기로 한다. 허난설헌은 1563년에 태어나 임진왜란(1592년) 바로 전인 1589년에 27살의 젊은 나이에 세상을 떠났다. '난설헌(蘭雪軒)'은 그녀의 호.이고 "눈 속에 난이 피어있는 집"이라는 뜻이다. 본명은 초희(楚姬), 자는 경번(景樊)이다. 본명은 호적상의 실제 이름이고 호는 본인, 지인이 붙여주는 별칭이다. 자는 주로 남자에게 어릴 때나 청소년기에 붙여준 본명 대신의 별칭이다. 옛날엔 본명을 감추고 별칭을 많이 써서 생긴 풍습이다.

그 당시 여성이 이름·호·자를 모두 갖춘 경우는 드물었는데 그만큼 뛰어남을 인정받았다는 뜻이다. 그녀의 아버지는 그 당시 명망이 높았던 허엽 이고, 오빠 허 성, 허 봉, 동생 허 균(홍길동전 지은이)이 있었다. 허난설헌과 허균은 어릴 적부터 이달이라는 학자에게 매일 시 수업을 받으며 천재성을 발휘했고 시를 배운 뒤 그녀의 자질은 장안에 소문이 자자했다. 그래서 그녀는 신동으로 불렸고 한양 양반가 딸들은 그녀와 한 번 만나보기를 간절히 소원했다. 예쁜 용모와 총명함, 그리고 뛰어난 시재는 바로 그런 명성을 얻는 계기를 만들었다. 그녀는 여덟 살에 〈광한전백옥루상량문(廣寒殿白玉樓上樑文)〉이라는 장편 시를 지었다. 이 시는 하늘의 신선이 산다는 백옥루를 상상해 만든 것으로 이 시가 어느새 한양 도성에 퍼져 인기를 얻어 많은 사람이 읽었고, 나중에 정조 임금도 이 시를 읽고 감탄했다고 한다. 성장한 난설헌은 오빠의 중매로 시집을 갔으나 남편이 자신보다 못하다는 의기소침함에 빠져 술과 기생으로 낙을 삼았고 아버지와 오빠들은 객사하거나 낙향했다. 게다가 어린 자녀 둘이 먼저 세상을 떠나는 비운을 맞았다. 난설헌은 친정 식구들의 몰락과 남편의 부질 함으로 밤마다 이불을 덮고 애통하며 삼한(三限)이라는 시를 지었다. 삼한은 다음과 같다.

첫째는 시와 재능을 뽐낼 수 없는 좁은 영토에서 태어난 것,

둘째는 여자로 태어나 마음껏 삶을 누리지 못한 것.

셋째는 남편을 잘못 만난 것. 이다.

난설헌은 많은 시와 글 그림을 그렸는데 여자의 작품이라는 이유로 대부분 소실되었고 난설헌 사후에 동생 허균이 중국 사신 주지번 에게 준 것이 중국에서 소문나 다시 조선으로 들어오게 되면서 명성을 날리기 시작했다. 난설헌이 지금 시대에 태어났더라면 이 시대 최고의 여류시인이 되었을 것이다. 그러나 짧은 생을 살다 갔고, 그녀가 살아있는 동안에는 아무런 명성도 못 누렸지만 사백 년이 지난 지금도 그녀는 유명인으로 남아 있다. 난설헌은 아버지의 깨어 있는 역량으로 여자였음에도 불구하고 교육을 받고 그랬기에 타고난 천재성을 발휘할 수 있었다. 만일 제대로 된 교육을 받지 못했다면 민화나 그리고 동시나 쓰는 동네 여인에 불과했을 것이다. 난설헌은 지금도 우리에게 소중한 교훈을 준다. 자신의 재능을 뽐낼 수 있는 넓은 영토 중국에서 태어났더라면, 남자로 태어났더라면, 남편을 잘 만나 서로 시를 읊어 주는 사이였다면, 하는 아쉬움이 그녀의 시성을 최고조로 높였고, 최고의 감성 있는 작품을 만들었다. 실제로 난설헌의 작품은 대부분 원망과 한탄을 주제로 했다. 눈 속에 피어있는 난초 같은 삶이 없었다면 천재성을 발휘한 최상의 시상이 나왔을까 생각해 본다. 뜨거운 태양 빛을 많이 받아야 당도 높은 과일이 된다. 역경을 이기고 승리하자.

오늘의 고난은 반드시 좋은 약으로 쓰인다

운명(運命)과 숙명(宿命)

만난 지 오래된 옛 친구를 가끔 생각하고 그리워하던 중에 전혀 뜻밖의 장소에서 우연히 만나게 되면 너와 나의 만남은 운명이야. 라고 말하며 반가운 인사를 할 때가 있다.

가깝게 지내던 친구나 선배, 후배 직장동료 등이 연락이 닿질 않아 마음에만 있었는데 뜻밖에 만나거나 연락이 닿으면 반가움에 가슴 설렌다. 살면서 가끔 생기는 활력소 같다.

요즘 시대는 SNS가 발달 되어 연락이 끊겼어도 몇 단계만 거치면 어디서 뭘 하는지 어렵지 않게 알 수 있지만 불과 몇십 년 전만 해도 연락이 끊기면 운명을 기대할 수밖에 없었다. 그렇다면 과연 운명이라는 게 있을까? 이것을 고민하지 않은 사람은 없을 것이다.

운명을 인정하는 사람도 있고, 인정하지 않는 사람도 있다. 또는 인정이냐 아니냐를 떠나 믿느냐 안 믿느냐로 확대되기도 한다. 또한 운명이란 말이 나오면 숙명이란 말도 대부분 같이 등장한다. 그럼, 사람에게 운명이나 숙명은 있는 것일까? 남들은 어떻게 생각하는지 조사자료를 봤더니 대체적으로 인정하는 편이었고 운명은 피하거나 바꿀 수 있는 선택적 요소가 있고, 숙명은 피할 수 없이 받아들여야 한다는 것으로 이해하는 사람이 많았다. 또 다른 표현은 운명은 앞에서 오고 숙명은 뒤에서 온다는 말도 있다. 그래서 정확한 의미를 알기 위해 사전적 의미를 살펴봤더니 사전의 의미와 사람의 생각이 거의 비슷했다.

그렇다면, 운명과 숙명이 있으니 아무 생각 없이 살아지는 대로 살아야 하는가? 절대 아니다. 운명과 숙명을 인정하든 안 하든, 믿든 안 믿든 그것은 어디까지나 개인 판단이다. 운명에 관한 간단한 예를 하나 들어보자.

어떤 사람은 부잣집 막내아들로 태어나서 남 부러울 것 없이 호의호식하며 살고, 어떤 사람은 가난한 집에 태어나 제대로 된 교육도 못 받고 허드렛일만 하며 살고 있다면 이 두 사람은 운명대로 사는 것인가? 아니면 팔자소관인가? (운명이나 팔자소관은 비슷한 뜻이지만 팔자소관은 사주팔자의 미신적 요소가 많음)

두 사람의 현재 모습만 본다면 운명이든 팔자소관이든 둘 중 하나겠지만 부자도 가난해질 수 있고 가난한 사람도 부자 될 수 있다. 상황이 바뀌거나 바꿀 수 있다면 운명에 가깝다. 그럼 평생이라고 정해지지 않았으니 운명도 아니다. 그렇다면 숙명인가? 숙명은 바꿀 수 없는 정해진 것이라 했으니 부모와 자식 관계, 타고난 성별, 인종 등 극히 일부에 불과하다. 그랬을 때 운명대로 살 것인지 운명을 만들면서 살 것인지는 자신의 결정에 달려있다. 먹고 살기 위해 할 수 없이 힘들고 위험한 일을 평생 하고 산다면 운명을 받아들이고 사는 사람이고, 더 많은 풍작을 위해 비가 오나 바람이 부나 밭과 들에 나가 밭매고 거름 주고의 수고를 아끼지 않는다면 같은 고생을 하는 건 맞지만 이것은 운명을 개척하며 사는 것이다. 사람들은 장래와 미래를 알 수 없으니 불안한 마음에 점을 보러 다니고 길흉화복에 얽매여 비이성적인 행동을 많이 한다. 그것이 부질없고 확신할 수 없는 일이라는 것을 알면서도 따라 한다. 만 원을 길에 잃어버린 사람은 속상하고 그것을 주운 사람은 기분이 좋다. 그럼 잃어버린 사람과 주운 사람은 운명적인 사이인가? 사람이 도시가 싫어 섬으로 가고 싶으면 섬으로 가고, 농사짓고 싶으면 농사짓고, 결혼하기 싫으면 혼자 살고, 배가 고프면 밥 먹으면 된다. 이것은 하고 싶은 일을 한 것이지 운명에 순종한 것이 아니다. 나약한 자 게으른 자 실패한 자의 변명처럼 들릴 수 있으니 운명이나 숙명 탓을 하면 안 된다. 죽을 때까지 내 인생은 내 것이고 내가 사는 것이다. 내 자유의지가 있다. 물살을 거꾸로 거슬러 올라가는 연어처럼 앞만 보지 말고 뒤도 돌아보라. 길은 있고 갈 수 있고 가면 된다.

휘는 것보다 부러지는 게 낫다

우리나라 사람의 평균 기대 수명은 2019년 기준으로 82.7세다. 평균이 그렇고 여성이 남성 보다 약 6.7세 정도 많다. 건강관리를 잘하거나 타고난 천명이 길면 백 세를 넘기기도 하지만 대부분은 백 세 이전에 생을 마친다. 사람은 오래 살아야 백 년인데 참으로 많은 일을 겪으며 희로애락을 맛본다. 가끔 인터넷 기사에 죽기 전에 먹어야 할 음식, 죽기 전에 가야 할 여행지 등이 나오곤 한다. 사람의 마음은 다 똑같기에 자신이 알고 있는 좋은 정보를 남들에게 나눠줘 같이 누리기를 바라는 마음이다. 물론 기사를 쓴 사람의 주관적인 생각이지만 그런 내용을 공유하는 것만으로도 감사한 일이다. 그렇지 않으면 그런 곳이 있는지조차 모르고 사는 사람이 대부분일 테니 말이다. 사람이 천수를 누리며 즐겁고 행복하게만 살 수 있다면 아주 좋겠지만 실상은 잠깐의 기쁨을 맛보기 위해 온갖 고생을 다 한다. 그리고는 문제의 연속, 걱정의 연속, 고난의 연속에 오늘을 살아간다. 오늘도 해야 할 일이 있고 하지 않으면 누구는 생계의 위협이 있고, 누구는 승진에, 누구는 경쟁에서 밀리거나 조직에서 소외된다. 염려와 근심, 걱정은 평생을 두고 사람과 함께 한다. 문제의 근원을 아무리 해결해도 또 다른 문제가 생긴다. 문제 풀이와 아픔과 회복이 계속되고 잠깐의 환희가 있다.

어제는 어제의 일이 있었고, 오늘은 오늘의 일이 있다 보니 불가피한 것이다. 또한 자신의 모든 일은 남들과 연관 있으니 일이 꼬일 수 있고, 안 될 수도 있다. 이런 과정이 되풀이되어 마음의 근심은 항상 있게 마련이다. 백 세 가까이 살아온 어르신께 한평생 사시면서 똑같은 날이 며칠이나 있었는지 물어보면 그런 날이 어디 있느냐고 반문할 것이다. 어제와 별다를 것 없는 오늘 같아도 자세히 살펴보면 분명 다른 하루를 살고 있다.

즐겁고 기쁜 일이 연속되어도 매일 같이 다르며, 괴롭고 힘든 일이 있어도 매일 같이 다르다. 즐거운 일은 준비가 없어도 마냥 즐거울 수 있는데 괴로운 일은 아무리 내성이 쌓여도 그때마다 괴롭다. 그래서 덜 괴로우려고 마음의 준비를 단단히 하고 일희일비(一喜一悲)하지 않기 위해 애쓴다. 그러다 보니 웬만한 어려운 일이나 좋은 일은 감정 표현을 삼간다. 특히 어려운 일이 닥쳐 무너지기 시작하면 완전히 고꾸라질 수 있어 마음의 준비가 대단하다. 일단 어려운 일이 생기면 신경이 곤두서고 긴장하게 된다. 이때 침착하지 않으면 일을 그르칠 수 있기에 부러지지 않고 넘어지지 않기 위해 휘청대면서도 끝내 버텨보려 한다.

그러다가 버텨서 이기는 사람도 있고 끝내는 넘어지는 사람도 있다. 문제는 버티느냐 쓰러지느냐가 아니다. 버텨도 상처가 남고 넘어져도 상처가 생긴다. 한 번 무너져서 실패하면 다시 일어서기가 아주 힘들고 심지어는 재기불능인 경우도 있다. 그래서 안 넘어지고 버티면서 부러지는 것보다 휘는 게 낫다고 말한다. 그러나 실상은 휘는 것보다 부러지는 게 나은 경우가 훨씬 많다. 일단, 휘면 반듯하게 펴는 게 어렵다. 그리고 다른 새것과 같이 쓰기도 안 어울린다. 그리고 휜 것을 펴는 것보다 부러진 것을 붙이는 게 더 쉽고 빠르다.

모든 일이 다 그런 건 아니지만 상황에 따라 자신의 올바른 판단이 있어야 한다. 무조건 좌절과 실패가 나쁜 것만은 아니다. 성공한 사람들 대부분은 실패와 좌절을 다 겪었다. 좋은 약이 입에 쓰듯이 삼켜서 약이 될 바에야 피하지 말고 빨리 먹고 낫는 게 좋은 방법이다.

일이 잘 안되어 망했다 소릴 듣지 않으려고 버티고 버티다 상처만 더 크게 입는다. 아무리 노력해도 안 될 것 같으면 빨리 포기하고 다른 일을 찾는 게 현명하다. 그래야 상처도 덜 입고 회복할 시간도 빨라진다. 아무 고생 없이 한 번에 성공하는 사람은 없다. 실패와 좌절은 누구도 피해가지 않는다. 다만 어떻게 지혜롭게 대처하는지가 아주 중요하다. 휘든 부러지든 두려워 말고 고쳐 쓸 것인지 새것으로 바꿀 것인지를 판단하는 게 옳은 생각이다.

질량보존의 법칙

질량보존의 법칙은 프랑스 화학자 라부아지에가 1774년에 발견한 것으로 다음과 같다.

화학반응에서 반응물 전체의 질량과 생성물 전체의 질량은 같다.

물질이 화학반응에 의해 다른 물질로 변화해도 반응 이전 물질의 모든 질량과 반응 이후 물질의 모든 질량은 변하지 않고 항상 일정하다.

과학용어를 사용해 두 가지로 설명한 것인데 몇 번을 읽어도 무슨 말인지 이해하기 어렵다. 그래서 쉽게 예를 들어 풀이하면 이렇다. 매실이 또 등장한다. 매실 발효액을 담글 때 설탕과 매실을 1:1 비율로 섞어서 재워 놓는다. 그럼 그동안 설탕과 매실은 서로 친해져서 매실은 수분이 빠지고 설탕은 그 수분으로 몸을 녹여 짙은 갈색의 발효액으로 바뀐다. 그러면서 한가득 이던 매실이 절반 정도로 줄어들면서 맛있게 담가진다. 이렇게 매실은 수분이 빠져 쭈그러들고 설탕은 녹아서 물이 된다. 이때 고체인 설탕이 액체인 물로 바뀌었어도 설탕의 질량은 똑같다는 것이다. 어떠한 화학반응이 형체를 변형시켰어도 원래의 질량은 그대로 갖고 있다는 말이다. 자신의 정체를 유지하려는 습관이라고 할 수 있다. (쉽게 풀었는데 그럼 에도 어려운 것 같다) 라부아지에가 화학적으로 발견해서 과학용어가 되었지 파스칼이나, 스피노자 같은 현인이 고찰 끝에 인간에게 교훈으로 한 말이라면 소크라테스의 '너 자신을 알라' 보다 더 유명한 명언으로 세상 사람들에게 회자 되었을 것이다. 왜냐면 사람도 자신의 좋은 모습이든 나쁜 모습이든 잘 바꾸려 하지 않고 좋은 사람은 좋은 모습으로 채우고 나쁜 사람은 나쁜 일로 자신의 욕심을 채우려 하기 때문이다. 꼭 자신의 본성과 진가를 나타내려 하는 게 신기하다. 사람은 누구나 욕심이 있다. 그 중에서도 돈 욕심이 제일 많고 그다음은 집이나 차, 옷, 신발 등이 있다. 사람이 욕심이 있다는 건 적자생존(適者生存. 환경에 적응하는 것만 살아남고, 그렇지 못한 것은 도태되는 현상)의 사회에서 불가피한 것이지만 지나친 욕심은 화를 부를 때가 많다. 욕심이 많은 것과 능력이 많은 것은 구별해야 하는데 욕심이 많아서 많이 가져가는 걸 능력 있는 것으로 착각해서는 안 된다. 능력도 많고 욕심도 많아서 많이 벌어서 많이 베푼다면 더할 나위 없이 좋지만 자기 자신만을 생각한다면 고쳐야 할 지나친 욕심이다. 반면에 욕심이 너무 없는 사람도 있다. 자기 소유와 공동 소유의 개념이 별로 없고 더 가지려 하지도 않고 더 가져가라고 해도 싫다고 고개를 흔든다. 그야말로 고려말 최영 장군의 가르침인 '황금 보기를 돌같이 하라'는 말씀을 600년이 지난 지금까지 철저히 지키며 사는 듯하다. 자신의 인생을 준비한 계획과 일정대로 사는 사람은 빡빡한 일정에도 불구하고 혹시나 낭비하는 시간이 없는지 계속 체크 한다. 그러면서 빈틈을 메우고 불필요한 건 줄이고 새로운 것으로 계속 채운다. 언뜻 보면 좋은 습관인 것 같지만 그 사람의 사는 방식이고 행여라도 일상이 흐트러지면 자책하며 반성한다. 성실과 열심이라는 질량보존의 법칙이 작용하는 것이다. 그런가 하면 어떤 사람은 어제와 오늘이 다른 게 전혀 없다. 내 일정과 계획은 내가 세우지 않고 남의 계획 속에 내가 있다. 그리고는 시키는 대로 살면서 쥐구멍에도 볕들 날이 있다고 믿는다. 이 사람 또한 타성과 의존이라는 질량보존의 법칙이 작용하는 삶을 살고 있다. 두 사람에게 서로 다른 질량보존의 법칙이 작용하고 있지만, 본인들은 무슨 법칙이 작용하는지 모른 채 살아간다. 그렇다고 진짜 이 법칙이 작용했는지 확인할 수 없지만, 그렇다고 봐야 한다. 그렇다면 나는 긍정과 열심, 성실과 근면의 질량이 많은 사람인지, 부정과 게으름, 오만과 편견의 질량이 많은 사람인지 돌아보자. 지방이 근육보다 많으면 비만이 되고 비만은 만병의 근원이다. 내 안에 잘못된 질량이 많다면 체질을 개선해야 한다. 성실과 성공의 질량이 가득하도록 계속 좋은 것으로 채워야 한다.

성공의 열쇠는 없다. 항상 열려있다

사람은 마음속의 가장 지배적인 생각이 행동으로 나온다.

그래서 마음속에 간절히 원하는 걸 상상하면 이루어진다는 내용의 책도 많이 출간되어있다.

생각은 연구원의 연구와도 비슷한 것 같다. 연구원이 신약이나 신기술, 신제품을 개발할 때 머릿속에 있는 아이디어 하나로 시작해 크고 위대한 것을 만들어내듯이 말이다.

연구원이 성과를 내기 위해 작은 단서나 기초지식 하나로 끊임없이 연구하다 보면 서서히 실마리가 풀리고 성과가 나타나기 시작한다. 그러면 연구원 특유의 묵직함과 끈기로 마침내 결과물을 만들어낸다. 이런 수고와 노력이 있기에 인류는 더 발전된 세상에서 살 수 있다. 그러나 연구는 연구원이나 과학자만이 하는 게 아니다. 우리 모두도 다 같이 연구하며 산다. 자신의 성공을 연구하고 장래와 미래를 연구하고 사업을 연구하고 다양하게 상황에 따른 연구를 한다. 연구를 많이 하는 사람이 많은 결과물을 내는 건 당연하지만 연구와 고민, 연구와 집착을 분별하지 못하면 성과없는 스트레스만 쌓인다.

이미 엎어진 물은 주워 담을 수 없으니 다시 떠오든가 버리든가 해야 한다. 불이 나서 출동한 소방관이 불은 안 끄고, 화재의 원인만 조사하고 있다면, 그 소방관은 다른 일을 해야 한다. 결과를 해결한 후에 원인을 찾아야지 해결할 생각은 안 하고 원인만 찾고 있다면 일 처리 순서가 바뀐 것이다. 사람이 무슨 일을 하든 한 번에 정확하고 완벽하게 끝나는 경우는 아주 드물다. 대부분 시행착오를 겪고 실패와 좌절을 반복한 후에 결과를 얻어낸다. 이런 패턴은 사회생활을 하면서 자연스럽게 체득한다. 그런데 뒤치다꺼리에만 급급해 일머리를 제대로 배우지 못해 지식이 없거나 권위주의적인 사람은 해결책을 궁리하기보다 호통부터 치고, 왜 그랬냐고 야단만 친다. 그게 습관이 되면 험상궂은 인상으로 굳어져 얼굴에서 풍기는 이미지부터 호감에서 멀어져 간다.

산토끼는 자신이 다니던 길만 계속 다닌다. 그래서 한겨울에 시골 마을 사람들이 토기를 잡을 때 토끼 발자국을 보고 덫을 놓으면 자기 발자국을 보고 달리던 토끼가 덫에 걸려 잡힌다. 비단 토끼만이 아니다. 사람도 자기가 하던 생각만 계속하고 하던 방식대로만 계속하려 한다. 착하고 정직하게 사는 사람은 길바닥에서 천원만 주워도 벌벌 떨며 어떻게 할지 고민하는가 하면, 내것 네것의 경계가 불분명한 사람은 속여서 남의 것을 갈취한다. 그리고는 죄책감도 별로 없고 크게 한탕 해서 손 떼고 나중에 착하게 살면 된다고 위안 삼는다. 그나마 이 정도면 최영 장군의 표창 감이며 더 한 사람은 부정과 불의의 늪에서 빠져나오지 못하고 계속 범죄의 길에 서 있다. 이유는 아직 부정한 방법으로라도 목표달성을 못 했기 때문이다. 이렇게 된 것은 가정교육이나 학교 교육이 문제가 아니라 자기 자신이 스스로 올가미를 멘 것이다. 충분히 돌이킬 수 있는데 쉽고 편한 것만 고집하면 이런 결과가 나온다. 물론 교육이나 환경이 많은 영향을 미치겠지만 그것이 나를 이렇게 만들었다고 해도 이해해 주고 용납해 주지 않는다. 오히려 자신의 잘못을 뉘우치지 않고 핑계와 변명으로 죄를 면하려 한다고 가중비난을 받는다. 산은 처음부터 높았고 바다는 처음부터 깊었다. 사람이 높일 수도 없고 깊게 할 수도 없다. 그러나 생각은 높일 수도 있고 넓힐 수도 있다. 아무 생각 없이 열심히 산다는 것은 부와 성취, 성공과는 먼 삶을 사는 것이다. 지금 내가 가지고 있는 밑천은 불과 몇 년이면 바닥난다. 성장 없는 열심은 은퇴만 앞당기므로 봉급날만 기다리며 맹목적인 열심으로만 일하면 안 된다. 내가 성장해야 회사가 성장한다. 성공의 문에는 열쇠가 없다. 항상 열려있어 누구라도 들어갈 수 있다. 힘해서 갈 생각이 없다면 할 말 없지만 가려거든 지금 당장 출발하자. 이미 먼저 가고 있는 사람도 많다.

성공이냐 행복이냐

오늘은 무엇을 선택했고, 무엇을 고민했는지 물어보겠습니다.

선택한 결과는 만족했는지 고민은 해결됐는지도 궁금합니다. 이렇게 물어본다면 바로 답변할 수 있는 사람이 많지 않을 것이다. 어쩌면 처음 들어보는 질문일지도 모른다.

그러나 질문이 새롭고 재밌다. 인간적이다. 왠지 나를 위로해주는 말 같기도 하다.

그렇다면 한 번 생각해 보자. 오늘 하루를 살면서 과연 몇 번의 선택과 고민이 있었는지 곰곰이 생각해 보면 아무 일 없었던 것 같아도 최소한 몇 개는 나온다. 그럼 그 선택과 고민으로 행복했는지 아니면 불행했는지 되짚어 보자. 매일 선택과 결정을 하지만 너무 일상적이다 보니 크게 느끼지 못해 아무 일 없었다고 넘어갈 뿐이다. 무엇을 선택한다는 것은 선택 자체가 고민이다. 한번 잘못 선택하면 그 결과가 몇 날 며칠을 가거나 아주 오래 갈 수도 있으니 말이다. 그렇다면 선택하는 것이 고민일까? 고민하느냐 마느냐를 선택할까? 이 또한 살아온 세월의 연륜이 쉽게 해결해 주지 못한다. 나와 가족, 나와 남이 서로 연관되어있기 때문에 현명한 선택이란 어려운 것 같다. 예전에 드라마나 영화에서 결혼 적령기인 여자가 남자에게 일과 사랑, 일과 가족 중에서 무엇을 선택할지 묻는 대사가 있었다. 요즘엔 못 들어 봤기에 예전이라고 표현했지만, 요즘도 비슷한 대사가 나오지 않을까 생각한다. 그럼 묻는 여자의 생각과 듣는 남자의 생각은 다를까? 다르면 무엇이 다를까? 짐작하건대 두 사람 모두 원하는 건 과정이나 방법이 조금 다를 뿐 행복과 성공한 인생일 것이다. 남자에게 일은 무척 소중하다. 책임감, 부양의무, 성취감, 능력 있어 보이는 것 등 거창한 이유가 많다. 실제로 그렇게 되든 안되든 이유는 비슷하다. 남자나 여자나 사람이라는 건 똑같지만 서로 다름이 분명히 있다. 그래서 성격 차이라기보다 그냥 다름을 인정하고 이해하는 게 좋을 것 같다. 어머니의 모정, 아버지의 부정 각각 다른 느낌이지만 부모의 사랑은 같으니 말이다.

예전에 어느 노부부가 한평생 살아온 인생을 회고하는 칼럼을 읽은 적이 있다. 두 부부는 건강해 보였으며 열심히 살아온 듯한 인상이 풍겼다. 그 부부는 지금까지 살아오면서 돈 벌어 부자 되고 성공하면 행복한 삶을 살 수 있다고 생각했다. 그래서 소소한 일이나 잠깐의 휴식은 멀리하고 오직 앞만 보고 열심히 살아왔다고 한다. 그러나 나이 먹고 삶을 돌아보니 정작 중요한 것은 부와 명예 성공이 아니고 행복을 추구하지 않은 것이라고 했다.

성공보다 행복을 추구했더라면 허리띠를 덜 졸라매도 됐고, 가족과 자주 여행도 가고 취미생활도 즐기면서 좀 넉넉하게 살았을 텐데 하는 아쉬움이 많다고 말했다. 이 글을 읽으면서 나를 돌아보니 공감하지 않을 수 없었다. 나 또한 행복보다는 성공을 추구하는 일개미 같음을 깨닫고 헛웃음을 웃었다. 그래서 그러면 지금부터라도 한 길만 생각하지 말고 두 길 세 길도 생각해 보자고 다짐했던 적이 있다. 그 후 몇 년이 지난 지금 그때부터 지금까지를 다시 돌아보면 그때 그 다짐을 실천한 게 몇 번 안 되고 다시 한 길만 바라보는 삶을 살고 있다. 그러면서 지금 다시 드는 생각은 그때 그 노부부는 분명히 성공한 사람 같다는 것이다. 마음의 여유가 있어야 가족도 이웃도 보이지 먹고살기 바빠 허우적거리는데 주변이 눈에 띌 리 없다. 행복, 성공, 부와 명예는 인간의 공통 관심 사항임이 확실하다. 왜냐면 그게 좋고 좋은 걸 갖고 싶으니 당연하다. 성공해야 행복한 게 절대 아님을 이미 많은 사람이 검증해 주었다. 나의 관심사가 무엇에 있는지 확인하고 그 일이 잘되어 나와 남이 조금 더 나은 삶을 사는 게 성공의 목적이라면 그 사람은 행복한 성공을 꿈꾸는 사람이다. 그리고 이미 행복한 성공을 많이 했거나 지금도 하고 있다. 행복과 성공 둘 다 이루길 소원한다.

나의 이야기속으로

나의 살던 고향은

내가 태어난 곳은 충남 연기군 전의면 소정리 488번지다. 지금은 행정구역 개편으로 세종시로 편입되어 정확한 주소도 모르고 태어난 집도 없어졌다.

그곳에서 태어난 나는 천안으로 이주해 잠깐 살다가 다시 소정리 옆 동네인 전의면 운당리로 이사 왔다. 소정리와 운당리는 약 2km 정도의 가까운 거리였으나 그때 당시의 이동수단은 웬만하면 걸어서였기에 초등학교 6년을 걸어 다녔다. 2남 2녀 중에 장남으로 태어난 나는 천안에서의 기억은 전혀 없고 위로 두 살 터울의 누나에게 들은 몇 가지가 전부다. 지금도 생각나는 것은 우리 집 방문 앞에 마루가 있었는데 비 오는 날 우박이 쏟아지면 그 마루에 떨어지는 우박을 둘이서 주워 먹었다고 한다. 그때 우박은 어린 남매의 호기심과 신기함이었기도 했지만 먹는 음식이기도 했다. 지금은 우박을 흔히 볼 수도 없지만, 우박이 떨어진다고 그걸 호기심에라도 주워 먹는 사람은 없다. 나중에 조금 커서 막내 삼촌에게 들은 얘기로는 우리가 어렸을 때 아버지가 천안에서 과자 공장을 하셨기 때문에 삼촌이 우리 집에 놀러 오면 나와 누나는 열 손가락에 과자를 끼고 놀았다고 한다. 그때 당시 또래의 친구들은 상상하기 힘든 광경이었다. 그때는 70년대 초반이었으므로 과자가 귀했고 종류도 몇 가지 안 되었다. 그것 또한 기억이 안 나지만 아버지가 만들었던 과자는 굴뚝 과자(마카로니 같은 속인 텅 빈 약간 큰 과자. 또는 아주 작은 과자)라고 요즘도 비슷한 과자를 시골 장터에 가면 옛날과자라고 파는 걸 볼 수 있다. 얼마나 오랫동안 하셨는지 몰라서 지금도 살아 계신 아버지께 물어봤더니 약 13년간 하셨다고 한다. 그래도 그때는 장사가 괜찮아서 천안에서 평택까지 짐 자전거(일반 자전거보다 큰 자전거로 무겁고 뒤에 짐을 실을 수 있다)로 배달까지 했다고 한다. 그러다가 이런저런 이유로 과자 공장을 정리하고 대천 해수욕장에 가서 튀김 닭 장사를 했는데 그마저 실패하여 그 이후로 아버지는 사업에서 영영 멀어졌다. 아버지와 동갑이신 어머니는 같은 고향의 초등학교 동문이다. 아버지는 형제가 몇 명 있었는데 질병 등으로 다 돌아가시고 아버지와 아버지의 누나(나에겐 고모)만 살아남았다. 그래서 독자 아닌 독자가 되었고 그것도 삼대독자가 되었다. 손이 귀해서 할아버지는 아버지를 일찍 결혼시켜 아버지 나이 약관 20살에 혼인했다. 어머니 또 한 방년 20살이었다. (약관: 남자 나이 20세. 방년: 여자 나이 20세 전후) 쥐띠 동갑내기인 부모님은 지금도 50년이 넘게 해로(偕老. 부부가 한평생 함께 늙음)하고 계신다. 부모님이 지금까지 건강하게 무탈하게 살아계심에 나와 형제들에겐 더할 나위 없이 감사한 일이다. 이 책을 쓰면서 내 책에 부모님이 등장하고 그 부모님이 내 옆에 살고 계심에 다시 한번 깊이 감사드린다.

내가 살던 운당리는 산골 마을은 아니었지만 70년대 시골 마을이 산동네 달동네를 나눌 필요가 없을 만큼 거의 비슷했다. 그때의 서울을 지금 보면 웃음이 나올 만큼 촌스러우니 시골 마을은 두말할 것도 없다. 우리 마을은 행정구역명은 운당리였지만 마을 이름은 "양촌"이라고 불렀다. 그때 당시 전원일기라는 프로그램에 등장하는 시골 마을 이름과 같았다.

내가 살던 동네에는 우리 집을 포함한 약 10가구가 있었고 조금씩 떨어진 마을 양쪽에 다 합쳐 약 30가구 정도가 있었다. 그렇게 다 합치면 50~60가구 정도가 살았다. 그래서 동네 경조사가 있으면 한마을로 통틀어 어르신들이 왕래하며 돕고 살았다. 그때가 70년대 중반이고 시골 마을이었지만 내가 살던 고향 사람은 대체 적으로 모두 잘살았다.

집도 초가집을 헐고 새로 지은 양옥집이거나 부잣집처럼 보이는 기와집이었다.

계란과자의 슬픔

대부분 집도 컸고 큰 집에 마당이 있었고 마당에 감나무 대추나무 등의 나무들도 심겨 있었다. 또한 집집마다 기르던 개나 고양이가 있어서 어린이들의 친구로 놀다가 여름철 어느 날이면 많이 사라지곤 했다. 또 마을 앞에는 크고 넓은 냇가가 있어 여름이면 천안에서 피서지 삼아 많이 놀러 왔다. 나와 친구들 또한 학교 갔다 오면 가방 벗어 놓고 냇가로 달려가 물놀이 하는 게 여름철 일상이었다. 너무 즐겁고 재밌고 행복했다. 그때는 나뿐만 아니라 이 세상 모든 어린이가 다 그렇게 같거나 비슷한 환경에서 놀고, 먹고 사는 줄 알았다. 그리고 마을 사람들은 논이나 밭이 있어서 벼농사 밭농사로 농가소득을 올리고 자급자족하며 크게 부족하지 않게 잘 살았다. 그러나 우리 집은 소작할 논과 밭은 없었고 마당에 작은 텃밭이 전부였다. 조금 커서 알고 보니 우리 집이 우리 동네에서 제일 가난했다. 흙벽돌 집에 슬레이트 지붕으로 만든 낡고 오래된 집이었으며 3평 남짓한 방 한 칸에서 부모님과 자녀 넷. 총 여섯 명이 살았다. 방 구조는 방문에서 우측 벽에 장롱을 하나 놓았고 나머지 공간에서 먹고 자고 했다. 밤에 잘 때는 방이 좁아 나란히 잘 수 없어서 자녀들은 두 명씩 서로 발이 맞닿도록 머리를 반대 방향으로 두고 잤다. 그렇지만 불편한 줄 몰랐고 내 집이라는 아늑함이 너무 좋았다. 아버지는 사업 실패 후 별다른 직장 없이 이것저것 조금씩 하셨고, 어머니는 천안으로 공장엘 다녀서 어머니가 퇴근하고 집에 오는 저녁 늦게까지 자녀들만 집에 있었다. 게다가 아버지는 술만 드시면 주사가 심해서 집안이 엉망이 되었고, 우리는 무서워서 도망 다녔다. 어머니라도 옆에 있어야 누가 말리는데 어린 자녀들은 어찌할 수가 없어 그저 울기만 했다. 그래서 초등학교 저학년 때부터 고학년 때까지 학교 갔다 와서 아버지가 집에 안 계시면 이 동네 저 동네 가게로 아버지를 찾으러 다녔다. 그때는 동네마다 가정집에서 물건을 떼다가 파는 작은 마트 같은 가게를 운영했고 그곳에서 술을 먹고 갈 수 있어서 술집 역할까지 했다. 그러다가 아버지를 찾으면 집에 가자고 졸라댔다. 아직 한낮이지만 아버지는 벌써 만취한 상태였거나 만취로 진행 중이었다. 그러면 아버지는 술 먹는 데 방해되니 내게 아무거나 과자 하나를 골라 집에 가라고 타일렀다. 나는 아버지의 주사를 잘 알기에 오늘 밤에 또 어머니와 싸울 게 많이 걱정돼서 계속 가자고 졸라대지만 끝내는 혼자 과자 하나를 들고 무거운 발걸음으로 투덜투덜 집으로 걸어왔다. 평소에는 지나가다가 구경만 하던 과자를 손에 쥐었지만 하나도 좋지 않았고 먹고 싶지도 않았다. 그때 주로 가져왔던 과자는 계란과자로 요즘에도 있고 큰 봉지에 500원이었다. 보통 과자가 100원 정도였으니 꽤 크고 많이 들었다. 그리고 집에 와서 형제들과 나눠 먹으면서도 술 먹고 있는 아버지의 모습을 보고 왔기에 마음은 편하지 않았다. 그리고 저녁이 되어 어머니가 오고 우리가 잠이 들 때까지 아버지가 집에 안 오면 불안한 마음으로 잠이 들었다. 그리고는 잠깐 시끄러운 소리에 눈 떠보면 어김없이 밤늦게 들어오신 아버지가 어머니께 주정을 부리며 싸우고 있었다. 그러면 또 깨어나 힘이 없어 말릴 수 없으니 말로만 싸우지 말라고 말리다가 우는 것으로 끝나는 일이 아주 많았다. 그때는 나도 어렸지만, 더 어린 두 동생은 아무것도 모르고 그냥 자고 있었기에 잠들어 있는 동생들이 부러웠다. 그렇게 한참을 실랑이하다가 아버지가 잠이 들면 다시 평화가 찾아왔다. 어떤 날은 어머니가 오시기 전 6~7시경에 아버지가 만취 상태로 들어오는 때가 있었다. 그때는 우리 힘으로 어찌할 수 없으니 우리 집에서 세 번째 옆집에 외갓집이 있었는데 얼른 달려가서 외할머니를 모시고 와서 아버지를 진정시킨 적이 한두 번이 아니었다. 어렸지만 그럴 때마다 할머니에게 너무 창피했다. 그래도 옆에 할머니가 계시니 다행이라고 생각했고 할머니께 많이 감사했다.

지금은 빵을 좋아하지 않는다

어머니는 월요일부터 토요일까지 출근하셨으며 천안까지의 출퇴근 거리가 멀다 보니 천안에서 일을 마치고 버스를 타고 운당리 정류장에 도착하면 저녁 8시 20분 정도가 되었다. 그리고 정류장에서 집까지 거리가 약 1km쯤 되었으니 걸어서 10분 남짓 걸렸다.

학교 갔다 와서 저녁은 대부분 우리끼리 알아서 챙겨 먹었고 냉장고나 세탁기 밥솥 등이 없던 시절이라 아침에 어머니가 해놓고 간 음식을 우리끼리 부엌에서 꺼내와 대충 먹었다.

찬밥에 반찬 몇 개가 전부였지만 반찬 투정은 하지 않았고 할 수도 없었다. 또한 해도 소용없었다. 어쩌면 그 어린 나이에 우리 집이 가난하다는 걸 알고 이미 적응해 있었는지도 모른다.

옛날이고 시골 마을이다 보니 대부분 저녁을 일찍 먹었는데 우리도 저녁 6시경에 먹었다. 아버지가 계신 날은 아버지와 같이 먹기도 했지만 많은 날을 우리 네 명이 먹었다. 아버지는 일이 있거나, 놀러 갔거나, 아니면 일 마치고 놀고 있거나 그랬을 것이다.

그렇게 대충 저녁을 먹고 놀고 있다 보면 어린 두 동생은 잠들 때가 많았고 나와 누나는 어머니가 올 때까지 기다렸다. 어머니가 보고 싶어서가 아니라 어머니가 가져오는 빵과 우유 때문이었다. 그때 천안의 어떤 공장에 다니던 어머니는 근로자에게 참으로 주는 빵과 우유를 먹지 않고 자녀들을 주려고 꼭 챙겨 왔다. 곶감 빵(빵 이름)에 삼각 비닐봉지에 들어있는 우유 한 봉지. 그걸 먹고 자려고 기다린 것이다. 동생들이 안 자고 있으면 4등분, 자고 있으면 누나와 나 둘이서 2등분이었다. 우리 마을에도 작은 가게가 있었지만, 빵이나 우유를 사 먹는다는 건 소풍이나 운동회가 아니면 상상할 수 없는 일이었다. 그때 먹었던 한 조각의 빵과 한 모금의 우유는 행복과 즐거움 그 자체였다. 어머니도 남들처럼 받은 빵과 우유로 허기를 채우고 싶었을 텐데 어린 자녀들을 생각해서 퇴근하고 집에 올 때까지 몇 시간을 가방에 넣어두었다가 집으로 가져온 것이다. 우리 자녀들은 어머니의 몫으로 준 빵과 우유를 우리가 먹는 미안함이나 고마움은 전혀 몰랐고 그냥 의례 이 먹는 건 줄로만 알았다. 그 이후로도 수십 년이 지나도록 어머니의 눈물겨운 자식 사랑을 몰랐다가 뒤늦게야 깨달았다. 그걸 왜 이렇게 뒤늦게야 깨달았을까! 참으로 안타깝지만 늦게 마다 깨달은 것만으로 다행이라 생각한다. 지금은 내가 아버지가 되어 자녀 사랑을 하고 있지만 물론 자녀는 모른다. 나는 그때 소원이 혼자서 빵 하나를 다 먹어보는 거였다. 조그만 빵 하나를 몇 조각으로 나눠서 먹으니 감질날 수밖에 없었다. 나누지 않고, 남기지 않고 팥 앙금이 있는 부분과 밀가루만 있는 부분을 나 혼자 다 먹는 거. 제발 한 번만 나 혼자 다 먹어봤으면 좋겠다고 여러 번 생각했었다. 어머니가 가져온 빵, 우유 외에 간식이나 주전부리는 거의 없었기에 간절한 마음은 더 했다. 그런데 그러던 어느 날 드디어 기회가 왔다. 몇 년이 지난 것 같다. 그때는 어머니가 천안에 다니던 공장을 그만두고 동네에서 모내기, 밭매기 등의 날품 파는 일을 할 때였는데 그때도 중간중간에 참으로 빵을 나눠 주었다. 그런데 어느 날 학교 갔다 와서 어머니가 어느 논에서 모내기를 하나 하고 찾던 중에 동네 어귀에서 어머니가 일하는 모습을 발견하곤 심심해서 논으로 놀러 갔다. 그곳에서 짧게 인사를 한 뒤 잠깐 앉아 있었는데 어머니가 참으로 받은 빵을 내게 주었다. 나는 그 빵을 가지고 얼른 집으로 돌아와 아무도 없는 빈방에서 빵가루 하나 떨어질세라 조심스레 혼자 다 먹었다. 드디어 소원을 이루는 순간이었다. 그때 빵이 '곶감' 인가였는데(어머니가 공장 다닐 때 얻어다 준 빵) 얼마나 맛있었는지 빵을 정성 들여 먹었던 기억이 난다. 물론 나머지 형제들에겐 비밀이었고, 미안했지만 어쩔 수 없었다. 그리고는 동생들과 나눠 먹지 않았다고 어머니께 혼날까 봐 걱정도 했지만 혼날 땐 혼나더라도 혼자 다 먹고 싶어서 미련 없이 얼른 먹어 치웠다.

초등학교 입학

집에서 학교까지의 거리는 대략 2km이고, 어린이가 걸어 다니기에는 좀 먼 거리였지만 비가 많이 오거나 눈이 많이 쌓여 있는 날 이외에는 약 40분 정도를 걸어 다녔다. 학교에 갈 때는 마을마다 학교 갈 아이들이 마을 공터에 모여서 두 줄로 줄을 만들어서 행렬하듯 각각 동네별로 출발해서 갔다. 저학년이 맨 앞에 서고 고학년이 뒤에 서서 일렬로 갔으며 올 때는 끝나는 대로 각자 알아서 친구들과 집으로 돌아갔다. 내가 초등학교에 입학하던 날엔 부모님이 같이 갈 수가 없어서 열 살 많은 막내 삼촌이 나를 짐 자전거에 태우고 소정리에 있는 소정 초등학교에 입학했다. 어떻게 갔는지는 기억나지 않고, 올 때 눈이 많이 내리고 엄청 추워서 벌벌 떨며 왔던 기억이 난다. 그래서 삼촌이 나를 태우고 투덜대며 왔다.

학교에 입학한 나는 여덟 살 어린 나이였지만 투정 부리지 않고 먼 거리를 형, 누나들과 함께 잘 다닌 게 지금 생각해도 신기하고 대견하다. 내가

다닌 초등학교는 소정리에 있었고 인근 마을과 먼 거리에 있는 마을에서
도 다 그리로 다녔다. 그럼 에도 시골 학교여서 한 학년에 두 학급이 전부
였고 한 반에 35명 정도로 다 합치면 열두 학급에 전교생이 300여 명이었
다. 내가 입학했을 때는 교실이 부족해서 학교 옆에 따로 만들어 놓은 목
조건물 창고가 있었는데 그걸 치우고 정리해서 책상을 갖다 놓고 창고에
서 수업했다. 오래된 건물에 창고였던 자리여서 냄새가 안 좋았지만 그런
가 보다 했고, 남자 담임 선생님이 잘 다독거려 주었다. 점심은 도시락을
싸 와서 먹었는데 일부 학생만 싸 왔고 나는 2학년 때부턴가 가끔 싸가기
시작했다. 그때는 학교에서 점심에 빵을 배급해주었는데 1학년 어느 날
순서대로 일곱 명에게 빵을 나눠주어 나도 받은 적이 있었다. 그 빵은 상
표나 이름이 없고 얇은 투명 비닐봉지에 담겨 있었으며 빵 속에는 아무것
도 안 들어있고 크기는 썰기 전 큰 식빵의 삼 분의 일 크기 정도에 사각형
두툼한 빵 이었다. 어린이 혼자 먹기엔 배부른 양이었지만 먹는 게 부실하
던 때라 혼자 다 먹어도 큰 무리는 아니었다. 나도 어느 날 그 빵을 얻었는
데 집에 있는 동생들이 생각나 먹지 않았다. 배고픔에 수십 번은 먹고 싶
었지만 먹지 않고 가져갔다. 그래야 동생들이 빵 구경을 할 수 있으니까.
그런데 그마저도 몇 번 주더니 더 이상주지 않아 점심은 없는 것으로 여기
며 다녔다. 한겨울엔 학교 가면서 젖은 양말로 차가운 마룻바닥을 밟고 다
니는데 발이 너무 시려서 깨지는 것 같았다. 실내화라도 있었으면 덜 했을
텐데 내게 실내화는 너무 큰 꿈이었다. 그런데 그다음 해 2학년 어느 겨울
에 누나가 내 교실에 잠깐 와서 실내화를 신어 보라고 벗어 준 적이 있었
다. 신어 보니 너무 따뜻하고 좋아서 어디서 났냐고 물었더니 친구에게 잠
깐 빌려 신고 왔다고 했다. 그때 실내화는 방한용 따뜻한 실내화가 아니고

그냥 고무로 만든 슬리퍼였다. 제대로 된 양말도 없어서 어머니가 천 조각으로 기워서 준 양말을 신고 다닐 때라 실내화는 엄두를 못 냈고 그렇게 초등시절 겨울을 차갑게 보냈다. 그때는 급식실이 따로 없었기에 선생님도 도시락을 싸 와서 선생님은 선생님 책상에서 먹고 학생들은 학생들 책상에서 먹었는데 선생님이 젓가락을 들고 다니며 맛있는 반찬이 있으면 하나씩 집어 먹기도 했다. 그때는 선생님이 마냥 어려웠던 시절이라 선생님이 내가 싸 온 반찬을 먹어주는 것만으로도 고마운 마음이 들었었다. 물론 나는 매일 김치 아니면 김치류였기에 선생님은 항상 나를 지나쳤다. 그러다가 3학년 때 소정리에 살고 계시던 친할아버지가 지병으로 돌아가셨는데 나는 너무 어려 죽음이 뭔지 잘 모르던 때라 그런가 보다 했다. 그때는 장례를 집에서 치루던 때여서 장례 치루는 동안 동네 손님에게 대접하고 남은 음식이 있어서 어느 날 고기반찬을 싸서 학교에 갔는데 선생님이 그 반찬을 보더니 한 점 집어가는 거였다. 마음으로 너무 감격했고 얼마나 고마웠는지 심장이 쿵쾅거렸다.

아픈 소풍

시골 학교에서 가장 큰 즐거움은 소풍과 운동회였다. 봄 소풍, 가을 소풍, 가을 운동회 이런 날은 추석, 설날과 함께 최고의 날이었다. 소풍은 주로 인근에 있는 사찰이나 마을로 갔다. 사찰이 유명해서는 아니었고 사찰 인근에 풀밭 등의 공터가 있어서 여러 명이 모여도 괜찮았기 때문에 간 것 같다. 그러면 사진 찍어 주는 아저씨가 카메라를 가져와서 사진을 찍어 주었고, 며칠 있다 사진관에 가서 인화비를 주고 사진을 찾아왔다. 소풍날도 여느 때처럼 마을 공터에 모여서 자유롭게 이런저런 얘기를 나누다가 학교에 갔는데 대화는 주로 엄마가 계란을 삶아 줬다. 김밥을 싸줬다. 과자는 어떤 종류를 사줬다 등의 자랑 비슷한 얘기였다.

　나와 동생에게도 어머니가 소풍 가방을 싸주었는데, 김밥은 아니고 쌀과 보리를 섞은 밥에 멸치볶음, 그리고 과자 몇 봉지. 사이다. 가끔은 삶은 계란 몇 개, 그리고 내가 학교 갔다 와서 산에서 주워온 삶은 밤 정도였다. 형편이 어려운 우리 집은 밤이나 계란을 담아 줄 봉지도 없어서 전날 학교에서 집까지 걸어오면서 누군가 먹고 버린 찢어진 라면 봉지를 주워오면 거기에 어머니가 담아 주었다. 소풍 가는 날은 평소에 못 먹던 계란에, 과자에 적지만 용돈에 횡재가 한두 개가 아니라서 전날 밤에 잠이 안 왔다. 분명 친구들에 비하면 형편없는 소풍 가방이지만 그래도 너무 기쁘고 설렜다. 그렇게 소풍 가서 친구들과 놀며 보물찾기 등을 하다가 선생님이 점심 먹고 또 모이자고 하면 삼삼오오 모여서 싸 온 도시락을 먹었다. 그러면 김밥을 싸 가지 않은 나는 친구들과 같이 먹기가 창피해서 여동생과 둘이서 먹었다. 학생 수가 적어서 몇 개 학년이 함께 가다 보니 나이 차가 많지 않은 형이나 누나 동생이 같은 장소로 가게 되니 가능했다. 소풍 날은 다 좋았지만, 점심시간은 좋지 않았다. 나도 친구들에게 가난을 들킬까 봐 창피했는데 여동생은 어떠했으랴. 서로 부끄러운 말은 하지 못하고 조용히 맨밥에 반찬을 먹고 밤과 과자로 후식을 먹었다. 그런데 4학년 봄 소풍 전날 대단한 사건이 생겼다. 그날도 내일이 소풍날이라 동네 친구와 둘이서 학교를 마치고 집에 오는 길이 꿈만 같아서 뛰며 걸으며 하다가 돌부리에 걸려 앞으로 넘어졌다. 그런데 하필 넘어지면서 오른손을 앞가슴에 넣고 넘어지는 바람에 오른손이 가슴에 깔리면서 팔에 심각한 부상을 입었다. 많이 아팠지만, 내일이 소풍이라 통증은 반감됐다. 그렇게 먼 거리를 걸어서 집에 와보니 어머니가 누나와 마루에 앉아서 나물을 다듬고 있었다. 그런데 내 오른팔이 멀쩡하지 못하고 왼손으로 붙들고 있으니 왜 그러냐고 어머니가 물었다. 나는 오다가 넘어져서 그랬다고 대답했더니 아니나 다를까 위로 대신 호통이 떨어졌다. 미친놈처럼 빨빨거리고 뛰어다니다가 넘어졌다고 된통 혼나기만 했다. 사실 그럴 줄 알았다. 집에 오면서도 왜 다쳤는지 물어보면 뭐라고 대답해야 덜 혼날지 생각하며 왔는데 역시나 였다. 그렇게 저녁을 먹고 밤이 되자 팔꿈치가 퉁퉁 부으면서 두 배는 커졌다. 많이 아프고 통증이 심했지만 아프다고 하면 내일 소풍을 가지 말라고 할까 봐 꾹 참고 잤다. 다음날 어머니는 팔 상태가 너무 안 좋으니 소풍을 가지 말라고 만류했지만 나는 끝내 우겨서 오른팔을 보자기로 감싸고 목에 걸쳐서 보자기 깁스를 하고 학교에 갔다. 소풍 가기 위해 전교생이 운동장에 모여서 교장 선생님의 말씀을 듣고 있는데 잠시 후 담임 선생님이 오시더니 내 팔을 보고 왜 그런지 물어봤다. 나는 사실대로 어제 집에 가다가 넘어져서 그랬다고 대답하니 선생님은 퉁퉁 부은 내 팔을 보고 이 상태로는 소풍 못 간다며 그냥 집에 돌아가라고 했다. 아니 내가 어제부터 오늘을 기다려 얼마나 참고 여기까지 왔는데 소풍을 가지 말라니 청천벽력 같은 소리였다. 괜찮다고 갈 수 있다고 대답해도 선생님은 끝내 나를 집으로 돌려보냈다. 혼자 집에 오는 발걸음은 천근만근이었고 세상이 너무 조용했다.

500원

그렇게 집에 와서 저녁이 되니 외할머니가 내가 다친 걸 보고 뒷산에 가서 약초를 캐다가 빻아서 내 팔꿈치에 아주 두껍게 붙여주고 보자기로 감싸 주었다. 이걸 붙이면 낫는다고 해서 통증은 심했지만 참고 어제와 오늘 이틀 밤을 더 잤다. 그런데 3일째 되는 날에도 부기가 빠지지 않고 그대로였고 통증마저 심해서 도저히 견딜 수가 없었다. 할 수 없어서 삼 일째 되는 날 학교를 빠지고 외할머니와 천안에 있는 병원에 가서 엑스레이를 찍어 봤더니 골절이 되어있었다. 골절된 사진을 보니 눈물이 핑 돌았다. 진찰하던 의사 선생님이 왜 이제 왔냐고 뭐라 하시면서 어린애가 삼 일을 참고 지낸 것이 대견하다며 깁스를 해주었다.

그리고 한 달 후에 와서 잘 붙었는지 확인하고 깁스를 풀자고 했는데 집에 온 이후 20여 일이 지난 어느 날 내가 이제 안 아프다고 하니 아버지가 펜치로 찢어서 풀어주셨다. 풀었더니 오른팔은 홀쭉해져 있고, 안 씻어서 팔이 새까맣게 변해 있었다. 그런데 깁스를 한 와중에 동네 친구와(소풍 전날 넘어질 때 집에 같이 오던 친구) 싸움이 생겼다. 그때는 팔에 통증도 없었고 깁스는 석고로 두껍게 만들어져 굳은 후에는 딱딱한 돌덩이 같았다. 그러니 굳은 깁스가 주먹보다 두 배는 강력했다. 오른손잡이인 나는 왼손에 힘이 없으니 오른손 주먹 대신 깁스로 내리쳐서 한 방에 끝냈다. 나중에 친구에게 많이 미안했고, 동네 형들에게도 핀잔을 들었다. 물론 둘 다 큰 부상은 없었고 다시 바로 친하게 잘 지냈다.

우리 부모님은 집안 형편이 어려웠지만 그렇다고 우리 자녀 넷을 굶기지는 않았다. 밥을 하면 쌀은 약 10% 정도 들어있었고 나머지는 전부 보리였다. 그래서 밥을 하면 밥이 하얀 게 아니고 보리로 인해 까맸다. 겨울엔 아침에 한 밥을 이불을 깔아 놓은 아랫목에 넣어 두면 점심과 저녁에 우리끼리 챙겨 먹었다. 그때 내가 좋아했던 반찬은 파래에다 고추장을 발라 햇볕에 말리면 굳어져 고추장 바른 파래 말림이 된다. 흙먼지 날리는 장독대 위에 며칠을 말려서 먹는 거지만 아주 맛있었고 좋아해서 즐겨 먹었다. 요즘은 그렇게 먹는 걸 못 보았고 그런 게 있는 줄도 모를 것이다. 집이 너무 가난하다 보니 평소에는 용돈이라는 게 없었고, 용돈을 만져 볼 수 있는 날은 소풍, 운동회 그리고 명절이었다. 소풍 날이나 운동회 날은 어머니가 누나와 둘이서 나눠 쓰라고 500원을 주었다. 그러면 250원씩 나눠서 각자 좋은 대로 이것저것을 사 먹었다. 지금도 500원은 적은 돈이지만 그때도 적은 돈이었다. 나는 그 돈으로 120원 주고 사이다를 한 병 사고 나머지는 10원씩 쓰면서 사치를 누렸다. 그리고 그날 다 쓰면 내일이 아쉬우니 아껴서 며칠 동안 나눠 쓰고 다녔다. 비록 적은 돈이었지만 그래도 일 년에 몇 번 돈 만질 수 있는 기회이니 천금 같은 돈이었다.

시골 학교의 운동회날은 동네잔치 하는 날과 같았다. 인근 마을 아저씨, 아줌마, 할머니, 할아버지 할 것 없이 다 왔다. 그래서 아이들 운동경기도 있었고 어른들 운동경기도 있었다.

잡상인은 말할 것도 없고 야바위꾼까지 와서 영업도 하고 놀고 가곤 했다. 가끔은 내 어머니 아버지, 외할머니도 오셨는데 먹고 살기 바빴던 어머니 아버지가 학교에 온다는 것은 특별한 일이었다. 어차피 집에 가면 매일 보지만 학교에서 나와 같이 있다는 게 너무 좋았고 행복했다. 운동회의 백미는 역시 학생들의 100m 달리기여서 달리기를 시작하면 모든 학부모가 도착지점에 서서 구경했다. 모든 학생이 명예를 걸고 열심히 달렸다.

나 또한 부모님이 있든 없든 죽기 살기로 달렸다. 왜냐면 등수에 따라 공책의 수량이 정해져 있었고 1등에게는 공책 3권을 주었기 때문이다. 그걸 얻어야 생필품이 생기고 넓게는 부모님의 지갑에 도움이 되기 때문이다. 운동회날 역시 도시락을 싸 와서 같이 먹었는데 다른 사람들은 특별한 날이라 맛있는 음식을 많이 싸 왔지만 나는 역시 별개였다. 가난이 참 힘들었다.

그럼 꼴등은 누가 한 거지

친구들이나 동네 형들은 대부분 집에 논이나 밭이 있었고 소를 키우는 집도 있었다. 그래서 학교 갔다 오면 집안일을 도왔다. 논, 밭일을 돕거나 소 꼴을 베어 오거나 소를 끌고 나와 풀을 먹이거나 했다. 그러나 나는 그런 게 전혀 없으니 그런 고생은 안 했다.

어쩌면 이게 어렸을 때 부모님께 받은 큰 혜택이었다. 나는 냇가에 물고기를 잡으러 다니거나 동생들과 노는 게 전부였다. 방 한 칸에 아이들만 네 명이 있는데 학교 공부나 숙제 등은 어려운 얘기였다. 브라운관 흑백텔레비전이 있었지만, 아버지가 잠가 놓아서 많이 볼 수 없었다. (그때는 텔레비전 브라운관을 보호하기 위해 미닫이문이 있었고 잠글 수도 있었다)

그렇다고 아이들만 네 명이 있는데 공부가 될 리도 없었지만 할 생각도 없었다. 그때는 공부를 잘하면 잘한다고 소문나서 동네에서도 칭찬받던 때여서 공부의 중요성이 아주 컸다.

그렇지만 공부와 거리가 멀었던 나는 시험을 보면 우리 반 35명 중에 25

등에서 30등 사이의 중하위권 성적이었다. 그런데 너무 신기한 것은 집에서 공부를 한 번도 안 하고 학교에서도 집중해서 수업을 듣는 것도 아닌데 꼴 등은 안 했다. 그럼 꼴등 한 아이는 도대체 누구란 말인가. 우리 집은 우리 동네에서 제일 가난했지만, 학교 전체를 놓고 봐도 등 수 안에 드는 가난한 집이었는데 나보다 공부환경이 더 열악했단 말인가. 이해할 수 없었다.

그런데 초등학교 다닐 때 공부에 관련한 희대의 사건이 있었는데 5학년 때인가 어느 날 선생님이 1학기 성적표를 주셨는데 내가 반에서 7등을 한 것이다. 아니 이럴 수가! 시험공부라고는 해 본 적도 없는데 어떻게 7등을 했을까! 그 성적표를 받아든 나는 집에 가서 어머니께 자랑하고픈 마음에 집에 오는 내내 몇 번이나 꺼내서 보고 또 보았다. 그때 생각에 시험공부 한번 안 하고 그야말로 기본실력으로 7등도 할 수 있구나. 초등학교 다닐 때 거두었던 최고의 성적이었다. 그때도 교과서 공부를 돕는 참고서인 표준전과라는 두꺼운 자습서가 있었는데 웬만한 집 아이들은 그걸 사서 공부했고 선생님이 숙제를 내도 거기에 있는 내용을 숙제로 냈기 때문에 학교 수업을 이해하지 못했어도 전과를 보고 그대로 베끼면 숙제에 큰 어려움이 없었다. 나는 그걸 알고 있었지만 단 한 번도 전과를 가져 본 적이 없었고 친구들이 부럽기만 했다. 그런데 이웃 마을에 우리 반에서 1등 하던 친한 친구가 살았는데 자주 놀러 가서 놀곤 했다. 어려서부터 자주 어울리며 놀았지만, 그 친구 방에 들어가 본적은 몇 번 없었다. 그런데 어느 날 그 친구 방에 있는 표준전과를 보게 되었다. 몇 장을 넘기다 보니 내용이 아주 잘 정리되어있고 문제 풀이도 많이 있었다. 그런데 그 문제가 이번에 시험에 나온 문제와 똑같은 것이었다. 아! 그렇구나. 그래서 아이들이 전과를 다 사서 다녔구나. 이런 줄 알았으면 나도 무슨 수를 써서라도 사달라고 하는 건데. 그럼 나도 1등 할 수 있는데. 비참함과 아쉬움의 인생 쓴맛을 제대로 느꼈지만, 그 이후로도 끝내 표준전과는 내 손에 있어 본 적이 없었다. 모태 솔로, 모태 금수저라는 말이 있지만, 그렇게 따지면 나는 모태 흙수저였다. 아니 그보다도 못했다. 집은 가난하고 우리 자녀가 공부를 잘하는 수재도 아니고 부모님 또한 변변치 못하다 보니 우리 자녀는 우리 동네에서 지나다니는 개와 비슷한 존재였다. 아무도 소중하게 생각하지 않았고 거들떠보지 않았다. 불쌍히 여김을 받기는커녕 무시와 천대였다. 옥수수가 익어서 따고 나면 옥수수 밑부분 수수깡을 꺾어서 베어먹던 것도 우리였고, 한겨울에 배추를 뽑고 나면 배추 뿌리를 캐서 깎아 먹던 것도 나와 누나였다. 그런 것이 먹는 건지도 모르는 사람도 많을 것이다. 그렇게 지긋지긋한 가난 속에 살다가 6학년 1학기를 마치고 여름방학에 대전으로 이사 가게 되었다. 대전이 어디 있는지도 몰랐지만, 대도시라고 하니 좋은 데로 가는가 보다 했다. 그렇게 촌놈이 도시 놈이 되었다.

누나의 전도

대전에는 아버지의 유일한 혈육인 아버지의 누나 내게는 고모가 살고 있었다. 나중에 알았지만, 고모의 권유로 대전으로 이사를 했다고 한다. 대전으로 이사를 와서도 가난은 여전했다. 시골 살 때는 흙벽돌 집이라도 마당이 있었고 단독주택이었는데(물론 그 집도 우리 소유가 아닌 남의 집이었음) 대전으로 이사 온 집은 여인숙 같은 구조에 세 번째 방문이 있는 집이 우리 집이었다. 단칸방에 화장실과 수도도 공용으로 써야 했다. 게다가 내가 전학 가기로 한 초등학교. 그 학교에 다니는 친구 아버지가 집주인인 전셋집이었다. (전세금 70만 원) 환경과 여건은 시골만 못했지만 어쩔 수 없이 살아야 했고 초등학교는 6학년 2학기 한 학기만을 위한 전학이었다. 대전으로 와서도 아버지의 술주정은 여전해서 이제는 옆집에 사시던 외할머니를 부르러 갈 수 없으니 대신 고모 집에 달려가서 고모에게 부탁해 아버지를 진정시켰다. 그 이후 아버지의 주사는 내가 중학교 2학년 때 완전히 사라졌고, 너무 감사하고 놀라웠다. 그렇게 중, 고, 대학교를 마쳤으며 이 시절 얘기는 모두 생략하기로 한다. 청소년 사춘기에 들어서면서 가난이 뭔지 제대로 알게 된 후 많은 고민과 역경이 있었다고만 밝힌다.

대전에 이사 와서 친구네 집에 1년간 세 들어 살다가 바로 다른 동네로 이사했다. 어려서부터 스무 살이 될 때까지 우리 집은 없었다. 우리 소유의 집이 없으니 전세나 월세로 살았다는 게 아니다. 그마저도 없어서 아버지가 잘 아는 분 중에 대전에서 굉장한 부자가 있었는데 그분이 안 쓰는 집이 몇 채 있었다. 우리는 그 빈집에 돌아다니며 6년을 살다가 내 나이 스물에 드디어 1,300만 원에 전세를 얻어 내 집 아닌 내 집을 구했고 그게 우리 집 전 재산이었고 최초의 우리 집이었다. 나는 드디어 내 집이 생겼다는 기쁨에 세상 고통이 다 끝난 기분이었다.

그즈음 누나가 교회를 다니고 있었는데 나한테 교회 다니라고 전도하기 시작했다. 그러나 시골 살 때부터 우리 집은 불교였다. 절에 가진 않았어도 그냥 불교였다. 처음엔 말로 거부하다가 계속 권하니 짜증을 내며 거부했고, 그럼에도 계속 교회 다니고 예수 믿고 천국 가라고 전도했지만,

나중에는 들은 척 마는 척했다. 그때는 종교에 관심도 없었고 교회 다니는 사람이 주위에 없어서 그저 시큰둥했다. 그리고 나는 기억이 안 나지만 누나의 말에 의하면 밥 먹는데 교회 다니라고 했다고 밥상도 엎은 적이 있다고 한다. (왜 그랬을까) 누나는 계속 전도했으나 교회는 안 다녔고 1년 여가 지난 그다음 해 스물한 살 6월에 입대를 앞두고 휴학하고 집에서 쉬고 있는데 5월 말경에 갑자기 누나가 언젠가 얘기한 부여에 있는 어느 기도원에 한번 가보고 싶은 마음이 생겼다. 우리 집에서 5m만 걸어가면 우리 동네에서 제일 큰 교회가 있었는데 집과 붙어있는 교회도 한번 안 갔으면서 부여가 어디 있는지도 모르는 데다 산속에 있다는 기도원을 왜 가려고 했을까. 그것도 당일치기가 아닌 3박4일을 말이다. 나도 모르게 손바닥이 손등으로 바뀌듯 생각이 바뀌며 그곳엘 갔다 와야 군 생활을 잘하고 제대할 수 있을 것 같았다. 그래서 누나에게 기도원엘 가겠다고 했더니 깜짝 놀라며 좋아했고, 내게 차편과 그곳에서의 생활을 간단히 말해 주었다. 나는 마음먹은 김에 무작정 출발하여 부여터미널에 도착 후 시내버스를 타고 물어물어 산속에 있는 부여기도원에 도착했다. 누나는 그곳에 가면 숙식을 제공해주고 예배만 드리면 된다고 해서 점심때쯤 도착해서 쉬다가 저녁을 먹으러 매점 겸 식당에 갔는데 저녁 밥값으로 천 원을 받는 것이었다. 그때 삼천 원 정도 있었는데 당황스러웠지만 주고 나니 남는 돈으로 두 끼밖에 못 먹고, 집에도 걸어가야 했다. 그래서, 라면 다섯 개와 콜라 큰 거 한 병을 사서 3박 4일 동안 그걸로 끼니를 해결했다. 내게 작은 방 하나를 숙소로 제공해줘서 원 푸드 식단이 가능했다. 그리고 당일 저녁 8시가 되어 예배를 드리러 본당엘 갔는데 여자 원장님이 설교를 했고 재미있었지만, 예배를 마치고 충격적인 모습을 보았다.

만인산 벤치

기도원이라 의자가 있는 예배당이 아니고 마룻바닥이었다. 그런데 예배가 끝나자 모든 사람이 뒤로 물러서고 맨 앞자리에 방석을 일렬로 깔더니 한 사람씩 누워서 원장님께 기도를 받는 것이었다. 처음 보는 광경이라 놀라웠고, 원장님은 사람들이 눕자마자 머리부터 발끝까지 훑어 내려가며 기도를 하는데 어느 지점에 손을 멈추고 강력히 기도하면 누운 사람이 소스라치는 거였다. 게다가 기도 소리가 내가 알아듣지 못하는 외계어였다. 나는 너무 겁이 나서 뒤에서 구경하다 밖으로 나와서 건물 옆에 서 있는 전봇대를 붙들고 멍하니 서 있었다. 그러다가 하늘을 보니 산속이라 온통 새까매서 별빛이 환해 보였다. 그러면서 드는 생각이. 야 너 내일모레면 군대 가는데 너도 한번 누워서 기도 받아봐. 혹시 몸에 병이 있을지도 모르잖아. 그리고 군대 갈 놈이 그렇게 겁이 많아서 어떻게 군 생활할래? 하며 나를 추궁했다. 그래서 죽더라도 받아보겠다고 다시 들어가서 맨 마지막에 내가 누웠다. 그랬더니 원장님이 어디서 왔어? 하고 묻길래 대전에서 왔다고 하니 어디 아픈 데 있냐고 물었다. 아픈 데는 없고 얼굴에 여드름이 좀 있다고 하니 피식 웃었다. 그리고는 바로 눈을 감고 머리부터 발끝까지 훑으며 기도하는 데 불과 10초 만에 누워있는 내 목 뒤에 손을 넣고 일으키면서 내 등을 툭 치더니 건강 하구만. 일어나! 하는 것이었다. 나는 속으로 와! 살았다. 나도 내 용기에 감탄했고 건강하다는 말에 안도가 되어 기도 받길 잘했다고 생각했다.

나중에 알고 봤더니 그곳은 몸이나 마음이 아픈 사람이 치유 받으러 많이 가는 곳이라 나도 환자 취급을 당한 것이었고 원장님의 기도는 방언이었다. 그곳은 T.V나 라디오 등 즐길 거리는 없고 할 일 없으면 기도하거나 낮잠을 자야 했다. 그래서 예배가 없을 땐 밖에 나와서 빈둥거렸는데 때마침 기도원 도랑공사를 하기 위해 작은 포클레인이 공사를 하고 있었는데 그 기사님이 라디오를 틀어놓고 공사를 했다. 그래서 포클레인 가까이서 쭈그려 앉아 그 라디오 소리를 들으며 심심함을 달랬고 낮과 밤에 있는 예배는 꼭 참석했다. 그리고 4일째 되는 날 대전으로 돌아왔다. 기도원에 갔다 왔다고 해서 큰 믿음이 생겼다거나, 예수를 잘 믿어야겠다라는 생각은 별로 없었다. 그냥 갔다 온 것으로 끝났다. 그리고 입대해서는 기도원에 갔다 온 전적으로 군대 교회를 다녔고 건강히 군 생활을 마치고 제대했다. 제대 후에는 여동생과 동네에 있는 5명 정도 모이는 개척교회를 다녔는데 좀 큰 교회는 부담스러워 일부러 작은 교회를 찾았다. 그리고 몇 개월이 지난여름에 목사님이 나 보고 강원도에 있는 어느 기도원으로 여름 성회에 다녀오라고 하는 것이었다. 청년들만 모이는 성회이니 믿음이 많이 성장할 거라고 하면서 강력히 권장했다. 나는 여드름 때문에 창피해서 안 갈려고 마음먹고 있었는데 목사님은 계속 권하셨다. 내가 안 간다고 계속 고집을 부리니 목사님이 어느 날 날 데리고 만인산 휴게소 앞에 있는 식당으로 데려가 갈비탕을 사주셨다. 그리고 산으로 산책 겸 올라가서 어느 벤치에 나란히 앉아서 또 권하시는데 너무 힘들었다. 목사님은 나를 계속 설득했고, 나는 갈 마음이 전혀 없어서 마음을 닫고 땅만 쳐다보고 있었다. 그런데 그때 나뭇가지에서 파란 애벌레가 한 마리가 뚝 떨어졌다. 그랬더니 개미가 한 마리씩 달라붙으며 그 애벌레와 싸우는 것이었다. 그게 재밌어서 목사님 얘기는 잘 듣지도 않았는데, 끝내 내가 안 가겠다고 하니 목사님이 한마디만 하시겠다며 이런 말씀을 하셨다. "이 늙은이가 젊은 청년한테 사정하니 제발 한번 가 달라"는 것이었다. 나는 그 말을 듣고 눈물이 핑 돌아 어쩔 줄 몰랐지만, 성회에는 도저히 갈 마음이 생기지 않았다. 제대하고 교회 다닌 지 이제 6개월 됐는데 뭔 믿음이 있었겠는가. 끝내 나는 기도원엘 안 갔고 그 이후에 목사님 보기가 미안해 교회도 안 갔다.

나중에 든 생각이지만 그때 그 목사님이 내게 믿음을 심어주려고 많이 애쓰셨다는 생각에 뜨겁게 회개했다. 그 후로 교회에 다시 나가기까지 약 5년간 온갖 시련을 다 겪었다. 그러는 와중에 내 아내를 만났고 98년에 다시 교회에 다니기 시작했다. 어머니의 이끄심이었다

그 여인들

처음에 누나의 전도로 나와 여동생이 교회를 다니고 그러다가 어머니가 나오고, 아버지가 나오고 남동생도 가끔 출석했다. 1992년 12월에 전역해 93년 여름에 기도원 사건으로 교회를 안 다니다 내가 전도한 어머니의 권유로 다시 5년 만에 98년부터 다니기 시작해 지금까지 신앙생활을 하고 있다. 그사이 1997년 12월에 이모의 소개로 내 아내를 만나 1999년 4월에 결혼했다. 내 아내는 신앙생활을 잘하고 있었고 나는 교회를 안 다닐 때라 교회에 다시 나갈 거라고 약속했기에 다시 다녔다. 결혼 후에도 신앙으로 힘들어할 때 내 아내의 역할이 아주 컸다. 교회에 가기 싫다고 투정 부릴 때마다 나를 잘 다독여 교회로 이끌었다. 그런데 결혼하고 5년이 지나도 아이가 생기지 않아 마음으로는 포기하고 있던 때에 기적같이 7년 만에

아이를 낳았다. 한방, 양방 의사도 어려울 거라고 했기에 너무 놀라운 기적이 아닐 수 없다. 그래서 이름을 주님의 은혜라는 뜻으로 "주은(主恩)".이라고 지었다. 나는 37살에 주은이를 낳고 완전히 새사람이 되었다. 옛말에 자식 낳아봐야 부모 마음 안다더니 그 말이 딱 내게 한 말이었다. 나는 그동안 착하게 효도하며 살았다고 생각했는데 모두 헛것이었음을 깨닫고 비참함을 느꼈다. 세상에 착한 사람이 많지만 내 아내는 그 누구 보다 보다 열 배는 더 착한 사람이다. 결혼 초기에 사소한 일로 몇 번 다툰 적이 있었는데 다퉜다기보다 나의 일방적인 성질 부림이었다. 지금 생각하면 내가 왜 그렇게 혈기를 부렸는지 부끄럽다. 부부싸움은 탁구경기를 하듯 내가 치면 상대가 나한테 받아치고 하며 싸우는데 내 아내는 탁구가 아니고 축구였다. 축구는 골이 들어가면 공의 속도가 그물에 흡수되어 골대 안에 있거나 튕겨 나와도 바로 그 앞에 있듯이 별다른 대꾸나 반격이 없어 나의 일방적인 승리로 끝났다. 그러다 어느 날 이렇게 착한 사람한테 내가 왜 이러지? 내가 저 사람보다 나이도 두 살이나 많고 나는 남자고 가장인데, 그냥 참고 넘어가면 아무 일도 아닌 건데 왜 이렇게 못되게 굴지. 하는 생각에 고치기도 할 겸 회개하는 마음에 무릎 꿇고 사과했다. 그리고 장문의 편지로도 사과했다. 그리고 많이 고쳤고 내 아내도 인정한다. 그리고 얼마 후 주은이가 태어나 나는 완전히 새사람이 되었다. 생명의 소중함, 부모의 마음, 가장의 책임 등이 나를 변화시켰다. 내게는 나를 키워준 어머니, 신앙의 인도자 누나, 내 삶의 동반자 아내, 그리고 딸 주은이가 내 평생 잊지 못할 여인들이다. 이 여인들이 없었다면 지금의 나는 매미 허물과 같은 빈 껍데기로 정처 없이 살고 있을지도 모른다. 나의 어머니와 아버지는 초등학교 동문이고 같은 지역에 살다가 일찍 결혼하셨다. 그런데 어머니는 하필 계모 밑에 자란 삼대독자인 아버지를 만났다. 내 아버지의 어머니인 내 친할머니는 아버지가 다섯 살에 채독(인분을 사용한 채소를 먹고 감염되는 병)으로 35세에 일찍 돌아가셨다. 아버지 위로도 아버지의 형이 몇 명 있었는데 질병 등으로 어린 나이에 다 돌아가시고 아버지와 9살 터울의 누나만 살아남았다. 그런 가난한 아버지를 만난 어머니는 사 남매를 낳으시고 한평생 고생이란 고생은 다 하고 사셨다. 나는 내 어머니의 고생하는 모습을 보며 내 삶의 무게와 나의 무능함에 절망한 적이 한두 번이 아니었다. 서방 복이 없으면 자식 복도 없다더니 그 말이 딱 맞는 것 같아 나는 나대로 괴로운 나날을 보내며 성공을 다짐했다. 내 누나는 우리 가족에게 복음의 통로요 축복의 통로로 하나님께 크게 쓰임 받았다. 지금도 감사하게 생각하며 누나와 가족을 위해 매일 기도한다. 내 아내는 내게 육체적으로는 어머니 같은 존재요. 영적으로는 누나 같은 역할을 한 사람이다. 거칠고 모난 나를 길들인 조련사라고 해도 무관하다. 착하고 순종적이고 입이 무겁고 시부모나 자녀. 조카들에게 나보다 더 잘한다. 내 평생 갚아야 할 빚이다. 자녀인 주은이는 존재 자체가 나의 많은 부분을 바꿔 새롭게 했고 내 삶의 원동력이고 희망이며 사는 이유라고 말할 수 있다.

제5장
성공을 열망하고 또 열망하자
성공할 때까지

지금 시작하면 된다

세상이 까매지다

나는 나를 알기까지 시간이 오래 걸렸다. 예전에 우리 부모님 세대는 자녀들에게 공부 잘해 좋은 회사에 취직해서 와이셔츠에 양복 입고 편안하게 살 것을 가르쳤다.

나도 그게 부모님께 효도하고 출세하는 길인 줄 알고 나름대로 열심히 노력했지만, 학업을 마친 후 IMF가 오면서 취직할 일자리는 거의 없었고, 있어도 바늘구멍 통과하기만큼 어려웠다.

그렇다고 회사를 고를 만한 훌륭한 인재도 아니고, 살아야 하겠기에 찬밥 더운밥을 가릴 것 없이 써 주기만 하면 입사했다. 그런데 입사하면 길어야 몇 개월이고 1년을 채우지 못하고 퇴사했다. 퇴사한 이유는 있었지만 참으라면 참을 수 있었는데 참기가 싫었다. 그냥 진득하니 눌러있으면서 보고도 못 본 척 알아도 모르는 척하면 오래 있을 수도 있었겠지만 사소한 못마땅한 이유 하나가 내게는 용납할 수 없는 큰 문제로 여겨졌다. 학업을 마치고 30대 초반에 사업을 시작하기 전까지 몇 군데 회사엘 다녔고 회사에서의 대우는 비교적 좋았다. 신입으로 입사했어도 얼마 후 바로 중책을 맡겨줘 진짜 말단 사원시절은 그리 많지 않았다.

그럼 에도 회사생활은 오래 하지 못했다. 나는 한번 하기로 마음먹으면 미루지 않고 바로 처리하는 성격이라 퇴사할 때도 아무런 대책 없이 바로 퇴사하다 보니 다음번 취직할 때까지 몇 개월씩은 내 아내가 벌어 오는 것으로 먹고살았다. 결혼하고 2년째에는 방황의 골이 깊어 더 이상 살고 싶지 않았다. 그래서 나 스스로 죽으면 어떻게 될지 몰라 하나님께 기도하기를 오늘 밤에 잠들면 내일 아침에 안 일어나게 해달라고 기도했다. 또 내 아내가 출근하고 혼자 집에 있으면 괴로운 마음에 소파 앞에 앉아 정좌하고 죽기를 기도했다. 죽으려면 숨을 안 쉬면 되니 가만히 앉아서 숨을 안 쉬었다. 참을 만큼 참다가 도저히 안 되면 또 쉬고 하다 보니 죽지는 않았는데 남들이 말하길 어려운 일을 당하면 머리가 하얘진다는 사람이 있고, 누구는 노래진다는 사람이 있지만, 내가 직접 해 보니 하얘지는 것도, 노래지는 것도 아니고 새까매지는 걸 알았다. 정말 온통 머리가 새까매지면서 암흑 그 자체가 된다. 그러면서 지금 내가 죽으면 결혼한 지 2년밖에 안 된 내 아내에게 미안하고 불쌍했지만, 내가 더 힘들다 보니 어쩔 수 없다고 생각했다. 그렇게 몇 개월을 고민하며 무능함을 자책하다 어떤 회사에 취직했는데 본사가 서울에 있고 나는 대전지사에서 근무했다. 그런데 6개월 만에 대전지사를 대구지사와 통합하는 일이 생겼다. 또다시 회사를 그만둘 일이 생겨 좌절하고 있었는데 그때 문득 생각 들기를 그럼. 이참에 이 회사에서 취급하는 제품을 내가 한번 직접 팔아보면 어떨까 하는 생각이 들었다. 그래서 재빨리 소자본으로 영업을 시작했다. 많이 어려울줄 알았는데 막상 해 보니 재미있었고 할 만했다. 그때 용기를 얻어 소자본으로 할 수 있는 몇 가지를 알아보며 사업자등록 없이 사업을 시작했다. 그때 당시에 했었던 것이 게임이나 영화, 교육용 CD였고, 그다음엔 비데 등 몇 가지가 더 있었다. 그러나 사업경험이 전혀 없고 자본 또한 전혀 없는 상태에서 하다 보니 많은 어려움이 있었다. 담보대출이나 신용 대출을 이용할 수 있는 형편이 안되어서 도매상에서 물건을 떼 올 때 현금서비스를 받아 물품 대금을 결제했다. 그렇게 현금서비스를 받고 물건을 팔면 다시 갚고를 반복하다 보니 카드 대금 고지서가 날라 올 때마다 내 회원등급이 조금씩 높아지는 거였다. 빚만 잘 갚아도 회원등급이 올라가는지 그때 처음 알았다. 물론 고지서에는 카드이용대금은 하나도 없고 현금서비스 이용대금만 청구되었다. 그러나 회원등급 높아지는 게 내가 먹고사는 일과 아무 관련 없으니 관심조차 없었는데 어느 날 은행 창구 여직원에게 뜻밖의 소식을 들었다.

마이너스 통장

어느 날 공과금을 내러 은행에 들렀는데 여직원이 하는 말이 내가 회원이 등급이 높으니 마이너스 통장 2천만 원을 조건 없이 개설할 수 있다고 하는 것이었다. 아니 이럴 수가! 2천만 원이라니. 2천만 원을 내게 빌려준다고. 기분은 좋았지만 내게 너무 큰 돈이라 그날은 그냥 집에 돌아왔고 한두 주 고민하다 결심하고 통장을 개설해서 지금까지 잘 쓰고 있다.

사업자등록을 안 했으니 사업이라 할 수도 없었고 경차에 명함 하나로 차량을 사무실 삼아 거래처를 확보하며 조금씩 매출을 늘려갔다. 그런데 조금 할 만하면 경쟁업자가 나타나 저가로 물량 공세를 하거나 선택한 품목이 매출이 부진해 돈벌이가 안 되어 도저히 기반이 안 잡혔다. 당시 거래처가 몇 군데 있었지만 매일 같이 들러서 팔아달라고 할 수도 없고 하루 중 대부분을 빈둥거렸다. 빈둥거리면서 배고픈 하이에나처럼 어딜 가야 먹을 게 있고 무얼 해야 먹고 살 수 있을까 고민하는 게 하루의 대부분이었다. 그야말로 맨땅에 헤딩하는 듯한 답답함이 나를 많이 힘들게 했다. 그럴 때마다 나의 무능함에 다시 한번 고개를 숙였고 좌절의 연속이었다. 일이 많지 않다 보니 출근하면 오갈 데가 없어 책 한 권 들고 여기저기 오가며 한적한 곳에 차를 세우고 책 보다가 졸리면 자곤 했다. 그러던 어느 날 집 근처에 있는 아파트에 들어가 노인들 쉼터인 정자에 앉아 책을 보는데 책이 눈에 들어오지 않고 나의 신세가 한탄스러우면서 갑자기 눈물이 쏟아지기 시작했다. 대낮이고 작은 아파트여서 주위엔 사람이 없었기에 얼마나 크게 소리 내어 울었는지 한참을 울었다. 그렇게 한참을 울다가 고개를 뒤로 젖힌 채 책으로 얼굴을 가리고 멍하니 앉아 있는데 느낌이 이상해서 책을 접고 눈을 떠보니 어떤 할머니가 내 옆에 바로 서서 나를 물끄러미 바라보고 있었다. 그러면서 젊은 사람이 왜 이러나 하는듯한 표정으로 내가 뭐라고 말이라도 하길 바라는 눈치였다. 나는 너무 창피해서 얼른 자리를 피해 내 차로 돌아왔다. 그렇지만 갈 곳이 없었고 오라는 데도 없었다. 막막함에 여기저기 배회하다 저녁이 되어 집에 들어갔다. 그때 주 수입은 비데판매였는데 수입은 형편없었고 닥치는 대로 이것저것 했었다. 그리고 얼마 후 본격적으로 사업을 하고자 사업자등록을 내고 사무실도 얻었다. 보증금 50만 원에 월세 30만 원. 10평짜리 작은 사무실이었지만 내 사무실이 생겼다는 게 얼마나 큰 기쁨이었는지 감개무량했다. 그때가 2003년 9월이었고 사무실을 얻었지만, 매출은 거의 없었다. 그런데 그 무렵 장인어른이 지병이 악화되어 병원에 입원해서 집중 치료를 받았지만, 가망이 별로 없었다. 결혼하고 3년이 지나 사무실도 없이 경차 한 대로 사업한다고 돌아다닐 때 어느 날 장인어른 생신이 있어서 처가 식구들이 모여서 저녁을 먹었다. 그날이 토요일이었는데 그날 저녁 9시에 교회 모임이 있어서 나는 7시 30분에 아내와 먼저 간다고 일어섰다. 거의 다 먹고 얘기하던 중이라 가족들이 식당 밖으로 나와서 잘 가라고 인사를 했는데 내 앞에 연로한 모습의 장인어른이 서 있었다. 먼저 가겠다고 인사를 하려는데 나는 초라한 내 모습에 미안하고 부끄러워 고개를 들 수가 없었다. 그렇지만 장인어른께 한마디 건넸다. 장인어른. 이제 제가 사업을 시작했으니 곧 일어납니다. 조금만 기다려보세요. 이 말을 들은 장인어른은 안타깝다는 듯 마지못해 고개를 끄덕였다. 나는 더 이상 할 말도 없고 꼴이 우스워 대충 인사하고는 대전으로 돌아왔다. 나는 빨리 성공해서 효도하려 했으나 아쉽게도 장인어른 생전엔 제대로 된 효도 한 번 못했다. 그런 장인어른이 돌아가신다고 하니 마음이 너무 아팠고 아무것도 해드리지 못하고 보내야 한다는 허탈함에 혼자 많이 울었다. 게다가 장인은 예수를 믿지 않아 천국 소망이 없었다. 그래서 돌아가시기 일주일 전엔 밤마다 중환자실에 들어가 복음을 전했고 영접 기도를 했다. 말은 못 했지만 듣기는 했으며 뭐라고 물어보면 고개를 끄덕였다. 나는 그동안 아무것도 해드리지 못한 미안함에 장인어른께 물었다. 장인어른. 대전 막내 사위가 자주 오니 좋지요? 하고 물으니 고개를 끄덕이셨다. 내가 장인어른께 할 수 있는 게 이게 다라니, 정말 이게 다라니 내가 생각해도 내가 너무 한심했고 아쉬움과 슬픔이 물결쳤다.

백만 원의 힘

9월에 사무실을 얻고 사업을 했지만, 매출이 없어 노는 듯하고 있는데 11월에 장인어른이 입원하여 처가와 전주에 있는 병원에 왕래하다 보니 사무실을 자주 비웠다. 그런데 옆 사무실 사장님이 사무실을 합쳐서 같이 쓰자는 거였다. 나는 월세가 반으로 줄어드니 좋은 제안이어서 사무실을 합쳤다. 그러나 사무실을 자주 못 갔기에 장인어른이 돌아가시기 일주일쯤 전에 전주에 있는 병원에서 같이 쓰는 사무실 사장님께 전화를 걸었다. 장인어른이 돌아가실 것 같아 사무실을 자주 못가니 이번 달은 사장님 혼자 쓰시고 다음 달부터 같이 쓰면서 월세를 부담하겠다고 하니 그럴 거 같으면 당장 사무실을 빼라고 했다. 그때 나는 마이너스 통장 2천만 원으로 생활자금 등을 쓰고 빼 쓸 수 있는 돈이 2만 5천 원정도였다. 통장이 어디 있는지도 모르고 계좌번호만 알고 있었고 지갑도 없었고 주머니에 만 원도 없었다. 그러니 월세는 고사하고, 전주까지 다닐 기름값도 없었기에 사정을 했는데 안 된다고 하니 사무실마저 없어졌다. 그렇게 됐지만, 그럼에도 내색 없이 장인어른이 염려되어 수시로 중환자실에 들어가 복음을 전했고 장인어른은 내게 끄덕임으로 화답했다. 그리고 11월17일에 나는 장인어른의 임종을 지키며 결혼한 지 5년 만에 이 땅에서 영원히 이별했다. 나는 효도 한번 하지 못한 아쉬움과 비참함에 한참을 울었다. 처가 식구들은 다 공무원이어서 장례를 치르는 동안에 손님이 물밀 듯이 몰려 왔다. 그렇게 손님이 많은 건 처음 봤다. 그러나 나는 부를 손님이 없었고, 우리 교회에서 몇 분 다녀간 게 전부였다. 그리고 장례를 마치고 비용을 치른 후 남은 돈이 있다며 가정별로 백만 원씩을 주었다. 그런데 나는 도저히 받을 수가 없어서 안 받겠다고 했지만, 아내의 설득으로 마지못해 일단 받았다. 그리고는 대전으로 출발하기 전에 아내에게 받은 돈을 장모님 서랍장에 몰래 넣어 놓고 가자고 했으나 아내의 거부로 그냥 가져 왔다. 사실. 그때 백만 원은 내게 큰 힘이 되는 돈이지만 받기에 너무 부끄러웠다. 내 아내는 셋째 딸이고 나는 막내 사위였다. 가장 예쁜 딸을 대전으로 시집보냈는데 제일 가난하게 살고 무능한 남편 만나 고생시키는 것 같아 장인, 장인 장모님 얼굴 보기가 정말 면목이 없었다. 마음으로는 뭐든 크게 잘할 수 있을 것 같은데 현실은 3,800만 원짜리 17평 빌라에 살며 직업도 분명치 않은 무직자와 비슷한 삶을 살고 있었기 때문이다. 그러나, 마음속에는 비록 지금은 내 꼴이 이렇지만 언젠가 내게 한방이 있고, 반드시 성공해서 빛을 발하리라는 생각이 항상 있었다. 그리고 대전에 와서 받아온 백만 원을 사업 자금으로 쓰면서 심기일전했다. 그러나 현실의 벽은 너무 높았고 내가 할 수 있는 건 거의 없었다. 그리고 다음 해 2004년 봄에 어느 회사에서 대전에 한방식품 등을 약국에 영업하는 사원모집을 하기에 뭔지 모르지만, 그 회사 제품을 취급해 보고자 연락했더니 와 보라고 해서 갔다가 제품 취급자가 아닌 그 회사 직원으로 채용되었다. 나는 그동안 회사생활을 하면서 알게 된 것이 나는 직장생활보다는 사업이 맞는 걸 알게 되어 어느 회사든 취직할 생각은 전혀 없었다. 그래서 처음엔 거절했지만, 계속된 권유도 있고 돈벌이도 제대로 못 하고 있어서 못 이기는 척 취직했다. 그리고 열심히 해서 몇 개월 후 영업소장이 되었다. 그리고 2년 반을 근무했고, 소자본을 모아 다시 사업 일선으로 돌아가서 지금까지 두 개의 사업을 경영하고 있다. 그때도 생각했지만, 장인어른 장례 후 받아온 백만 원이 없었다면 큰 어려움이 있었을 텐데 급한 불을 끄는데, 아주 큰 역할을 했고 큰 도움이 되었다. 그래서 지금까지 백만 원을 내 마음에 고마움으로 깊이 간직하고 있다. 그게 원동력이 되고 마중물이 되어 마이너스 통장 빚 2천만 원을 다 갚고 그만큼을 모았다. 아니 이럴 수가! 내 통장에 돈이 쌓이는 날이 있다니. 너무 놀랐고 뿌듯했다. 그리고 주은이가 태어나면서부터는 그동안 내게 도움을 주었던 사람에게 은혜를 갚기 시작했다.

역지사지(易地思之)

내 가족, 이웃, 그리고 대전으로 이사 왔을 때 내게 유일하게 백 원, 이백 원 용돈을 주던 내 고모 등에게 받은 것에 몇백 배로 갚았고 지금도 갚고 있다. 그러나 지금까지도 아쉽고 안타까운 것은 내가 중고등학교 시절에 우리가 살 수 있도록 빈집을 허락해 주신 아버지의 지인인 부자 사장님께 은혜를 갚지 못한 것이다. 그분은 지금 연락이 안 되고 소식도 모른다. 아마 돌아가셨을 것으로 생각한다. 만일 그분을 다시 뵐 수 있다면 우리가 극심히 어려울 때 많이 도와주셔서 정말 감사했다고 큰절을 올리고 맛있는 음식에 두둑한 용돈으로 보답하고 싶다. 이제 와 생각하면 오직 하나님의 은혜요 도우심이었다고 생각한다. 가난은 참 힘들고 어렵고 불편하다. 사람의 기를 못 펴게 하고 재능을 갈고닦을 수 없어 저급한 인생을 살게 한다. 가난은 개인의 적이며 인류의 적이다. 물론 가난이 주는 효과를 잘 살리면 약이 되지만 못 살리면 부잣집 개만도 못한 삶을 살 수 있다. 나도 이 가난을 면하고자 부단히 노력했고 지금도 하고 있다. 특히나 사업 초기에 한 푼도 없이 현금서비스로 사업 자금을 쓰고 있을 때 나도 이럴 때 부모덕 좀 봤으면 이 고생을 덜 할 텐데 하는 생각을 몇 번 했었다. 그러나 부질없는 생각이었고, 쓸데없는 생각이었다. 내 동생들 또한 자신의 인생이 힘들 때 나와 마찬가지로 부모의 덕을 바랄 때가 있을 텐데 또 나처럼 부질없음을 알고 얼마나 힘들어할까를 생각하니 내 마음이 너무 무거웠다. 그런 것들을 생각하면 어떤 때는 아침에 출근하면서 한 달을 운 적도 있었다. 아무리 참으려 해도 눈물이 샘솟듯 흐르는데 주체할 수가 없었다. 그러면서 아버지를 생각해 보니 내 아버지 또한 아버지의 아버지에게 받은 혜택은 하나도 없었고 친어머니가 일찍 돌아가셔서 계모 밑에 자라며 밥도 못 얻어먹고 학교 교육도 제대로 못 받으며 핍박 속에 고생하며 자랐다. 어머니는 어머니의 아버지를 일찍 여의고 홀어머니 밑에서 육 남매의 장녀로 어렵게 자랐고 시집와서도 남편 덕하나 없이 자식 낳아 기르느라 손과 발이 다 닳았다. 그런 부모님에게 내가 무엇을 바라고 기대하는가. 오히려 내가 성공해서 고생하신 부모님께 효도하고 누나와 동생들을 도와야 하지 않는가. 나는 지금까지 사업을 하면서 은행을 제외한 친가, 처가를 비롯한 그 누구에게도 단 한 번도 손을 내밀어 본 적이 없다. 나를 믿고 줄 사람도 없었지만 줘도 안 받았을 것이다. 왜냐면 성공해도 내 책임 실패해도 내칙임이기에 가족이나 친지까지 내일에 얽히게 하고 싶지 않았다. 그래서 힘들고 어려울 때도, 그래도 나는 내 부모님보다는 내가 더 행복하게 자라지 않았는가 하며 위로 삼았다. 그리고 지금도 같은 하늘 아래에 사는 그 누구는 내 부모님보다 더 못한 삶을 사는 사람이 있을 거라는 생각에 나의 연약한 생각과 기대고자 하는 마음은 지나친 사치라고 생각했다. 내겐 가난한 삶이 내가 꼭 성공해야 할 이유였고 동기였다. 나는 좋은 대학을 나왔거나 뛰어난 능력이 있거나 든든한 배경이 있거나 할 자랑거리는 하나도 없다. 산 밑에 있는 작은 시골 마을에서 태어나 발바닥의 반 이상을 기운 양말에 고무신을 신고, 어머니가 얻어온 맞지 않는 옷을 입고 다니며 살아온, 가난하거나 그보다 더 못한 삶을 살았다. 그러나 나 같은 민초도 열심히 하면 성공하는 모습을 보여주고 싶었다. 누구라도 맘만 먹으면 할 수 있다는 희망을 주고 싶었다. 가문, 학력. 혈연. 지연, 배경, 자본 등이 없어도 노력과 열정만으로 꿈을 이루는 모습을 보여주고 싶었다. 부자는, 성공은, 행복은, 어떤 사람의 특권이 아니고 누리고 싶은 사람은 누구나 누릴 수 있다는 걸 보여주고 싶었다. 내 옆에 있는 내 아버지의 사랑과 어머니의 강한 생활력, 내 아내의 지고지순한 내조, 내 딸, 내 형제자매가 내게 큰 힘이 된다. 나는 하고 싶은 일과 이루고 싶은 일이 너무 많다. 물질이 사람의 마음과 행동을 움직이게 한다. 그래서 난 오늘도 성공을 향해 계속 달린다.

기회는 반드시 온다

사람에게는 한평생 세 번의 기회가 온다는 말이 있다. 무슨 기회일까?
부자 될 기회? 결혼할 기회? 아니면 복권 1등 당첨 기회? 그렇다면 정말 오긴 오는 걸까?

그런데 기회가 왔으나 기회인지 몰라서 지나쳤거나 기회인지 알았지만 살리지 못해서 지금은 아무 소망 없이 패배자처럼 살고 있다면 어떻게 할 것인가? 기회를 놓쳤다는 아쉬움보다 지금의 절망적인 모습이 더 비참할 것이다. 버스가 지나간 다음엔 아무리 손을 흔들어도 소용없다. 이미 지나간 버스는 미련 두지 말고 차라리 다음 버스를 기다리는 게 났다. 기회는 자신을 숨기지 않으며 세 번만 오는 것도 아니다. 다만 기회를 잡을 의지가 없거나 기회 자체를 반기지 않는 것이다. 기회를 잡겠다는 의지가 확고하고 기회를 향해 항상 안테나를 세우고 있으면 반드시 잡을 수 있다. 그럼 기회는 나에게서 오는 것일까? 남에게서 오는 것일까? 예를 들어 같은 나이의 세 사람이 1년 동안 같은 장소에서 같은 시간 공부를 했다고 하자. 한 사람은 컴퓨터 관련 자격증 공부, 한 사람은 공무원 시험공부, 한 사람은 외무고시 공부를 해서 모두 합격했을 때 모두 합격이라는 기쁨과 영예를 얻었지만, 세 사람이 출근하는 장소와 그들이 하게 될 일은 완전히 다르다. 같은 시간 공부를 한 건 마찬가지지만 무슨 공부를 했느냐에 따라 삶의 방향이 완전히 달라진다. 그럼 이들은 기회가 오기를 기다린 사람일까? 아니면 기회를 만든 사람일까? 이들은 공부라는 방법으로 기회를 만들고 기회를 기다린 것이다. 그리고 기회를 잡아 꿈을 이뤘다. 목마른 사람이 우물을 파듯이 자신이 열망하는 바가 있으면 적극적으로 찾아 나서야 한다. 목마르다고 가만히 있으면 물을 떠 다 줄 사람은 가족밖에 없고 그것도 한두 번이지 주문할 때마다 떠다 주지 않는다. 한 번의 합격으로 얻은 직업이나 직장에서 평생 아무 일 없이 같은 방식으로만 산다는 보장은 없다. 또다시 새로운 목표가 생기고 하고 싶은 일이 생긴다. 혹은 외부의 환경변화로 새로운 결단을 해야 할 수도 있다. 그랬을 때 세 사람 중에 누가 더 빨리 새로운 환경에 적응할 수 있을까? 지금 자신이 무슨 일을 하고 있는지는 크게 중요하지 않다. 사업을 하든 공무원이든 기술자이든 자신의 삶이 만족하고 큰 욕심 없이 이대로가 좋다면 그대로 살면 된다. 그러나 아직 자신의 정체를 찾지 못하고 세상에서 유리하고 방황하고 있다면 진지한 고민이 필요하다. 그렇다고 고민만 해서는 답이 안 나온다. 장고 끝에 악수가 나오듯이 오랜 고민은 틀린 답을 낼 확률이 높고, 답을 내기보다는 깊은 수렁 속에 점점 더 빠져들 수 있다. 일단은 자신을 과대평가해서 너무 눈높이가 높은 건 아닌지, 허영이 있는 건 아닌지 생각해 보고 눈높이를 조절할 필요가 있다. 대기업 대졸 신입사원이 1년 내 조기 퇴사율이 25%라고 한다. 신입사원 네 명 중 한 명은 1년 내 퇴사하는 것이다. 들어가기도 어렵지만 들어가서 적응하기는 더 어려운가 보다. 대기업에 들어가기 위해 오랜 시간을 준비하고 들어가서는 부적응으로 조기 퇴사할 수 있다. 그러니 처음부터 높은 곳에서 시작하려는 생각보다는 낮은 곳에서 시작하는 방법을 생각해 보자. 대기업도 처음에는 중소기업이었고, 사장도 처음엔 말단 사원이었다. 밑에서부터 시작하더라도 성실히 성공을 꿈꾸면 높은 곳에 오를 수 있다. 밑에서부터 시작하면 바닥 다질 때 처음이 힘들어서 그렇지 그 시기만 지나면 개척정신도 생기고 다양한 경험도 할 수 있으니 여러 장점이 많다. 장래와 미래를 고민하지 않는 사람은 없고 지금 하는 일이 자신과 딱 맞는 사람도 거의 없다. 외형은 허울이고 내면은 누구나 어디에서나 다 비슷하다. 자신에게 딱 맞는 걸 찾기보다는 자신이 잘할 수 있는 일을 찾아야 하고 그걸로 승부를 거는 게 현명할 수 있다. 내 이상으로는 날고 싶지만, 현실은 날개도 없으니 이상과 현실은 엄연히 다르다. 내 이상이 나와 맞을 거라 생각하지 말라.

새끼 호랑이가 초원의 왕으로

성공은 독서의 분량이다

기업의 최고 경영자, 성공한 스포츠인, 예술인, 정치지도자, 지혜가 많은 사람, 말을 잘하는 사람. 이런 사람들에게는 공통점이 있다. 바로 독서가 취미다. 보통 한 달에 두 권, 세 권 이상 다독한다. 물론 이들 말고도 많은 일반인이 있고, 학생, 가정주부가 있지만, 대중적인 사회 지도층 인사를 예로 들었다. 책을 많이 읽는 사람은 한결같이 책을 읽어야 자신이 하는 일을 원활히 잘할 수 있다고 한다. 흔히들 책을 마음의 양식이라고 하지 않는가. 음식은 우리 몸에 영양분을 공급하여 숨을 쉬게 하지만, 책은 우리 마음에 영양분이 되어 정신과 생각을 숨 쉬게 한다. 책은 종류가 너무 다양해서 어느 하나만을 선택하기가 쉽지 않지만, 개인 취향에 따라 선호하는 분야는 있다. 소설이나 무협지, 수필, 건강이나 취미생활, 요리나

패션 등 다양하게 많은 정보를 담은 책들이 있으니 필요에 따라 골라 읽으면 많은 도움이 된다. 재계 CEO를 비롯한 대부분 지도자는 독서광이다.

독서를 말하면서 빠트릴 수 없는 유명인사는 바로 안중근 의사다. 안중근 의사가 중국 하얼빈역에서 거사를 치른 후 중국 뤼순 감옥에 갇혀 있을 때 남긴 말로 "하루라도 글을 읽지 않으면 입안에 가시가 돋는다"는 말이 있다. 안중근 의사는 1879년에 태어나 1910년에 31세의 나이로 짧은 인생을 장렬히 마쳤다. 한창 일할 청년의 나이지만 거사 후 안타까운 최후를 맞이했다. 100여 년 전에 도서관도 없고 책도 많지 않을 시기에, 그것도 독립투사가 독립이나 해방을 외치지 않고 왜 독서를 말했을까? 그것은 분명 무슨 이유가 있다. 그 정답은 독서를 많이 하는 사람은 이미 알고 있을 것이다. 결론부터 말하면 독서는 마음의 양식이라 자신을 아주 많이 성장시킨다. 나는 여행과 독서가 취미다. 그런데 여행은 시간과 돈이 많이 필요하고 매일 하기가 어렵다. 그러나 독서는 아무 때나 틈만 나면 할 수 있다. 나는 사업 초기 한 참 어려울 때 남는 게 시간이라 책을 많이 읽었다. 그땐 책이 좋아서 읽은 게 아니라 할 일이 없어서 읽었다. 그때 내가 허투루 시간 낭비하지 않고, 괴로운 마음을 책으로 달랜 것이 오늘 내 사업에 큰 힘이 되고 능력이 되었다. 그때 주로 읽었던 책은 경제나 경영, 자기 계발에 관련한 책이었고 형편이 넉넉지 않아 몇 권씩 묶어서 싸게 파는 책을 인터넷에서 사서 읽었다. 대부분 제목과 목차를 보고 골라서 샀고, 잘 고른 책을 읽을 땐 읽으면서 감동이고 읽고 나서는 한 층 성장한 기분이었다. 음식을 먹을 때 음식의 맛이 있듯이 책도 책의 맛이 있다. 그러니 책 맛에 중독되면 헤어나기 어렵다. 그만큼 책은 사람에게 꼭 필요한 마음의 양식이요 삶의 길잡이다. 지난날을 돌아보면 내 인생에서 나를 변화시킨 세 개의

요인이 있다. 첫째는 예수, 둘째는 내 가족, 셋째는 책이다.

예수를 믿고 신앙생활을 하면서는 정신과 영혼의 안식을 누려 평안함과 영생을 얻었고, 내 사랑하는 가족은 나를 사람이 아닌 아버지 사람으로 만들어서 생명의 소중함을 알게 했으며 책은 내 생각을 완전히 바꾸어 오늘의 사업가로 만들었다. 신앙과 믿음, 가족을 제외하고 인간의 능력으로 세상을 잘 살아가게 하는 데 있어서 책은 내게 일등공신이었다. 나는 안방에서 읽는 책, 거실에서 읽는 책, 차에서 읽는 책, 화장실에서 읽는 책, 사무실에서 읽는 책이 각각 있다. 나 스스로 무능하다고 자책하며 갈 길을 정하지 못해 방황할 때 나를 능동적이고 적극적인 사람으로 만들었고 세상 보는 눈을 뜨게 해주었다. 성공한 사람들의 경험담을 통해 위기극복, 자신감, 용기, 열정, 인내를 배웠다. 나 스스로는 도저히 깨우칠 수 없고 터득할 수 없는 많은 것을 배웠다. 책은 인생의 길잡이요. 안내서다. 나도 누군가에게 내가 경험한 지식을 전하고 싶어 이렇게 책을 쓴다. 독서를 권한다. 성공은 독서의 분량이다.

모방을 하라

학교 다니면서 성적 때문에 고민을 안 해 본 사람은 한 명도 없을 것이다. 성적이 좋은 사람은 좋은 성적을 유지하기 위해 고민하고 안 좋은 사람은 성적을 올리기 위해 고민한다. 간혹 성적에 전혀 관심이 없는 사람은 성적 때문에 고민하는 사람이 이해가 안 돼 고민했을지도 모른다. 아무튼, 좋은 성적을 유지하기 위해서도 열심히 공부해야 하고 안 좋은 성적을 끌어올리기 위해서도 열심히 공부해야 한다. 공부든 일이든 열심히 해야 성과가 좋은 건 당연한 일로다. 그런데 열심히 하지 않고 단숨에 성적을 끌어올리는 방법이 하나 있다. 그것은 공부 잘하는 학생 뒤에 앉아서 커닝하는 것이다. 커닝만 잘하면 단숨에 상위권으로 도약할 수 있다. 물론 자기 실력이 아닌 부정한 방법으로 얻은 거짓 성적이지만 결과만을 놓고 보면 오른 건 오른 거다. 그런데 갑자기 이 학생이 큰 깨달음을 얻어 시험시간에 정답을 커닝하지 않고 공부하는 방법을 커닝했다면 그때부터는 상황이 완전히 바뀔 수 있다. 즉 남이 잡아 놓은 물고기를 가져오느냐 물고기 잡는 법을 힐끔힐끔 보고 배웠느냐의 차이다. 사람은 누구에게나 자신만의 능력이 있다. 거기에 남의 기술이나 방법을 결합하면 남보다 훨씬 더 뛰어난 능력을 발휘할 수 있다. 그것을 모방이라고 한다. 최초에 순수한 창작도 있지만, 대부분은 최초의 창작물에서 조금씩 새로운 것을 더하여 또 다른 창작물을 만든 것이다. 모든 발달과 발전은 모방에서 시작하고 끊임없는 모방은 끊임없는 창작이 된다. 무에서 유를 창조하는 것이 아닌 유에서 더 나은 유를 만드는 것이다.

순자(荀子)의 권학(勸學)에 귀감 되는 다음과 같은 말이 나온다.

청취지어람 이청어람(靑取之於藍 而靑於藍) 푸른색은 쪽에서 나왔지만, 쪽빛보다 더 푸르고 빙수위지 이한어수(氷水爲之 而寒於水) 얼음은 물로 되었지만, 물보다 더 차다.

이 말은 이전 것보다 새로운 게 더 낫다는 말이다. 그 옛날에 어떻게 알았는지 신기할 따름이다. 순자의 본명은 순황(荀況)이지만 보통 순자라고 하며 당시에는 자(子)라는 글자를 존칭으로 붙였다. 공자, 맹자, 노자가 그런 예다. 쪽이란 식물은 우리나라 전역에 분포하고 있는 식물로서 식물이다 그렇듯이 녹색이다. 그런데 쪽을 찧은 물로 염색을 하면 파란색으로 바뀌어 쪽의 색보다 더 진한 색이 나온다. 이전 색보다 훨씬 더 예쁘고 진한 색이 나오는 것이다. 기술개발이든 제품개발이든 하나를 개발하면 그것을 통해 다양하게 응용할 수 있는 신제품을 계속 만들어 낼 수 있다. 건축가는 다른 사람의 건축물을 깊이 연구하여 더 좋은 건축물을 만들고 요리사는 다른 사람이 만든 음식을 많이 먹어보고 더 맛있고 영양 많은 음식을 만든다. 남의 것을 베낀다는 것은 노력하지 않고 거저먹는 것처럼 보일 수 있지만, 정도와 가치를 구별해서 비판해야 한다. 어떤 창작물이든 완벽할 수 없고, 완벽하더라도 영원할 수 없다. 공부를 하든 사업을 하든 그 무엇을 하든 처음부터 자신만의 독창적인 방법으로 이 세상에 없는 전혀 새로운 방법을 시도해 이루려 한다면 연구하고 고민하다가 아무것도 못 할 수 있다. 내가 하는 것을 다른 사람이 하고 그걸 여럿이 하면 유행이 된다. 누군가가 유행을 만들었다기보다 좋은 것을 여러 사람이 함께 좋아하다 보니 유행이 되는 것이다. 내가 유행의 창조자는 못 되어도 유행을 따라가면서 시류에 맞게 사는 사람은 될 수 있다. 그렇다면 옷이나 가방 액세서리 등이 무엇이 유행하고 있는지 시대를 읽고 따라갈 줄 알아야 한다. 분명히 잘하는 사람은 잘하는 이유가 있다. 그렇다고 내가 그 사람처럼 똑같이 한다고 해서 똑같은 성과나 결과가 나오지 않는다. 아무리 배우고 익히고 모방해도 똑같이 안된다. 왜냐면 일등은 언제나 하나뿐이기 때문이다. 모방과 창작은 다른 이름의 같은 뜻이다. 성공한 사람의 습관을 모방하라. 부자를 모방하라. 자신의 창작물이 된다.

부자를 배워라

예전에 미국의 어느 대학교에서 맥도날드 회장이 학생들에게 특강을 하면서 이런 질문을 했다. 내가 뭐 하는 사람인지 아는 사람이 있나요? 하고 물으니 학생들은 농담을 던지는 줄 알고 모두가 햄버거 장사라고 대답했다. 그러자 맥도날드 회장은 그런 답이 나올 줄 알았다는 듯 실소하며 모두 틀렸다고 대답했다. 여러분. 나는 햄버거 장사가 아닙니다. 여러분은 지금 나의 보이는 부분만 보고 대답했을 뿐입니다.

사실 나는 햄버거 장사가 아니라 부동산 투자자입니다. 어리둥절 한 학생들은 입을 다물었다. 그러자 회장은 내가 맥도날드를 어느 지역에 오픈하면 맥도날드를 이용하기 위해 여러 사람이 왕래하여 유동인구가 늘어나고 유동인구가 늘어나면 여러 업종이 상권을 이뤄 많은 사람이 정착합니다. 그러면 그 지역 땅값이 오르기 시작해 수십 년이 지나면 부동산 가치가 몇 배나 올라 가만히 있어도 부동산 재벌이 됩니다. 학생들은 맥도날드 회장의 돈 버는 방법이 부동산일 줄은 전혀 생각하지 못했다. 우리나라 대기업들도 대형할인점이나 백화점을 지을 땐 사람들이 이해하지 못하는 외진 곳에 짓는 경우가 많다. 그것은 몇 년 후의 지역발전을 내다 보거나 그것을 활용한 가치를 높이기 위한 결정이기 때문이다. 그래서 대기업을 따라 그 지역에 땅을 사 놓으면 나중에 큰 덕을 볼 수 있다. 부자의 생각은 뭔가 다르고 시야가 넓으며 단기보다는 중장기를 바라본다. 그러니 한 번 부자가 되면 큰 부자가 되고 오래 유지할 수 있다. 그리고 성공한 사람은 하나만 생각하지 않고 하나를 통하여 몇 가지의 시너지 효과를 거둔다.

무엇을 바라보고 무엇을 생각하는지가 성패를 가르는 것이다. 세상 모든 일이 이치가 있고 길이 있고 방법이 있다면 분명히 부자가 되는 길도 있고 성공하는 방법도 있을 것이다. 처음부터 부자로 태어났다면 자신의 재산을 잘 지키면 되겠지만 가난을 벗어나 부자가 되기를 꿈꾸는 사람은 부자를 배워야 한다. 그런데 부자는 자신이 부자라고 자랑하고 다니지 않기 때문에 내 주위에 누가 부자인지 알기 어렵다. 설령 알았다 하더라도 섣불리 접근했다가 빌붙어 먹으려는 놈팡이 취급을 당할 수 있으니 쉽게 다가설 수도 없다. 부자를 배우는 간접적인 방법은 독서를 통해 경험담을 배우는 것이고, 직접적인 방법은 부자를 만나는 것이다. 내 주위에 부자는 멀리 있지 않다. 큰 부자만 부자가 아니고 작은 부자도 부자다. 가까이서 찾아 배우고자 하면 의외로 쉽게 만날 수 있다. 회사원이라면 회사 사장님이 부자일 수 있고, 커피를 좋아하면 커피숍 사장님이 부자일 수 있고, 자주 가는 단골식당이나 거래처 사장님이 부자일 수 있다. 그런 사람들을 눈여겨보는 것만으로도 많이 배울 수 있다. 우선은 그 사람은 왜 그 일을 할까? 생각해 보고 사업장 전체를 꼼꼼히 훑어보자. 내가 사장이라는 마음으로 다시 살펴보면 그동안 몰랐던 새로운 것들이 많이 보인다. 그러면서 배울 점과 개선점을 메모하거나 머릿속에 기억하여 내 것으로 만든다. 사람은 누구라도 가르치기를 좋아하고 자신을 알아주는 사람을 좋아하고 칭찬에 약하다. 그것을 이용하면 된다. 친분이 있어서 비교적 쉽게 만날 수 있는 사람이라면 자주 조금씩 많은 것을 물어보며 배울 수 있고, 만나기 어려운 사람이라면 느낌으로 배울 수 있다. 지금 내 생활 범위에서 삼성그룹 회장님이나 현대그룹 회장님을 만나 성공 스토리나 노하우를 들을 수는 없지 않은가. 그러나 내 주위에 작은 부자들은 비교적 쉽게 만날 수 있고, 작은 호의에도 많은 것을 가르쳐준다. 배우는 사람과 배우지 않는 사람은 천지 차이라고 해도 과언이 아니다. 무엇이든 자신이 이루고자 한다면 부지런함과 적극성으로 현장에 뛰어들면 된다. 성공과 부가 인생의 전부가 아니라고 멀리할 수 있지만 그렇다고 성공과 부가 없어지지 않으며 그것들이 불필요한 존재가 되지도 않는다. 소유하고 정복하고 다스리자.

너 자신을 알라

나는 내가 어떤 사람인지 비교적 빨리 깨달았다. 소크라테스가 "너 자신을 알라"고 했을 때 나한테 한 말인지 자기 마누라한테 한 말인지는 모르지만, 아무튼 나는 나를 안다.

득도해서 큰 깨달음을 얻어 위인이 되었다는 말이 아니고 몇 가지 부분에서 나를 알았다는 말이다. 몇 가지가 있지만, 그중에서 가장 먼저 깨닫고 소중한 것을 깨달았다고 자부하는 것은 나는 봉급 받는 직장생활을 못한다는 것이다. 정확히 얘기하면 처음에는 못 하는 줄 알았다가 나중에는 안 하고 있다. 나는 내 성격이 조직의 일원으로 남의 지시를 받고 공동의 목적을 이루는 일에 일부를 담당하는 게 맞지 않는다. 특히나 내 생각에 나보다 무능하다고 생각하는 사람이 내 상사이고 그가 내게 그릇된 업무를 지시하는 것을 도저히 용납할 수 없다. 분명히 더 좋은 방법이 있고 해야 할 일과 하지 말아야 할 일을 구분할 줄 알아야 하고, 시기와 때도 조절할 줄 알아야 하는데 여러 사람의 의견을 무시하고 오직 전통과 관례 그리고 자신의 고집대로만 하려 하는 사람은 차마 눈 뜨고 쳐다볼 수 없다. 그러나 어쨌든, 상사이니 믿고 따라 했는데 결과가 역시 안 좋았다면 어이가 상실되고 자괴감이 들어 그럴 줄 알면서 따라간 내가 비참해 보인다. 많은 직장인은 그런 줄 알면서도 참고 넘어가지만 나는 도저히 참지 못한다. 그래서 나는 잘해도 내 책임, 못해도 내 책임 내일은 내가 결정한다.로 나를 정했다. 이렇게 나를 정의한 지금은 남의 지시를 받는 대신 협조를 구하고 협력하며 내일은 나 스스로 결정하고 판단하는 사업을 하고 있다. 그러다 보니 하루의 내 시간을 남의 간섭없이 내 맘대로 쓸 수 있는 게 제일 좋다. 남이 정해놓은 시간에 출근, 퇴근 및 정해진 업무를 처리하는 것은 너무 틀에 박혀 보여 답답해 보인다. 그리고 아무리 많이 일하고 내 인생 하루의 대부분을 헌신했어도 정해진 봉급만 받는 것도 내겐 아쉬움이다. 만일 내가 나의 정체성을 깨닫지 못하고 나는 왜 조직 생활에 적응 못 하고 매번 힘들어하며 스트레스를 받을까! 내가 성격이 못됐고 대인 관계에 치명적인 결함이 있어서 남들과 잘 어울리지 못하는 걸까! 라고 생각하며 자책하고 시간을 보냈다면 내 인생은 아주 많이 불행했을 것이다. 우리나라는 자영업자 비율이 세계에서 가장 높다. 2011년 기준 한국이 28%일 때, 미국은 7%, 일본은 11%였다. 10년이 지난 지금도 비율은 비슷하다. 그런데 이상한 건 우리나라의 부모교육은 여전히 유교적인데 자영업 비율로 보면 이스라엘식 교육 성과를 나타낸다. 사농공상(士農工商. 선비, 농업, 기술, 장사 순으로 신분의 귀천을 매기는 것)이 뿌리 깊었던 조선 시대의 폐습이 지금까지 우리의 머릿속에 사상처럼 자리 잡고 있는가 보다. 옛날로 치면 도포에 갓 쓰고 글이나 읽으며 아랫사람을 부리는 허울뿐이라도 양반의 모습을 닮기 원하는 것이다. 예전에 양반은 허드렛일을 안 하고 입으로만 호령했으니 편하게 산 줄로만 생각한 것이다. 물론 몸은 편했겠지만,

그들도 남이 알지 못하는 큰 고충이 있었으리라 생각한다. 그러나 그게 전통처럼 지금까지 내려오다 보니 자기 자식이 고생하는 꼴을 볼 수 없다며 많이 배워 좋은 회사 취직해서 남들보다 편하게 살게 하려 한다. 대부분 부모의 소망은 좋은 회사 취직이다. 나도 그렇게 교육받았고 내 부모도 그러길 원했다. 그렇지만 나도 현재는 사업을 하고 있고, 통계를 보면 알 수 있듯이 우리나라 많은 사람이 사업을 하고 있다. 사람이 국가라는 공동체 속에 살면서 무슨 일인가는 하지만 그게 나와 맞는지 안 맞는지는 알아볼 필요가 있다. 아무 상관 없이 살거나 어쩔 수 없이 하는 일을 하고 있다면 행복지수가 높지 않을 것이다. 취업했다가 창업할 수도 있고, 사업하다가 취업할 수도 있다. 그러나 자기 자신에게 어떤 모습이 더 어울리는지 아는 것은 매우 중요하다. 분명히 누구에게나 재능이 있고 그 재능으로 성공하는 만족한 삶을 살 수 있다. 나 자신을 알자.

돈을 많이 버는 일을 하라

언젠가 출근하는데 문득 이런 생각이 들었다.

매일 같이 오가는 도로 양옆에 즐비한 건물들은 도대체 누가 주인일까? 저 건물 주인들은 도대체 무슨 일을 해서 저 건물을 지을 만큼 돈을 많이 벌었을까?

이런 생각이 어느 날 문득 들었는데 그날부터 매일 같이 도로를 지날 때마다 드는 것이다. 저 건물의 주인은 몇 살일까? 어디에 살며 저 건물의 임대료 수입은 얼마나 될까?

이런 궁금증이 계속 생겼지만, 알 수 있는 방법은 없었다. 그리고 지금까지도 모른다. 다만, 지금 알게 된 것은 대로변의 건물 주인이 그 건물을 사기 위해 직장생활 열심히 해서 적금 들어 그 적금 타서 빌딩을 지은 건 아니라는 것이다.

그럼 어떻게 그런 건물을 지었거나 매입했을까? 궁금증은 오래가지 않아 자연스럽게 풀려 알게 되었다. 방법은 몇 가지가 있지만, 평생 모은 적금으로 그런 건물을 사거나 지은 사람은 없거나, 있어도 한두 명이다. 대부분은 자기 자본에 남의 자본(세입자 보증금+은행)을 활용해 비교적 어렵지 않게 소유한 것이었다.

그리고 또 하나는 그 빌딩 소유주들이 돈이 많아서 그 빌딩을 샀다기보다는 앞으로 돈을 더 많이 벌기 위해 그 빌딩을 산 사람이 훨씬 많다는 것이다. 즉, 자기 자본에 대출을 이용해 투자했지만, 대출이자보다 임대수익이 더 많고, 세월이 지나 부동산 가치가 오르면 시세차익도 노릴 수 있어 모험 아닌 모험을 배짱 좋게 한 것이다. 그런데 중요한 것은 똑같은 방법으로 누구나 다 할 수 있지만 아무나 안 한다는 것이다. 아무리 친절하게 설명하고 방법을 가르쳐 줘도 들으려고 하지 않거나 나는 못 해라고 손사래를 친다. 어떤 일이든 처음이 두렵지 한 번 하고 나면 점점 생각과 자신감이 커져서 어렵지 않게 이룰 수 있는데 그런 일들을 마다하는 이유는 잘 안 되면 어떻게 하냐는 부정적인 생각과 소심함 때문이다. 그렇다고 그게 잘못됐다는 건 절대 아니니 할 수 있으면 하고 할 수 없으면 안 하면 된다. 하고 안 하고는 자신의 의지지만 작은 일부터 차근차근 이루어가며 자신의 그릇을 키우는 것은 좋은 사고방식이다. 사람마다 먹는 양에 따라 밥그릇의 크기는 다를지라도 그 밥을 떠먹는 숟가락 크기는 다 똑같다. 같은 숟가락으로 많이 먹을 수도 있고 적게 먹을 수도 있다. 여기서 밥은 먹는 밥이 아니고 부와 성공이다. 같은 숟가락으로 얼마나 먹을지 자신이 판단하기 바란다. 옛말에 쥐구멍에도 볕들 날이 있다는 말이 있다. 쥐는 야행성 동물이라 낮에는 잘 안 돌아다니고 밤에 활동하며 사람이나 천적의 눈을 피해 은신처를 짓기 때문에 쥐구멍을 찾기는 쉽지 않다. 그런 후미진 곳의 쥐구멍에 볕들 날이 있다는 것은 거의 불가능에 가깝다는 말이다. 설령 쥐구멍에 볕이 들어도 그 볕이 얼마나 환하고 얼마나 오래 비추겠는가. 단지 우리 선조들이 후손에게 용기와 희망을 잃지 않도록 만든 격언이라 생각한다. 가끔 어렵고 힘들게 사는 사람이 자신의 신세를 한탄할 때 스스로 위로하며 저런 말 하는 걸 들어본 적이 있다. 그 후에 그 사람에게 정말 볕이 들었는지 안 들었는지는 확인하지 못했지만 왜 자신의 신세를 쥐구멍으로 여기는지 생각해 봤으면 좋겠다.

　매일. 같은 생각으로 같은 일을 하면서 달라지는 것 없이 부자 되기를 바라거나 요행으로 벼락부자가 되기를 바란다면 평생 바람으로 끝날 가능성이 아주 많다. 지금처럼 살면 지금처럼 평생 산다. 부자가 되려면 돈이 많아야 하고 돈을 많이 벌려면 돈을 많이 버는 일을 해야 한다. 자신은 꿈적도 하지 않으면서 언젠가 부자가 되겠지 하고 바란다면 이 세상 모든 사람이 다 부자 되었을 것이다. 최고의 자리에 있는 사람은 최고를 유지하기 위해 최고로 많이 훈련하고 노력한다. 나는 세상 모든 사람이 다 성공해서 행복하게 살길 원한다.

지성이면 감천

머뭇거림과 빠른 결단

나는 어떤 일을 판단할 때 비교적 결정이 빠른 편이다. 오래 생각한다고 크게 달라지는 것도 없고 더 좋은 결정을 내리는 것도 아니기 때문이다. 그래서 한 번 경험이 있거나 내가 잘 아는 일이라면 주저 없이 즉석에서 결정해버린다. 결정이 늦으면 늦은 만큼 다른 일도 늦어지니 빨리 결정하고 다른 일을 하기 위해서다. 지금도 집을 사거나 차를 사거나 할 것 없이 어지간히 맘에 들면 몇 가지만 확인 후 바로 결정한다. 내게 물건을 파는 사람이 당황할 만큼 시원시원하게 해버린다. 그래서 빠른 결정으로 좋은 걸 선점한 적도 있었고 잘못 선택한 것도 있었지만 대부분 결과가 좋았다. 어차피 필요한 걸 사고, 해야 할 일을 정한 것이기에 성급했어도 큰 낭패가 있지는 않았다. 가끔 어떤 때는 준비도 안 됐는데 결정하는 촌극이 벌어질 때도 있었다. 그래서인지 조그만 것 하나 결정하면서 이리 재고 저리 재는 사람을 보면 답답한 느낌이 든다. 누구든 무엇이 꼭 필요해서 물품을 사려고 시장이나 매장엘 들렀을 텐데 마치 아무 생각 없이 이제 처음 생각하고 고르는 사람처럼 머뭇거리기만 하는 사람은 나와 완전히 다른 성격이다.

사실 매장엘 가면 비슷한 것 중에 한 개를 고르기가 쉽지 않다. 가격과 성능이 비슷한 제품을 일장일단을 짚어가며 최종선택을 하기는 곤혹스럽지만, 꼭 필요하면 얼른 결정하고 미련이 남지 않게 자신이 고른 걸 최고로 생각하고 자신의 선택과 판단을 믿으면 된다.

여담이지만 내 주위에 나 같은 성격은 별로 없다. 다 너무 신중하고 침착하다. 섣불리 결정하는 걸 거의 못 봤다. 그래서 내가 생각해도 내 성격이 너무 급해서 나도 매사에 침착할 필요가 있는데 너무 속단한다고 생각할 때가 종종 있다. 그래서 나도 그렇게 해 보려고 아무리 침착하게 오래 생각해도 길어야 하루다. 남들은 몇 주, 몇 달이 걸려도 검토 중인 사항을 나는 길어야 하루 혹은 며칠이면 끝난다. 그래서 어떤 때는 이미 결정해놓고도 검토 중이라고 일부러 시간 끈 적도 있다. 그렇다고 결론이 바뀌는 경우는 거의 없었고 대부분 처음 마음먹은 대로 결정했다. 그런데 여기서 한가지 짚고 넘어가야 할 것은 성격이 급한 것과 결단력이 빠른 것은 완전히 다르다는 것이다. 분명히 구별해야 한다. 그래서인지 급한 성격과 빠른 결단력. 이 두 개를 동시에 가진 사람은 거의 못 봤다. 성격이 급하다는 것은 인내심이 부족해서 빨리 빨리를 외치는 경우가 많고, 결단력이 빠르다는 것은 그 사람의 용기와 자신감과 확신이다. 예를 들어 짜장면을 먹을지 짬뽕을 먹을지 결정하는 데 5분 걸리고, 주문하고서는 1분 안에 음식이 나오길 바란다면 성격이 급한 것이고, 무엇을 먹을지 결정하는 게 1분이고, 음식이 나올 때까지 5분을 기다린다면 결단력이 빠른 것이다. 최종 결정권자가 실패를 두려워하거나 실패했을 때 실패에 대한 책임을 줄이려고 명분을 만드는 시간이 길면 그만큼 일만 늦어진다. 긍정이든 부정이든 옳든 그르든 흐름이라는 게 있으므로 때로는 나쁜 흐름이 틈타지 못하도록 밀어붙일 필요도 있다. 그렇다고 항상 밀어붙이기식이면 안 되겠지만 결단이 오래 걸리면 경쟁에서 밀리는 지름길일 뿐이다. 그렇다면 빠른 판단과 결정을 위해서는 어떻게 해야 할까? 우선은 자신이 결정한 것은 다 성공해야 한다는 완벽의식을 버려야 한다. 성공은 한 번의 결정으로 즉석에서 판가름 나는 가위바위보 게임이 아니다. 과정이 순탄할 때도 있고 험난할 때도 있다. 순풍에 돛 단 듯이 편안하게 도착하면 좋겠지만 거센 파도와 풍랑도 있다는 걸 알아야 한다. 그리고 자신감이 있어야 한다. 자신감은 허세 부림이 아니다. 실력도 경험도 없으면서 큰소리만 치면 뒷감당이 힘들다. 하면 된다는 굳은 의지로 동료의 마음을 하나로 묶고 앞장서면 빠른 판단과 결정을 할 수 있다.

가난한 사람에게 가장 부족한 것

프랑스의 50대 부자이며 유명 화가였던 발랑은 1998년에 전립선암으로 숨을 거두었는데 그는 초상화 파는 일 등으로 단기간에 거액의 자산가가 되어 많은 기부를 했다. 그런데 그가 죽음을 앞두고 남긴 유서에 아주 흥미롭고 재미있는 내용이 있다. 나는 가난하게 태어났지만 이렇게 부자로 인생을 마친다. 그래서 나는 천국의 문턱을 넘기 전에 부자가 되는 비법을 많은 사람에게 알려주고 떠나길 원한다. 다음의 문제를 맞히는 사람에게는 내가 거액의 재산을 선물로 주겠다고 말하고 문제를 남겼다. 문제는 이렇다. '가난한 사람에게 가장 부족한 것은 무엇인가?' 이 문제가 유서 중에 있었고 1년 동안 전국각지에서 응모를 받아 발랑 사망 1주기에 변호인과 대리인 두 사람이 발랑이 적어놓은 정답과 그동안 보내온 응모자들의 답을 맞혀봤다. 전국각지에서 4만 8천여 통의 답이 든 봉투가 있었지만, 정답을 맞힌 사람은 의외로 9살 소녀 테일러였다. 테일러가 적어 온 정답은 바로 "욕심"이었다. 가난한 사람에게 가장 부족한 것은 부자가 되고자 하는 욕심이라는 게 정답이었다. 갖고 싶은 걸 가질 수 있게 해주는 게 욕심이라고 생각했다는 소녀의 대답은 사회적으로 아주 큰 반향을 불러일으켰고 당시 많은 부자와 지식인들이 망설임 없이 그 대답에 동의했다고 한다. 그리고 보면 욕심은 욕심내 볼 만한 가보다. 우리나라뿐 아니라 세계 여러 나라에서 욕심쟁이는 동화 속 단골 모델이다. 그것도 좋은 역할이 아닌 나쁜 역할로 많이 나온다. 동화 속 내용은 동물이나 사람을 등장시켜 지나친 욕심을 부리면 잘되고 흥하기보다는 망하고 패한다는 내용을 구성으로 읽는 사람에게 작은 이야기로 큰 교훈을 준다. 많은 사람이 이런 책을 읽으며 공감하고 자신의 마음 밭에 탈(脫) 욕심을 심는다. 혹시나 자신도 지나친 욕심으로 사람들에게 외면당하고 심지어는 가진 재산을 모두 탕진하고 낙오하는 인생을 살까 염려해서다. 그럼 모든 욕심을 내려놓고 청빈낙도(淸貧樂道. 청렴결백하고 가난하게 사는 것을 옳은 것으로 여기고 즐김)의 소박한 삶을 살아야 존경받고 인정받는 삶인가? 그렇지 않다. 지나친 욕심이 화를 부르는 건 맞지만 때와 시기를 구별하지 못

하고 무분별하게 자신의 욕심만을 채우려 하기 때문이다. 그렇지만 공익을 위하고 사리를 분별하는 욕심은 꼭 필요하다. 특히나 부와 성공을 이루기 위해서는 필수 중의 필수 요건이다. 욕심은 무엇을 갖고자 하는 소망이며 바람이다. 욕심이 없으면 아무것도 이룰 수 없고 자신의 재능이나 실력을 평가할 수 없다. 무엇보다 삶이 무료하고 재미없다. 간혹 아무 욕심 없이 산이나 섬에서 조용히 살고 싶다고 생각할 때가 있다. 산이나 섬에 들어가면 조용히 욕심 없이 살 수 있겠지만 그것 또 한 욕심임을 알아야 한다. 이런 욕심은 성공자의 욕심이 아니고 패배자의 욕심이다. 열심히 일하고 잠깐 쉬는 것과 모든 일을 끊고 사회와 단절하며 사는 것은 완전히 다르다. 현실도피는 삶에 지치고 사람에게 속고 경쟁에서 밀리면 누구라고 한 번쯤은 다 해 보는 생각이다. 그러나 현실을 회피하거나 경쟁을 두려워하면 성공 욕심은 줄어들고 패배 욕심이 늘어난다. 혹시. 성공을 꿈꾸는가? 성장을 원하는가? 그렇다면 욕심을 가져야 한다. 간혹 성공이 인생의 전부가 아니고 돈이 세상의 전부가 아니라고 말하지만, 그것이 전부라고 할 만큼 큰 역할을 차지하는 건 맞다. 그리고 부귀와 영화를 이루기 위해서만 욕심이 필요한 건 아니다. 부모님이 건강하게 장수하길 바라는 것도, 자녀가 잘 자라서 훌륭한 사람이 되길 바라는 것도, 농민이 풍작을 기원하는 것도 욕심이다. 욕심을 강퍅한 사람의 지나친 소유욕으로 여겨 나는 욕심 없이 살 거라고 말하면 자신 없는 자, 용기 없고 연약한 자의 비겁한 변명으로 들릴 수 있다. 정녕 부와 성공이 내게 필요 없는지 깊이 생각해 보고 정말 그렇다면 내 인생의 목표는 무엇이며 즐거움과 행복은 무엇인지 고민해보자. 모든 꿈, 소망과 성공의 시작은 욕심에서 나온다.

노력은 쓰나 열매는 풍성하다

　리더는 무엇을 어떻게 결정했는가보다 결정한 이후의 행동이 훨씬 더 중요하다. 여기서 리더는 자기 자신이다. 결정한 사항을 번복하거나 미룰 순 있어도 포기한다는 것은 최후 중의 최후의 판단이 되어야 한다. 천재지변이나 전쟁이 일어나도 해야 할 일은 해야 한다. 그런데 사소한 이유로 결정한 사항을 쉽게 포기해 버린다면 아직 소꿉장난하는 나이에서 못 벗어났다고 봐야 한다. 그 이유는 어떤 결정이든 포기란 없다는 신중한 고민이 있어야 하고 한번 결정한 것은 더디더라도 이룬다는 목표의식이 확실하게 있어야 하기 때문이다.

　인생은 연습이 없고 한번 지난 시간은 두 번 다시 오지 않는다. 그럼에도 급한 것 하나 없이 연습 삼아 사는 것처럼 느긋한 마음으로 살면 안 된다. 물론 오늘 못 하면 내일 하면 되지만, 되면 좋고 안 되면 만다는 식이라면 빨리 고쳐야 할 나쁜 습관이다. 매 순간순간이 소중하고 중요하다. 속단해서도 안 되지만 머뭇거려서도 안 된다. 성공하는 인생을 살고 싶다면 성공하는 인생을 배워야 한다. 일상생활로 경험한 것과 보고들은 잡다한 지식은 성공 비책도 아니고 큰 깨달음도 아니다. 그저 누구나 겪을 수 있는 사사로운 경험일 뿐 성공의 열쇠나 노하우가 되지 않는다. 정작 성공한 사람은 누구에게나 있을법한 그런 소소한 일들로 성장의 발판을 삼지 않는다. 성공하는 사람은 그저 재미 위주의 사사로운 이야깃거리에 관심을 두기보다 왜 그럴까에 관심이 많다. 즉, 심심풀이 땅콩보다는 한 번 더 눈이 가는 번득이는 아이디어나 소제에 관심이 많다. 예를 들면 누가 무엇을 어떻게 해서 돈을 많이 벌었더라, 어떤 제품에 향상된 무슨 기능을 추가해 신제품을 개발해 몇 배 이상의 매출을 올리고 있더라 등의 혁신적이며 획기적인 아이디어에 관심이 많다. 그리고 그들은 그것이 단기간에 손쉽게 되지 않는다는 걸 잘 알고 있다. 그래서 항상 준비하고 노력한다. 노력이라는 것은 타인이 나를 평가할 때 노력한다고 할 수 있지만 정작 자신은 노력한다기보다 성공하기 위해 당연히 하는 투자라고 생각한다. 무엇이든 연구하고 노력하면 결과는 나온다. 원하는 목표의 결과가 나올 수 있고 형편없이 못 미치는 결과가 나올 수도 있다. 혹은 참담한 실패를 맛볼 수도 있다. 우리는 매스컴을 통해 종종 실패한 사람의 가슴 아픈 사연을 듣곤 한다.

어떤 농민이 수확 철을 앞두고 태풍이 불어 과실이 다 떨어져 실의에 빠져있다거나 빚을 내어 창업한 치킨집이 경쟁업체 난립과 그로 인한 매출 부진으로 최저임금 수준으로 생계를 유지하고 있다는 등의 뉴스를 듣는다. 그러면 그들이 안타까워 같은 사람으로서 동정심을 가지며 딱하다는 생각을 한다. 그러면서 그나마 나는 다행이라고 생각하기도 하고 과일 농사나 치킨집은 절대 하지 말아야지. 하고 다짐하기도 한다. 그러나 우리 사회는 실패하는 사람보다는 성공하는 사람이 훨씬 더 많다. 단순하게 생각해서 사람은 한번 실패했다고 죽지 않는다. 전화위복(轉禍爲福. 화를 복으로 바꿈)의 기회로 삼아 다시 도전하거나 새로운 일을 한다. 몇 번을 반복해야 성공할지 모르지만 한 번 성공하면 실패의 아픔을 다 잊고 일어설 수 있다. 실패를 딛고 일어서는 게 진정한 노력이다.

노력이란 목표를 이루기 위한 과정이고 수고의 연속이다. 인내는 쓰고 열매는 달지만, 노력은 더 쓰고 열매는 풍성하다. 노력은 절대 배신하지 않고 온갖 수고와 고생을 이겨낸 당신에게 풍성하고 탐스러운 열매로 반드시 보답한다. 성공은 우연히 되는 것도 아니고, 순서대로 언젠가 내게 오는 것도 아니다. 뚜렷한 목표와 의지로 끊임없이 노력하고 매일매일의 계획을 세우고 확인하며 진도표를 체크 해야 한다. 그렇다면 노력하면 다 성공할 수 있을까? 아니다. 노력한다고 다 성공하는 것은 절대 아니다. 그렇지만 성공한 사람 치고 노력하지 않은 사람은 단 한 명도 없다. 반대로 실패한 사람도 노력하지 않은 사람은 단 한 명도 없다. 노력의 결과는 성공이냐 실패냐가 아니라 성공할 때까지 노력하는 굳은 집념이다.

강하고 담대하라

나는 어려서 시골 마을에서 13년을 살았다. 게다가 내가 살던 마을은 산 바로 아래여서 산과도 아주 친숙하게 지냈다. 산은 사계절 내내 우리 마을 사람들에게 좋은 것을 많이 내어줬다. 봄에는 산나물로 여름에는 시원한 바람으로 가을에는 풍성한 열매로 겨울에는 멋진 설경과 땔감으로 우리 동네 사람들을 이롭게 했다. 나 또한 계절마다 산에 올라 놀기도 하고 산 밤이나 도토리 등을 주워왔고 겨울에는 아버지와 삼촌을 따라 삭정이(소나무에 붙어있는 말라죽은 가지)를 하러 산에 자주 갔다. 그러다 보니 나무나 풀 산새나 산토끼 각종 곤충에 큰 거부감 없이 다가설 수 있다. 또한 우리 집 바로 앞에 큰 나무가 있었는데 여름에는 더위를 피해 동네 어른들이 그늘 밑으로 자주 와서 쉬고 갔고 나를 비롯한 아이들은 나무에 올라가 노는 걸 좋아했다. 시골은 동네마다 큰 나무가 있는 곳이 많이 있지만, 우리 동네에 있는 나무는 그리 크지 않았고 수종도 플라타너스(일명: 방울 나무, 가로수로 많이 심고 우리나라에서 흔히 볼 수 있다)다. 플라타너스는 표면이 매끈하고 밝으며 가을이 되면 매달려 있던 방울이 떨어진다. 그러면 그걸 주워서 던지기 놀이도 하고 방울 치기 놀이도 했다. 나무와는 재미있고 즐거운 추억이 많이 있어 내게 아주 친숙한 존재다. 나무는 강하고 딱딱하지만 가지는 부드럽고 연해서 잔바람에도 살랑살랑 흔들린다. 만일 가지마저 딱딱하면 가지에 붙어있는 나뭇잎은 성장하지 못하고 부는 바람에 다 떨어지고 말 것이다. 나무는 나무 자체로도 사람에게 여러모로 이로움을 주지만 나무를 관찰하다 보면 사람에게 훌륭한 교훈을 많이 준다. 사람도 나무처럼 강해야만 지도자가 되고 앞서 나갈 수 있다고 강하게 가르친다. 무슨 일이든 의지가 약해 조금 하다 포기하고 싫증 내면 가르치는 부모나 스승은 난감하기 그지없다. 그래서 정신력과 체력, 오기를 길러주어 남보다 강한 사람이 되기 원한다. 그러면 꼭 강해야만 한 것인가? 생각해 보면 강하면 부러지기 쉽고 넘어뜨리려 하는 사람이 많아 사방에 적이 있고 자주 도전을 받는다. 반대로 부드러우면 언제라도 꺾을 수 있다고 생각해 만만하게 보며 무시당하기 쉽다. 그러면 강한 게 좋을까 부드러운 게 좋을까. 여기서 잠깐 우리 속담을 하나 말해보고 다시 돌아가 보자. 아는 것이 힘이다. 모르는 것이 약이다. 이건 또 어떤 말이 맞는 것일까? 많이 알아야 아는 만큼 힘이 되니 딱 맞는 말이고, 쓸데없는 것까지 다 알고 있으면 별것이 다 신경 쓰여 스트레스만 늘어나니 모르는 게 약이다. 위 두 속담은 경우에 맞게 써먹기 딱 좋지만, 이율배반적(서로 모순되는 두 명제가 동등한 타당성을 가지고 주장되는 일)이라 동시에 사용할 수는 없다. 또, 하나 더 부지런함과 여유로움이다. 누구는 부지런히 열심히 일해서 빨리 부자 되라고 하고, 누구는 부자 되는 것도 좋지만 건강도 생각해야 하니 쉬면서 여유 있게 일하라고 한다. 부지런히 일만 하면 힘든 인생을 사는 것 같고, 여유를 누리며 유유자적하면 게으른 사람처럼 보여 어느 장단에 맞춰야 할지 또한 난감하다. 이렇듯 둘 다 맞는 말이지만 둘 다를 한 상황에 적용하기에는 서로의 뜻이 달라 이러지도 저러지도 못할 상황이 된다. 그러면 여기서 무엇이 더 옳은 말인지 분간하기보다는 처음에 등장했던 나무를 보고 지혜를 얻으면 어떨까 한다. 나무처럼 부러지거나 흔들리지 말아야 할 기둥은 강하고 부는 바람이나 내리는 비에 잔가지와 나뭇잎을 보호해야 할 부분은 부드러우면 강함과 부드러움이 조화되어 전체적으로 강한 사람이 되지 않는가. 그랬을 때 결국은 강함과 부드러움의 조화가 잘 이루어져야 진정한 강한 사람이 되는 것이다. 그리고 강한 사람이 성공하고, 성공하면 더 강해진다. 딱딱한 사탕 속에서 부드러운 크림이 녹아 나올 때 그 사탕은 더 맛있고 달콤하다. 강함과 부드러움의 멋진 조화를 만들자. 거기에 담대함으로 포장하면 휘청거릴지라도 넘어지지 않는다.

하늘이 감동하게

지성(至誠)이면 감천(感天)이다. 라는 말은 요즘에는 듣기 어려운 말인 것 같다. 예전에 어머니, 할머니가 동네 사람과 이야기 나눌 때 옆에서 가끔 들었고, 사극에서도 가끔 들었는데 요즘은 나도 그렇고 내 주위 사람들도 그렇고 대화 중에 지성이면 감천이라는 말은 잘 안 쓴다. 우리 선조들은 정성을 다하면 하늘이 감동하여 그 사람을 돕는다고 믿었다. 그도 그럴 만한 것이 예전엔 소원이 있어도 그것을 이루기 위해 어떤 적극적인 행동을 할 수가 없었다. 지금처럼 통신이나 교통이 발달한 것도 아니고 지식이나 정보를 얻을 수 있는 책이나 인터넷이 있었던 것도 아니니 오직 하늘만 바라볼 수밖에 없었다. 그게 농사이든 혼사이든 자녀들의 출세든 질병 치료든 간에 양반 천민 할 것 없이 오직 하늘만 바라보고 잘 되길 소망했다. 그러나 요즘은 모든 게 발달하여 웬만한 정보는 손안에서 얻을 수 있고 몇 시간이면 어디든 오갈 수 있으니 자신의 재주와 실력을 조금만 발휘하면 혼자서도 할 수 있는 게 많다. 그러니 굳이 하늘만 바라보고 결과를 기다리지 않는다.

하늘이 돕는다고 해서 배고픈 사람에게 하늘에서 음식이 뚝 떨어지지 않고, 가난한 사람에게 현금이 우수수 쏟아지지 않는다. 그 사람의 수고와 노력이 하늘에 닿을 만큼 열심히 한다면 주위에 도울 사람이 없어도 하늘이라도 도와준다는 말이다. 이 또한 우리 선조들의 후손을 향한 가르침이 아닌가 생각한다. 다시 말해 하늘이 감동한다는 것은 어려운 환경 속에서도 간절함과 절실함으로 최선을 다하는 모습이다. 아무리 세상이 발전해서 혼자 할 수 있는 게 많아졌다 하더라도 내가 혼자 할 수 있는 건 남들도 혼자 할 수 있다.

옛날에도 마찬가지였을 것이다. 그래서 선조들이 지성이면 감천이다. 라고 한 것은 보통 열심으로는 간절한 소원을 이룰 수 없다는 말이었을 것이다. 사람이 하늘이 감동할 만큼 열심히 한다면 이루지 못할 일은 없을 것이다. 예전에 우리의 어머니들은 연약한 여인의 몸으로 아무것도 할 수 없으니 그저 정화수 한 잔 떠놓고 자식 잘되기를 두 손 모아 빌기만 했다.

그 어머니의 간절한 마음이 자녀에게 전달되어 자식이 일찍 철들고 출세하길 바라는 마음으로 말이다. 지금 당신이 무슨 일을 하는지 나는 알 수 없다. 그러나 이 책을 읽는 사람 정도면 최소한 성공이나 부에 관하여 관심이 많은 사람일 것이다. 그리고 이 책뿐 아니라 비슷한 책을 많이 읽었을 것이다. 책을 통해 배우는 것은 상상을 초월한다. 그러나 아무리 많은 책을 읽고 배웠어도 머리로만 이해하고 실천하지 않으면 아무것도 이룰 수 없다. 하늘이 감동할 만한 열심과 수고가 있어야 원하는 바를 얻을 수 있다.

나는 지금 목표가 무엇인가? 나는 얼마나 많은 목표를 달성했는가? 스스로 묻고 대답해 보자. 혹시 목표도 없고 업적도 없는 건 아닌가? 그렇다면 왜 그런지 생각해 보자. 옛날 사람들은 자신이 할 수 있는 게 별로 없어 할 수 있는 일만 반복하며 열심히 했다. 새로운 걸 하고 싶어도 할 수 있는 게 없었다. 그러나 지금은 하고자 맘만 먹으면 할 수 있는 방법이 최소한 몇 가지는 된다. 한 가지 방법만 있어도 할 수 있는데 몇 가지 방법이 있다면 못 할 이유가 전혀 없다. 예전에 우리 선조는 지극한 정성으로 최선을 다했다면, 지금 우리는 할 수 있는 게 많으니 이것저것 다 해봐야 한다. 내가 안 하면 남이 하고 남이 하면 나는 당연히 패배한다. 사람의 인생은 굴곡이 있어 즐거울 때도 있고 슬플 때도 있다. 그런데 어제는 기뻐 춤추다 오늘은 슬퍼 탄식한다면 그것은 분명 잘못된 삶이다. 기쁨이 항상 충만할 순 없지만, 굴곡의 그래프가 크지 않아야 한다. 항상 일정 수준에서 내 삶이 유지돼야 하고 성장해야 한다. 일등이 되는 것보다 일등을 유지하는 게 더 어렵다. 그래서 항상 최선을 다해야 한다. 내가 감동하고 이웃이 감동하고 하늘이 감동하도록 최선을 다하면 반드시 성공한다.

성공한 당신에게 축하의 박수를 보낸다

파란만장

나는 대인 관계의 폭이 넓거나 다양하지 않고, 직업 또한 많은 사람을 만나는 일이 아니다 보니 여러 분야의 다양한 사람을 만나지는 않는다. 게다가 음식도 많이 가리고 사람도 많이 가려서 더더군다나 인간관계의 폭이 좁다. 그래서 어떤 때는 내 삶의 방식이 잘못된 건 아닌지 하고 돌아볼 때도 가끔 있다. 특히나 각계각층의 화려한 인맥을 자랑하는 사람을 보면 부러우면서 부끄러움을 느낀다. 그래서 운신의 폭을 좀 넓혀볼까 하다가도 마음을 정하지는 않는다. 나는 어려서부터 사람을 많이 가렸지만, 사업을 하면서는 더 가리게 되었다. 사람에게 속아서 큰 낭패를 봤거나 억울한 일을 당해서가 아니고 처음부터 그런 일을 안 만들려다 보니 조심스럽게 행동하게 됐다. 나는 부정적인 사람, 게으른 사람, 약속을 잘 안 지키는 사람, 계산이 정확하지 않은 사람은 내가 기피 하는 인물들이다. 그렇다고 그들을 일부러 멀리하거나 싫은 내색 해서 그들에게 눈치 주지는 않지만 중요한 거래나 계약은 웬만해선 하지 않는다. 내가 어렸을 때 어머니가 내게 해준 말이 "한번 실수 한 사람이 두 번 실수 한다." 였다. 어렸을 때는 그 말뜻을 정확히 이해하지 못했지만, 그래도 뜻깊은 말이라고는 생각했다. 그리고는 그 말을 잊지 않고 기억하고 있었는데 내가 사업을 하면서부터는 그 말이 너무 딱 맞는 말이어서 지금까지 내 사업의 원칙으로 삼고 있다. 나는 사람을 잘 믿는 편이지만 완전하게 믿지는 않는다. 그 이유는 그 사람을 의심해서가 아니라 그 사람에게 닥치는 상황이 그 사람을 한순간에 나쁜 사람으로 만들기 때문이다. 끝까지 신의를 지키며 책임을 다하는 사람이 많지 않은 이유도 사람이 나빠서라기보다 상황을 이기지 못해서 그렇게 되는 경우가 대부분이다. 그렇게 되면 믿었던 사람이 한순간에 내 앞에서 한 입으로 두말을 할 수 있다. 이건 그 누구도 예외가 아니다. 나도 마찬가지일 것이다. 그래서 나도 내 마음을 다스리기도 하지만 나로 인해 발생하는 상황을 통제하려 최선을 다한다. 자칫 내가 감당할 수 없는 복잡한 상황이 생기면 나 또한 신의를 저버릴 수 있기 때문이다. 사람은 자신만 잘하면 다 잘될 것 같아도 자신만 잘해서는 다 잘되지 않는다. 물론 소소한 일이라면 자신만 잘하면 잘 될 수 있지만, 공동의 목표달성과 이익을 위한 큰일이라면 나만 잘해서는 안 된다. 내 주위에서 일어나는 상황을 잘 통제할 수 있어야 하며 같이 일하는 사람들도 잘해야 한다. 말이 좀 많고 과시하기를 좋아하는 사람 중에 나처럼 파란만장한 삶을 산 사람 있으면 나와보라고 해. 라고 말하는 사람이 있다. 파란만장(波瀾萬丈)이란 "물결이 만 길 높이로 인다는 뜻으로, 일이 진행되거나 인생을 살아가는 데 기복과 변화가 몹시 심함을 이르는 말."이다. 사람은 누구나 대부분 파란만장한 삶을 산다. 아니 산다기보다 살아진다.

그런데 파란만장도 등급이 있음을 알아야 한다. 산전수전 다 겪으며 고생하고 죽을 고비를 몇 번 넘기고 실패와 배신당함의 연속으로 현재는 가진 것 하나 없이 빈털터리로 쪽방 생활을 하고 있다면 안타까운 파란만장이다. 그리고 실패한 인생 대부분의 과실책임은 본인일 것이다. 파란만장한 삶은 자랑보다는 수치다. 자신의 목표가 뚜렷하면 해야 할 일이 몇 개 안 되어 굳이 파란만장해지지 않는다. 이순신 장군이 수많은 해전을 치러 승리하는 동안에 많은 우여곡절이 있었지만, 그 누구도 이순신 장군을 파란만장한 삶을 살았다고 하지 않는다. 용맹한 신념으로 죽음을 각오하고 한 몸 바쳐 나라를 구한 충신으로 생각하며 우리 민족의 영웅으로 생각한다. 인생의 분명한 목표가 없으면 내가 원치 않는 파란만장한 삶을 살게 된다. 여기에 한 번 빠지면 헤어나기 힘들다. 성공은 어느 한순간에 되는 게 아니지만, 성공 다짐은 한순간에 할 수 있다. 생즉사(生卽死) 사즉생(死卽生)의 각오면 반드시 꿈을 이룰 수 있다.

꽃과 풀과 나무

나는 최근까지 아이를 입양하려고 적극적으로 알아보다가 결국에 포기했다. 내 나이가 많은 게 가장 큰 부담이었다. 피치 못할 사정으로 낳아준 부모와 함께 살지 못하는 아이를 내가 대신 부모가 되어 키워주고 싶은 마음이 예전부터 있었고, 내 아내도 자녀인 주은이도 적극적으로 환영하는 바여서 계속 알아보다가 이젠 마음을 접었다.

내가 아이를 키워주는 보람과 자라는 모습을 보는 기쁨이 크겠지만 이 아이가 어느 정도 크면 내가 아버지가 아닌 늙은이로 부담만 주는 꼴이 된다는 깊은 고민 끝에 생각을 내려놨다. 그리고 단념하고 있었는데 불과 한 달도 안 되어 내 아내가 위탁 부모라는 제도가 있다고 알아보더니 오늘 교육을 받고 와서 수료증까지 받아왔다.

위탁 부모는 완전한 부모가 아니고 친권을 주장하는 부모의 자녀를 잠깐 데려다 키워주는 제도다. 여기서 잠깐은 최소 1년에서 많게는 입양까지도 한다. 내 아내가 즐거운 마음으로 교육받고 와서 저녁을 먹으며 우리 가족 세 명은 교육받은 얘기를 재밌게 들었다. 위탁 부모는 입양하는 것보다 절차가 간단하고 아무 때라도 친부모가 데려간다고 하면 보낼 수 있기에 마음에 부담도 덜하고 내 나이의 많고 적음도 아무런 상관없다. 오래전부터 마음에 있던 일인데 어쩌면 조만간 그 일이 이루어질 것 같아 우리 셋은 어서 그날이 오기를 기다리고 있다. 생명은 소중하고 인생은 아름다워야 하기에 내 가족은 새 식구 맞을 준비를 하고 있다. 어느 날 천변 도로를 달리고 있는데 도롯가에서 블루베리 묘목을 팔고 있어서 얼른 정차하여 세 그루를 사다 옥상에 있는 화분에 심었다. 그리고는 잘 키우려고 묘목에 대해 알아봤더니 흙도 일반 흙이 아닌 전용 흙에 심어줘야 하고 물도 많이 줘야 한다는 걸 알았다.

그래서 여름이면 매일 같이 옥상에 가서 물을 주며 정성스레 가꾸었더니 몇 년째 잘 크면서 열매를 맺어줘 고맙게 생각하고 있다. 그런데 우리 집 옥상에는 블루베리 화분만 있는 게 아니고 안 쓰는 화분에 잡초도 많이 올라 와있다. 나는 잡초를 보면서도 블루베리에만 물을 주고 잡초는 무시했다. 그런데 잘 자라는 건 블루베리나 잡초나 똑같음에 놀랐다. 아무런 관심도 못 받고 물 한 모금도 못 얻어먹는 잡초가 어떻게 똑같이 잘 크지? 채소밭에서도 먹는 식물에만 물을 주고 정원에서도 꽃이나 나무에만 물을 준다. 같은 공간에 꽃과 식물과 나무와 풀이 있지만, 풀은 항상 무시당한다. 그럼 에도 풀은 기죽지 않고 잘 자란다. 끝내는 주인에게 뽑히는 불상사를 겪지만 사랑 한번 못 받고 잡초로 살다가 잡초로 끝난다. 만일 잡초가 풀이 아닌 예쁜 꽃으로 태어났더라면 어땠을까. 아니면 풀이 꽃으로 변할 수 있으면 어땠을까. 그러나 안타깝게도 풀은 꽃이 될 수 없고 나무가 될 수 없다. 그렇다고 풀을 무시해서도 안 된다. 소나 토끼나 염소는 다 풀만 먹고 자란다. 자연에서 꽃과 나무와 풀은 서로에게 필요한 존재다. 같이 있으면 약이 필요 없어도 혼자 있으면 약을 줘야 잘 큰다. 그러고 보면 자연은 우열이 없는데 사람이 우열을 나눈 것 같다. 사람도 자연과 어울려 사는 존재로서 자연 없이는 살 수 없다. 풀은 꽃이 될 수 없지만, 꽃 이 되려 하지도 않는다. 그러나 사람은 자신의 노력 여하에 따라 꽃이 될 수 있고 열매 맺는 나무가 될 수도 있다. 반대로 나무에서 풀이될 수 있고, 한 번만 꽃 피우고 영영 꽃 피우지 못할 수도 있다. 사람은 천하보다 귀한 존재다. 그 누구도 예외가 없다. 내가 어려운 환경에 있는 아이를 데려가 키우고 싶은 이유도 그것이다. 어차피 친부모의 사랑 속에 못 클 거라면 나라도 데려다 최선을 다해 키우면 잡초로 클지 모를 아이를 꽃과 나무가 되게 할 수 있기 때문이다. 꽃이 되어야 관심을 받고 열매를 맺어야 사람이 찾는다. 잡초가 될지 꽃이 될지 과실나무가 될지는 자신의 선택에 달려있다. 이왕이면 꽃이 피고 열매 풍성히 맺는 큰 나무가 되자.

성공의 법칙, 부의 법칙

나는 지금까지 성공하고 싶은 사람에게 꼭 성공하도록 동기부여를 하고 방법을 소개했다.

성공하고 싶은 사람의 마음가짐은 어떠해야 할까?

다음의 예를 읽고 스스로 자신의 마음 상태를 진단해 보자.

1. 어제 점심은 갈비탕을 먹었으니 오늘 점심은 무엇을 먹을까?

2. 굶은 지 너무 오래돼서 지금 못 먹으면 나는 죽을지도 모른다. 뭐라도 먹어야 한다.

1번의 메뉴를 고르는 사람과, 2번의 먹지 못하면 죽는 사람과는 음식을 대하는 태도가 뼛속부터 다르다. 1번 사람은 어제 먹은 음식을 또 먹기 싫어 다른 음식을 찾는 사람이고, 2번 사람은 오늘 먹지 않으면 죽는다. 누가 음식을 생각하는 마음이 더 절박할까? 1번 사람은 어제 먹은 갈비탕을 또 먹어도 되지만, 2번 사람은 못 먹으면 죽는다. 성공과 부를 대하는 태도도 마찬가지다. 성공하지 못하면 죽는다는 절박함으로 실천하면 성공할 수 있지만, 실천하지 않으면 성공과 부는 자신과 영원히 못 만나는 인연이다. 좋은 음식이 몸의 건강을 유지하고 장수에 필요한 필수품이듯이 성공과 부를 이루기 위해서도 좋은 필수품이 있다. 너무 많아서 정리하기 힘들 정도지만 간추려서 몇 개만 소개해 본다.

아래의 내용은 실제로 성공한 사람의 성공사례이거나 그들이 강조한 말이다.

1. 아침에 일찍 일어나서 아침시간을 잘 활용한다.

2. 하루의 계획을 세우고 일과를 평가한다.

3. 스스로 동기부여를 하고 할 수 있는 방법을 찾는다.

4. 자신의 목표를 남들에게 공개하고 최대한 실천한다.

5. 실패와 실수를 두려워하지 않는다.

6. 오늘 할 일을 내일로 미루지 않는다.

7. 자기 수양과 자기 계발을 계속한다.

8. 긍정적인 사고를 갖는다.

9. 항상 최상의 콘디션을 유지하기 위해 노력한다.

10 강인한 정신력으로 승리에 대한 열망을 고취한다.

11. 실패했어도 좌절하지 않고 실패의 원인을 분석하고 다시 도전한다.

12. 자신의 말과 행동에 끝까지 책임진다.

13. 반드시 목표를 세우고 계획대로 행동한다.

14. 새로운 일에 관심을 가지며 변화를 두려워하지 않는다.

15. 인내심을 길러 쉽게 포기하지 않는다.

16. 낙천적이고 낙관적인 결과를 상상한다.

17. 생각을 유연하게 하며 모험을 즐긴다.

18. 뚜렷한 목표의식과 비전을 갖는다.

19. 자발적이고 능동적인 습관을 기른다.

20. 남을 탓하지 않고, 핑계나 변명을 하지 않는다.

위 내용은 지극히 평범하고 일상적인 말이다. 뼈를 깎는 고통이나 이를 악무는 통증이 있을듯한 것이 하나도 없다. 그리고 지금까지 많이 들어 본 말이다. 너무 흔한 말이라고 내 마음에 감동과 충격이 없어서 성공과는 거리가 먼 말이라고 생각하면 절대 안 된다.

위 20가지 중에 단 한 개라도 붙들고 실천하면 성공할 수 있다. 오늘부터 지금부터 새로운 다짐을 하자. 할 수 있다. 하면 된다. 성공은 하고 싶은 사람이 하는 것이다.

지족상락(知足常樂)

"지족상락(知足常樂)"이라는 말은 내가 제일 좋아하는 사자성어다.

"만족함을 알면 항상 행복하다."는 뜻으로 지나친 욕심을 삼가고 절제하면 매 순간이 행복하다는 의미다. 사람이 만족할 줄 아는 것은 어려울 수도 있고, 쉬울 수도 있는데 대부분은 어려운 쪽을 선택한다. 충분히 가졌음에도 더 가지려고 하는 욕심은 누구에게나 있으니 탓할 수 없지만 만족함을 모르는 욕심은 탐욕으로 죄라고 할 수 있다. 많이 가진 사람이 더 많이 가지면 혼자만 행복하지만 적게 가진 사람에게 나누어 주면 다 같이 행복할 수 있다.

공평과 평등과 정의는 나눌 때야 비로소 이루어진다.

여러분의 오늘의 삶은 얼마나 만족한지 얼마나 행복한지 모르지만, 많이 가졌다고 행복한 건 절대 아니다. 더 가지려고 발버둥 치다가 한계에 부딪혀 이 정도로 만족하자고 하면 미련이 남아 행복할 수 없다. 그러나 지금 가진 것 하나하나를 생각하며 소중함을 알고 깨달으면 깨달을수록 행복과 기쁨이 넘친다. 진정한 행복은 단념의 행복이 아니고 깨달음의 행복이다. 오래전에 누군가는 물 한잔 먹는 것도 감사해서 감사기도 한다는 말을 들었다. 그때 그 말을 들었을 때는 물이 특별한 영생수도 아니고 제일 흔한데 뭐가 그리 감사하지. 하고 지나쳤다. 그러나 지금은 내가 그 사람이 되었다. 물뿐만 아니라 먹고 마시는 모든 게 감사하고 가족, 직업, 건강이 있음에 감사하고 지금처럼 책을 쓸 수 있음에 감사하고 또 감사하다. 아주 작은 것이 작은 게 아니고 사소한 게 사소하지 않다. 얼마나 크고 위대한지 깨달았고 큰 축복으로 가슴에 절절히 맺힌다. 오늘 나의 평범한 일상은 누구에게는 소원일 수 있다. 보고 듣고 말하고 걷고 자는 것은 축복이 아니고 기본이라고 생각하지만, 이 또한 큰 축복이다. 많은 사람 중에 단 한 명이라도 인간의 기본생활을 누리지 못하는 사람이 있다면 그 사람을 위해 기도하고 그런 사람을 생각하며 내가 가진 것에 만족하며 겸손하게 살아야 한다. 성공과 출세도 결국은 남들보다 더 잘살고 행복하게 살기 위한 것 아닌가?

내가 만족하고 행복한 삶을 살기 원하듯 이 세상 모든 사람이 그런 삶을 바라고 꿈꾼다.

행복과 만족은 나누면 나눌수록 더 커지고 많아진다. 매일의 삶이 자신의 계획대로 되는 건 아니지만 계획을 실천했다는 것만으로도 진일보 한 것이다. 이제 마지막으로 인간의 크고 위대함에 같은 인간으로서 존경과 찬사를 보내지 않을 수 없는 한 사람을 소개해 본다.

미국의 유명한 자선 사업가로 여성과 장애인, 노동자를 위한 인권운동가로 활동했던 헬렌 켈러(Helen Adams Keller. 1880~1968)다. 헬렌 켈러는 어려서 중병을 앓고 보고, 듣고, 말하지 못하게 되었다. 그러나 앤 설리번 선생님의 도움으로 체계적인 교육을 받아 대학까지 졸업했고 일생을 농아와 맹인을 돕는데 헌신했다. 평생을 장애인으로 살아온 헬렌 켈러는 스스로 만약 자신이 단 사흘만이라도 볼 수 있다면 어떤 것을 보고 느낄 것인지 미리 계획을 세웠고 이것을 '내가 사흘 동안 볼 수 있다면(Three days to see)'이란 제목으로 애틀랜틱 먼슬리(Atlantic Monthly) 1933년 1월호에 발표했다. 그녀가 발표한 내용은 당시의 많은 미국인에게 심금을 울리며 위로를 줬고 리더스다이제스트는 이 글을 20세기 최고의 수필로 선정했다.

그녀가 바라던 사흘의 소원은 다음과 같다.

첫째 날, 나는 친절과 겸손과 우정으로 내 삶을 가치 있게 해준 설리번 선생님을 찾아가 이제껏 손끝으로 만져서만 알던 그녀의 얼굴을 몇 시간이고 물끄러미 바라보면서 그 모습을 내 마음속에 깊이 간직해 두겠다. 그리고 밖으로 나가 바람에 나풀거리는 아름다운 나뭇잎과 들꽃 들. 그리고 석양에 빛나는 노을을 보고 싶다.

둘째 날, 먼동이 트며 밤이 낮으로 바뀌는 웅장한 기적을 보고 서둘러 메트로폴리탄에 있는 박물관을 찾아가 온종일 인간이 진화해온 궤적을 눈으로 확인해 보겠다. 그리고 저녁에는 보석 같은 밤하늘의 별들을 바라보며 하루를 마무리하겠다.

셋째 날, 사람들이 일하며 살아가는 모습을 보기 위해 아침 일찍 큰길에 나가 출근하는 사람들의 얼굴 표정을 보겠다. 그리고 오페라하우스와 영화관에 가서 공연을 보고 싶다.

그리고 어느덧 저녁이 되면 네온사인이 반짝거리는 쇼윈도에 진열돼있는 아름다운 물건들을 보면서 집으로 돌아와 나를 이 사흘 동안만이라도 볼 수 있게 해주신 하나님께 감사의 기도를 드리고 다시 영원히 암흑의 세계로 돌아가겠다.

헬렌 켈러의 소원은 영원히 눈을 뜨고 세상을 바라보는 게 아니었다. 들고 말하는 것은 소원에도 없었다. 단 사흘만 보는 것을 기대하고 소망했다. 그마저도 소망이었을 뿐 현실로 이루지는 못했다. 그런데 우리는 평생 보고 듣고 말하고 살아간다. 헬렌 켈러의 이루지 못한 평생소원이 우리에게는 일상이다. 행복은 마음먹기에 달려있다. 지금 당장 내가 가진 것을 가만히 생각해 보면 너무 많고 충분히 행복하게 살고 있음을 알 수 있다. 우리 인생길은 누구도 예외 없이 평탄하지 않고 굴곡이 있다. 그나마 평탄한 곳이 꽃길도 아니고 길지도 않다. 반면에 굽이진 곳도 자갈밭, 가시밭길처럼 보이지만 잘 보면 피해 다닐 길이 있어 충분히 헤치며 걸어갈 수 있다. 그리고 끝이 있다. 힘들다 어렵다 생각하지 말고 모든 상황을 긍정적으로 바라보고 원인보다는 해결책을 생각하면 모든 일은 다 잘 풀린다. 얽매이면 계속 얽히고 풀면 계속 풀리는 게 모든 삶의 이치다. 내 옆에는 사랑하는 가족, 친구, 이웃이 있다. 그들은 내 삶의 원동력이고 나는 그들의 삶의 원동력이 된다. 사랑과 행복, 부와 명예는 나눌 때 더 아름답고 빛난다. 성공과 부를 꿈꾸는 모든 형제자매여. 꼭 마음의 소원을 이루어 성공하기 바란다. 꼭 성공해서 다 같이 만족하는 삶을 살기 위해 주위를 돌아보고 어려운 이웃에게 도움의 손길을 내밀어 따뜻한 사랑을 나눠주기 바란다. 이 책을 읽은 사람 중에 이 책을 통해 변화되어 단 한 명만이라도 성공해서 이웃사랑을 실천한다면 나는 만족한다. 그리고 그 사람이 당신이 되길 간절히 소원한다. 내가 이 책을 쓴 이유와 목적이다. 마지막으로 이 책을 다 쓸 수 있도록 지혜와 능력 주신 하나님 아버지께 깊은 감사와 영광을 올린다.